もくじ

漢字5年

東京書籍版　新しい　国語

教科書ぴったりトレーニング

復習 四年生で習った漢字①

月　日

1 ——線の漢字の読みがなを書きましょう。

① 試合で大差をつけられ失望（　）する。
② 実家から便（　）りを受け取る。
③ 病気を治（　）して元気になる。
④ 弟はエビフライが大好物（　）だ。
⑤ 下書きをもとに清書（　）をする。
⑥ 朝早くから漁業（　）に出る。
⑦ 家を建てる木材（　）を運び出す。
⑧ このクラスは人数が最（　）も多い。

2 □に漢字を書きましょう。

① パレードで□□（がっき）をかなでる。
② 小道具を□□（そうこ）にしまう。
③ 相手に負けじと□□（どりょく）する。
④ 成長の□□（きろく）をつける。
⑤ 動物の行動を□□（かんさつ）する。
⑥ 小鳥が春の空を□（と）んでいった。
⑦ □□（けっか）にこだわらずに取り組む。
⑧ 初めて□□（きない）食を食べる。
⑨ 日光で地面が□（あつ）くなる。
⑩ □□（ゆうがい）な物質（しつ）から体を守る。
⑪ 人気商品が□□（かんばい）した。
⑫ 別れぎわに□□（はなたば）をおくる。
⑬ チャイムを聞いて□（せき）につく。
⑭ 母は昔からよく□（わら）う人だ。

答え 2ページ

月　日

復習　四年生で習った漢字②

1 ——線の漢字の読みがなを書きましょう。

① 父は空手の達人だ。（　　）
② 物語の登場人物に共感する。（　　）
③ 強い風がふいてかさが折れる。（　　）
④ ダーツで的の中心をねらう。（　　）
⑤ 紙に文字を印刷する。（　　）
⑥ 好きなものを選んで取る。（　　）
⑦ コーチに特訓を願い出る。（　　）
⑧ 道ばたに一輪の花がさく。（　　）

2 □に漢字を書きましょう。

① □（はた）をふっておうえんする。
② 早起きをして□□（けんこう）にすごす。
③ 海外で□□（えいご）の勉強をする。
④ □□（ねんまつ）に友達と会う予定だ。
⑤ 午後から急に□□（てんこう）がくずれた。
⑥ このチームなら□（かなら）ず勝てるはずだ。
⑦ 皿によごれが□□（ふちゃく）する。
⑧ みんなに□□（きょうりょく）を求めたい。
⑨ 外では雪が□（つ）もっている。
⑩ 魚の□□（ぐんしゅう）が見える。
⑪ さまざまな経（けい）験に□（と）んでいる。
⑫ 家から駅まで□□（とほ）五分だ。
⑬ □□（がいとう）が夜道を照らす。
⑭ □□（せんそう）には強く反対する。

答え 2ページ

復習 四年生で習った漢字③

月　日

1 ――線の漢字の読みがなを書きましょう。

① テーブルにはしを置く。（　）
② 差別をぜったいにゆるさない。（　）
③ 野菜には栄養がふくまれている。（　）
④ 祝日に家族そろって外出する。（　）
⑤ ロボットの試作品にふれる。（　）
⑥ 森に熊が出るとうわさが立つ。（　）
⑦ 五さい未満は入場できない。（　）
⑧ 井戸から水をくみあげる。（　）

2 □に漢字を書きましょう。

① □□□（いしょくじゅう）にこまらない。
② □□（せつぶん）に豆まきをする。
③ □（しお）むすびを作って持って行く。
④ 部屋に□□（しょうめい）をとりつける。
⑤ □（しか）のつのが生え変わる。
⑥ 今日は少し気温が□（ひく）い。
⑦ 実験を重ねて□□（かいりょう）する。
⑧ □□（かんれい）な地いきへ行く。
⑨ 各地の□（しろ）をめぐって見学する。
⑩ □（あた）りをぐるりと見回す。
⑪ 大きな□（まつ）の絵をかざる。
⑫ 線より□□（うちがわ）に立つ。
⑬ 注意点を□□（ねんとう）におく。
⑭ くつのひもを□（かた）く結ぶ。

答え 2ページ

月　日

復習 四年生で習った漢字④

1 ——線の漢字の読みがなを書きましょう。

① 年賀（　）はがきを買いに行く。
② 図書室で静（　）かに本を読む。
③ 部活動で池の周（　）りを走る。
④ 名札（　）をむねに付ける。
⑤ 億万長者（　）にあこがれる。
⑥ 兄が台所で梨（　）の皮をむく。
⑦ いまひとつおもしろさに欠（　）ける。
⑧ かすかに花の香（　）りがする。

2 □に漢字を書きましょう。

① □□（まご）のたんじょう日を祝う。
② 庭に□（うめ）の木を植える。
③ □□（がっしょう）コンクールに出場する。
④ リーダーが□□（ごうれい）をかける。
⑤ 山の中に小さな家を□（た）てる。
⑥ 社長との面会を□□（きぼう）する。
⑦ □□□（ゆうぼくみん）について調べる。
⑧ □□（ろうどう）時間を短くする。
⑨ □□□（ほうかご）に本屋へ行く。
⑩ 国の□□（だいじん）が選ばれる。
⑪ 工場の□□（きかい）の手入れを行う。
⑫ □□（ゆうき）を出して意見を言う。
⑬ 相手の言葉を□（しん）じる。
⑭ □□（にいがた）県は米の産地だ。

答え 2ページ

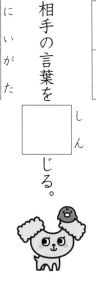

月　日

新しく学習する漢字

確 現 個 複 絶 句 夢 久 情 像

教科書 18・19ページ

確 15画 いしへん
カク
たしか
たしかめる

使い方
成功を確信する。
確かな自信がない。
答えが正しいか確かめる。

送りがな
○ 確かめる
× 確める

教科書 18ページ

現 11画 おうへん（たまへん）
ゲン
あらわれる
あらわす

使い方
現実を見つめ直す。
雲の間から太陽が現れる。
へびがすがたを現す。

漢字の覚え方
王を見に現地へ行く。

教科書 19ページ

個 10画 にんべん
コ

使い方
個人的な考えを言う。
個数を数える。
個室で話をする。

形の似た漢字
個数
固体

教科書 19ページ

複 14画 ころもへん
フク

使い方
複数のグループに分ける。
複雑な気持ちになる。
コピー機で複写する。

反対の意味の言葉
単数
複数

教科書 23ページ

絶 12画 いとへん
ゼツ
たえる
たやす
たつ

使い方
女性に絶大な人気をほこる。
人の流れが絶えない。
犯罪を絶やす。

四字熟語
絶体絶命
追いつめられて、にげられないこと。

月　日

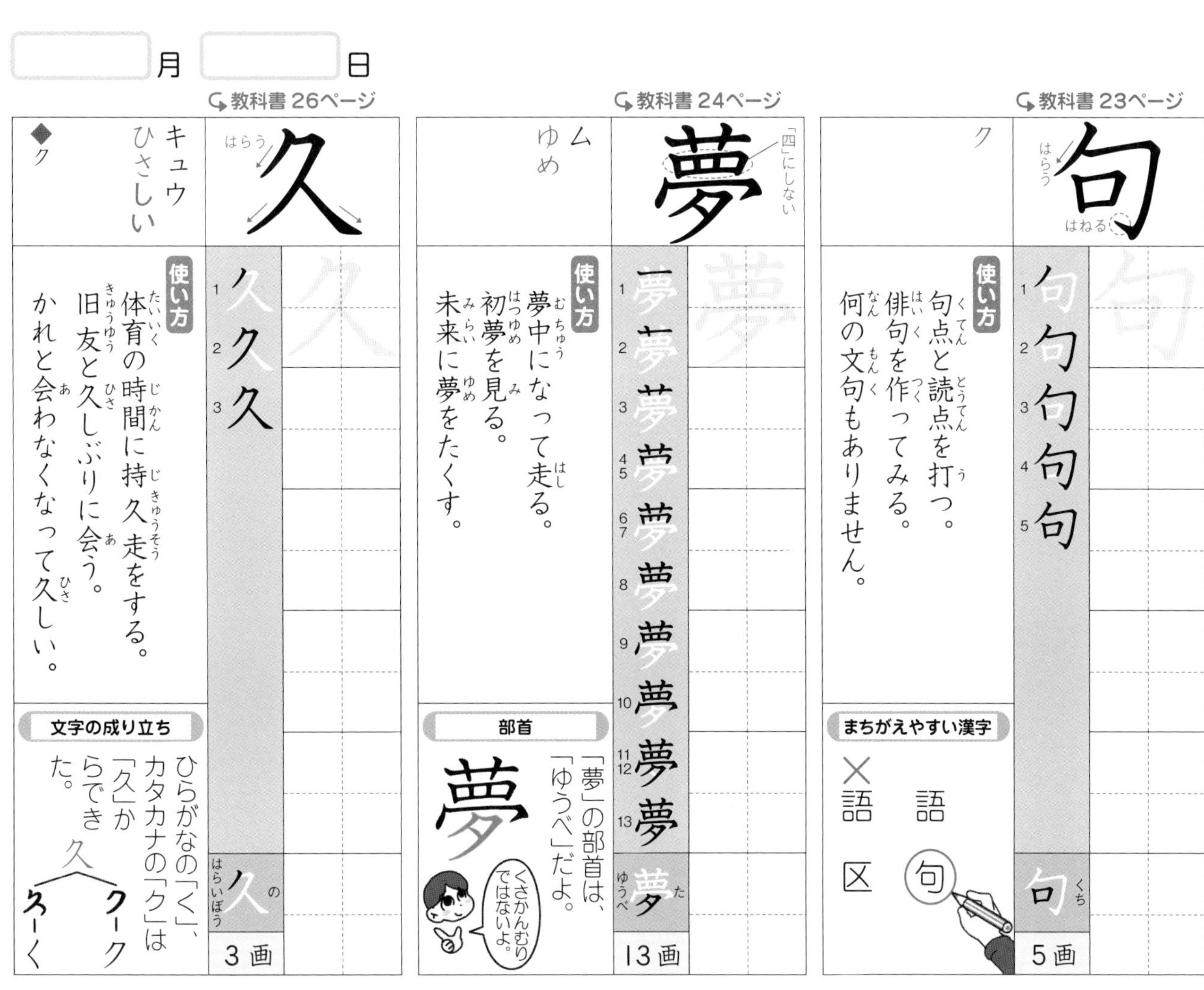

教科書23ページ

句

ク

はらう　はねる

使い方
句点と読点を打つ。
俳句を作ってみる。
何の文句もありません。

まちがえやすい漢字
×語　語
区　句

句　くち　5画

教科書24ページ

夢

ム
ゆめ

「四」にしない

使い方
夢中になって走る。
初夢を見る。
未来に夢をたくす。

部首
「夢」の部首は、「ゆうべ」だよ。

夕　ゆうべ　た　13画

教科書26ページ

久

キュウ
ひさしい
◆ク

はらう

使い方
体育の時間に持久走をする。
旧友と久しぶりに会う。
かれと会わなくなって久しい。

文字の成り立ち
ひらがなの「く」、カタカナの「ク」は「久」からできた。
久→く→く
久→ク→ク

ノ　はらいぼう　の　3画

教科書28ページ

情

ジョウ
なさけ
◆セイ

長く　はねる

使い方
いつでも情報が入る。
悲しくても表情に出さない。
情けない顔をする。

言葉の意味
情け―思いやりや気の毒に思うこと。

忄　りっしんべん　11画

教科書29ページ

像

ゾウ

はらう　はらう　はねる

使い方
想像上の生き物。
京都で仏像を見る。
きれいな画像が映る。

形の似た漢字
映像
象

亻　にんべん　14画

読み方が新しい漢字

漢字	読み方	使い方	前に出た読み方
四	よっ	四つ折りの紙	四月　四人　四匹
名	ミョウ	本名を教える	名前　名人

　　月　　日

ぴったり2 練習

おにぎり石の伝説

教科書 16〜30ページ
答え 3ページ

1 ――線の漢字の読みがなを書きましょう。

① 荷物を**確**かに受け取る。（　　）
② コップを**三個**買い足す。（　　）
③ **文句**ばかりを言うものではない。（　　）
④ **夢**だと思い、ほほをつねる。（　　）
⑤ 登場人物の**心情**を考える。（　　）
⑥ **四**つ葉のクローバーをさがす。（　　）
⑦ **名字**が同じ人に出会う。（　　）
⑧ リレーの順位が**確定**する。（　　）

2 □に漢字を書きましょう。

① 夜空に一番星が□□（しゅつげん）する。
② □□（ふくすう）の友達に連（れん）らくする。
③ □□（ぜったい）に勝つとちかう。
④ □（ひさ）しぶりに手紙を送る。
⑤ 相手の気持ちを□□（そうぞう）する。
⑥ 草かげからネコが□（あらわ）れる。
⑦ □（た）えず努力をし続ける。
⑧ 試合に□□（むちゅう）になる。
⑨ 耐□（きゅう）力にすぐれた材料。
⑩ 相手に最後の□（なさ）けをかける。
⑪ 作家の□□（ほんみょう）を知る。
⑫ 紙の□（よ）つ角に印をつける。
⑬ 勝利への望みが□（た）たれる。
⑭ 友人の本心を□（たし）かめる。

月　日

ぴったり2 練習

おにぎり石の伝説

教科書 16〜30ページ
答え 3ページ

1 ――線の漢字の読みがなを書きましょう。

① 作業の手順を確かめる。（　　）
② 荷物の個数を数える。（　　）
③ おどろきで二の句がつげない。（　　）
④ 夢中になってさがし回る。（　　）
⑤ 美しい情景にうっとりする。（　　）
⑥ 四つ足のけものの絵をかく。（　　）
⑦ 本名を明かす。（　　）
⑧ 予想が確信へと変わる。（　　）

2 □に漢字を書きましょう。

① リポーターが□□（げんち）におもむく。
② 機械で書類を□□（ふくしゃ）する。
③ □□（はつゆめ）を見る。
④ □□（じきゅう）走を得意とする。
⑤ パソコンで□□（がぞう）を送る。
⑥ 目の前にすがたを□（あらわ）す。
⑦ えがおを□（た）やさない。
⑧ □□（むちゅう）でゴールに走る。
⑨ かれとは会わなくなって□（ひさ）しい。
⑩ 何もできずに□（なさ）けなく感じる。
⑪ □□（げんじつ）の世界に目を向ける。
⑫ 俳（はい）□（く）の世界にぼっとうする。
⑬ ショックのあまり□□（きぜつ）する。
⑭ □（たし）かにこの目で見た。

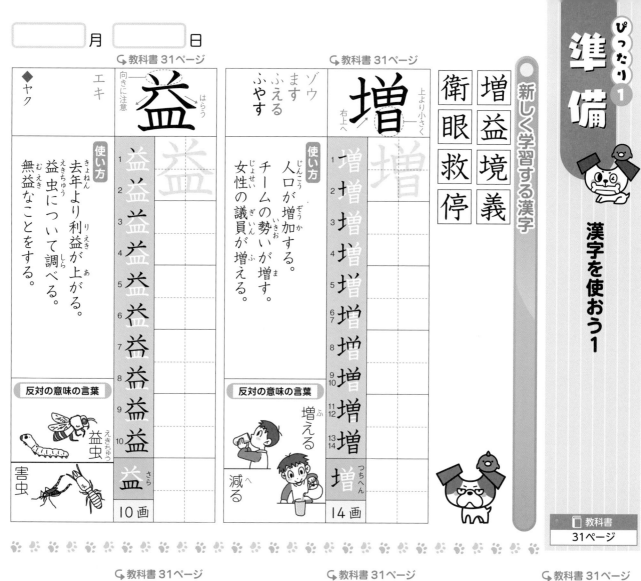

月　日

新しく学習する漢字

増　益　境　義　衛　眼　救　停

教科書 31ページ

増

ゾウ　ます　ふえる　ふやす

上より小さく　右上へ

使い方
人口が増加する。
チームの勢いが増す。
女性の議員が増える。

つちへん　14画

反対の意味の言葉 
増える  ⇔ 減る

教科書 31ページ

益

エキ　◆ヤク

向きに注意　はらう

使い方
去年より利益が上がる。
益虫について調べる。
無益なことをする。

さら　10画

反対の意味の言葉 
益虫 ⇔ 害虫

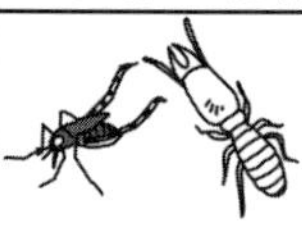

教科書 31ページ

境

キョウ　さかい　◆ケイ

「意」にしない

使い方
となりの町との境界線。
辺境の地に行く。
県の境にある山に登る。

つちへん　14画

いろいろな読み方
国境（こっきょう・くにざかい）
二通りあるね。 

教科書 31ページ

義

ギ

わすれない　長く　はねる　はねる

使い方
義務教育は九年間です。
参加することに意義がある。
日本は民主主義の国です。

ひつじ　13画

形の似た漢字
正義のヒーロー 
会議

教科書 31ページ

衛

エイ

つき出す　つき出す　はねる

使い方
人工衛星がとらえた写真。
チャンピオンの座を防衛する。
衛生的な店。

ぎょうがまえ（ゆきがまえ）　16画

字の形に注意
「五」じゃないよ！
「牛」としないように。

教科書 31ページ

月　日

教科書31ページ

眼

ガン
◆ゲン
◆まなこ

はねる　はらう

使い方
近所の眼科に通う。
肉眼では見えない星。
方眼紙に図をかく。

慣用句
お眼鏡にかなう
目上の人に気に入られる。

めへん　11画

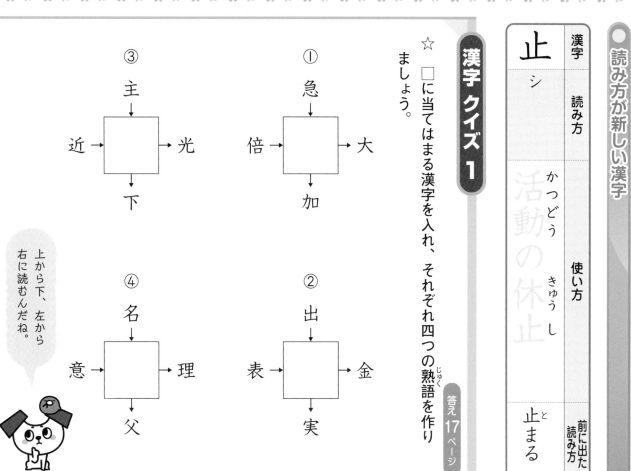

教科書31ページ

救

キュウ
すくう

わすれない　はねる　はらう

使い方
救急車が走っている。
全員が救出される。
こまっている人を救う。

字の形に注意
救
わすれないようにね。

ぼくづくり（のぶん）　11画

教科書31ページ

停

テイ

つける　とめる　はねる

使い方
停留所でバスが止まる。
タクシーが停車する。
信号で停止する。

字の形に注意
停
形をしっかり覚えよう！

にんべん　11画

読み方が新しい漢字

漢字	読み方	使い方	前に出た読み方
止	シ	活動の休止	止まる

漢字クイズ1

答え17ページ

☆□に当てはまる漢字を入れ、それぞれ四つの熟語を作りましょう。

① 急↓□、倍→□→大、□↓加

② 出↓□、表→□→金、□↓実

③ 主↓□、近→□→光、□↓下

④ 名↓□、意→□→理、□↓父

上から下、左から右に読むんだね。

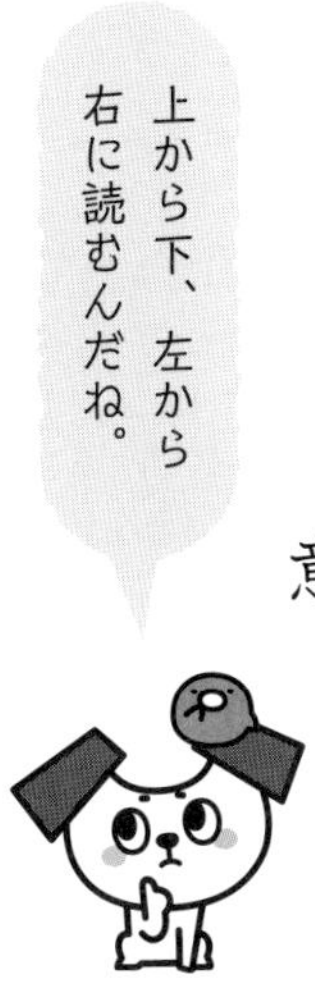

月　日

ぴったり2 練習

漢字を使おう1

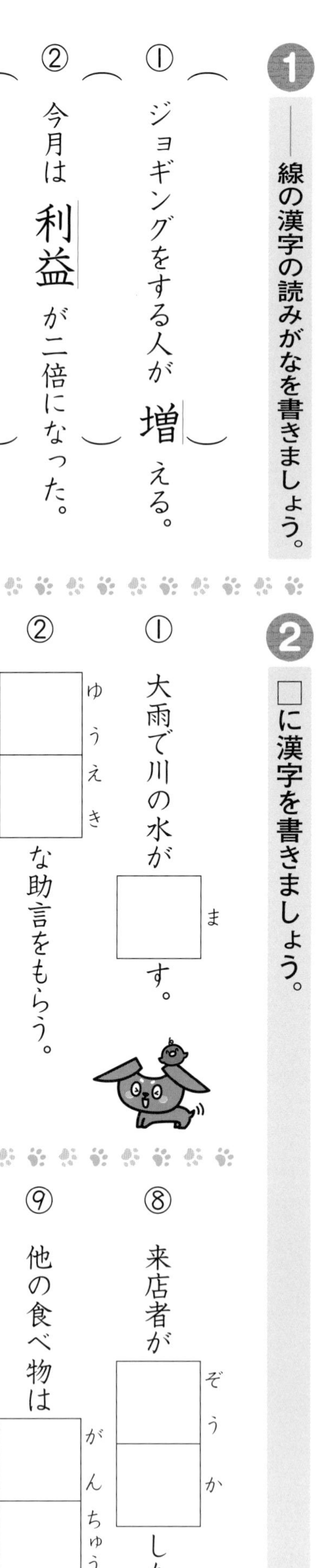

1 ——線の漢字の読みがなを書きましょう。

①（　）ジョギングをする人が増える。
②（　）今月は利益が二倍になった。
③（　）空と海の境を見つめる。
④（　）正義の味方が現れる。
⑤（　）衛星を宇宙（うちゅう）へ打ち上げる。
⑥（　）弟は眼科に通っている。
⑦（　）けがをした動物を救う。
⑧（　）この電車は次の駅で停車する。

2 □に漢字を書きましょう。

① 大雨で川の水が［ま］す。
② ［ゆうえき］な助言をもらう。
③ ［えいせい］的な店を選ぶ。
④ ユニークな［ちゃくがん］点を持つ。
⑤ ［きゅうきゅう］車が出動する。
⑥ 土地の［きょうかい］に線を引く。
⑦ ［ていし］ボタンをおす。 
⑧ 来店者が［ぞうか］した。
⑨ 他の食べ物は［がんちゅう］にない。
⑩ ［こっきょう］をこえて旅をする。
⑪ 母は完ぺき［しゅぎ］者だ。
⑫ 出入り口にいる［しゅえい］さん。
⑬ ［ていでん］で、暗くなる。
⑭ 子どもを［きゅうしゅつ］する。

教科書 31ページ
答え 3ページ

ぴったり1 準備

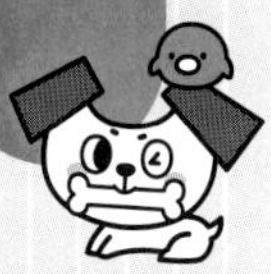

図書館へ行こう

教科書 32〜35ページ

月　日

新しく学習する漢字

応 資 在 査 報

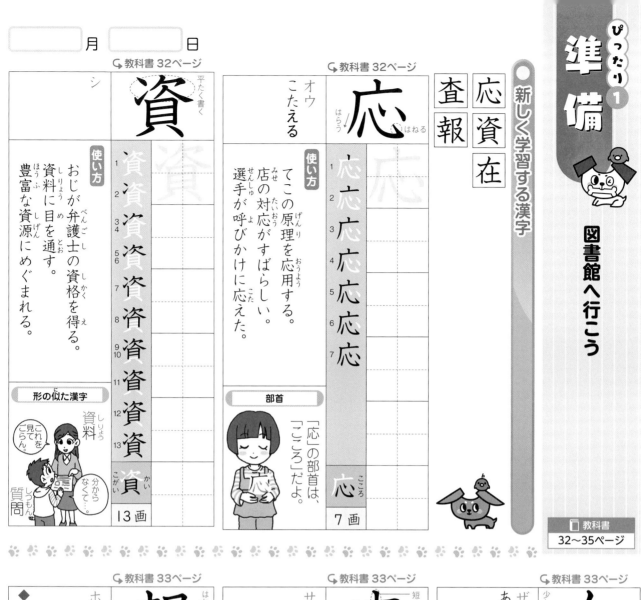

教科書 32ページ

応

オウ
こたえる

はらう　はねる

使い方
てこの原理を応用する。
店の対応がすばらしい。
選手が呼びかけに応えた。

部首
「応」の部首は、「こころ」だよ。

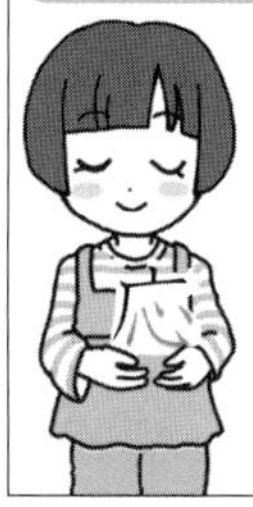

応（こころ）　7画

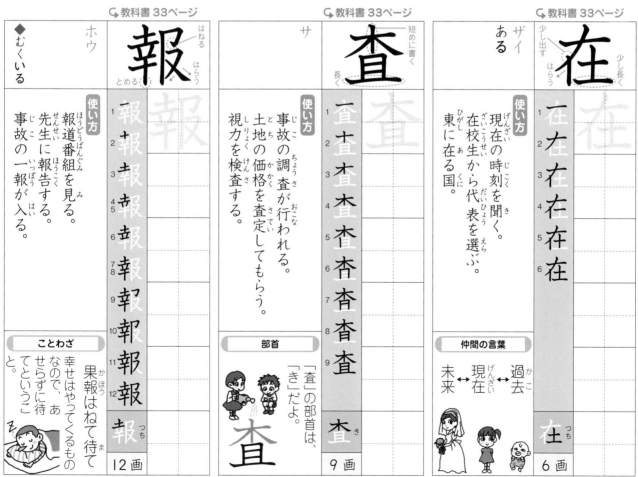

教科書 32ページ

資

シ

平たく書く

使い方
おじが弁護士の資格を得る。
資料に目を通す。
豊富な資源にめぐまれる。

形の似た漢字
資料
質問

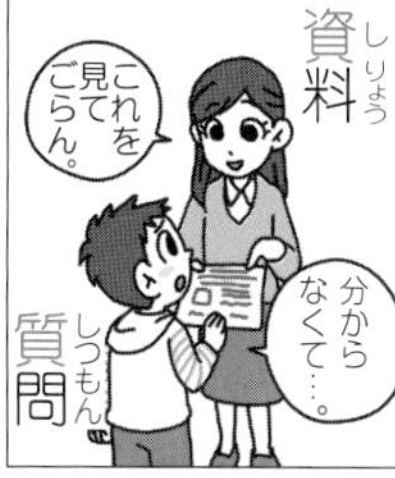

資（かい・こがい）　13画

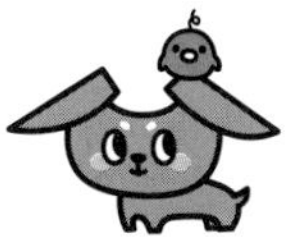

教科書 33ページ

在

ザイ
ある

少し出す　はらう　少し長く

使い方
現在の時刻を聞く。
在校生から代表を選ぶ。
東に在る国。

仲間の言葉
過去↔現在↔未来

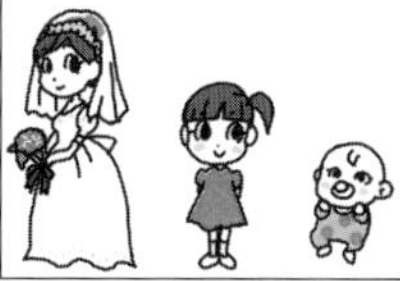

在（つち）　6画

教科書 33ページ

査

サ

短めに書く　長く

使い方
事故の調査が行われる。
土地の価格を査定してもらう。
視力を検査する。

部首
「査」の部首は、「き」だよ。

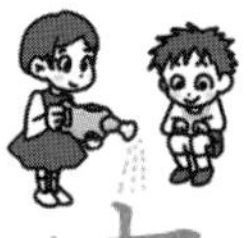

査（き）　9画

教科書 33ページ

報

ホウ
◆むくいる

はねる　はらう　とめる

使い方
報道番組を見る。
先生に報告する。
事故の一報が入る。

ことわざ
果報はねて待て
幸せはやってくるものなので、あせらずに待てということ。

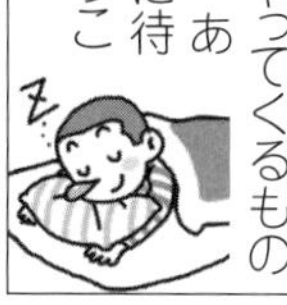

報（つち）　12画

月　日

ぴったり2 練習

図書館へ行こう

教科書 32〜35ページ
答え 3ページ

1 ——線の漢字の読みがなを書きましょう。

① 応用問題にチャレンジする。（　　）
② 発表のための資料を用意する。（　　）
③ 機械を自由自在に使いこなす。（　　）
④ その問題について調査する。（　　）
⑤ 時報が鳴る。（　　）
⑥ 社会の在り方を見直す。（　　）
⑦ すぐに対応する必要がある。（　　）
⑧ 天気予報を見てから外出する。（　　）

2 □に漢字を書きましょう。

① さまざまな要望に□（こた）える。
② トラックで□□（ぶっし）を運ぶ。
③ □□□（ざいこうせい）があいさつする。
④ マンションの価値（かち）を□□（さてい）する。
⑤ テレビの□□（ほうどう）番組を見る。
⑥ □（あ）りし日の思い出を語る。
⑦ 商品の□□（ざいこ）を確かめる。
⑧ 速（すみ）やかに□□（おうきゅう）手当てを行う。
⑨ 旅行の□□（しきん）をためる。
⑩ 父は□□（けんざい）だ。
⑪ 多くの□□（じょうほう）を集める。
⑫ 地方の□□□（ざいらいせん）に乗る。
⑬ リクエストに□（おう）じる。
⑭ 選挙の□□（そくほう）が入る。

月　日

ぴったり1 準備

知りたいことを聞き出そう

教科書 38〜41ページ

新しく学習する漢字

得　際　質　移　総

教科書 38ページ

得　トク　える　◆うる

少し長くつき出さない　とめる　はねる

得（ぎょうにんべん）　11画

使い方
鉄棒が得意な友達。
チームの得点を記録する。
出場の機会を得る。

反対の意味の言葉
得点
失点

教科書 38ページ

際　サイ　◆きわ

画数に注意　はなす　はねる

際（こざとへん）　14画

使い方
国際化に対応する。
遊んでしまうと際限がない。
実際に見る。

形の似た漢字
国際化
祭り

教科書 38ページ

質　シツ　◆シチ　◆◆チ

はらう　とめる

質（かい・こがい）　15画

使い方
分からないので質問する。
川の水質がよくなる。
燃えやすい性質がある。

反対の意味の言葉
良質
悪質

教科書 40ページ

移　イ　うつる　うつす

バランスよく

移（のぎへん）　11画

使い方
市役所が移転する。
空いている部屋に移る。
くつをくつ箱へ移す。

言葉の意味
移り気ー気が変わりやすいこと。

教科書 41ページ

総　ソウ

はねる

総（いとへん）　14画

使い方
総合病院に行く。
クラス総当たりで試合をする。
児童の総数を調べる。

形の似た漢字
総量
給食

月　日

ぴったり2 練習

知りたいことを聞き出そう

教科書 38～41ページ
答え 4ページ

1 ――線の漢字の読みがなを書きましょう。

① 仕事をしてお金を**得**る。（　）

② 出かける**際**にかぎをかける。（　）

③ **体質**に合わない食材がある。（　）

④ 季節の**移**り変わりを感じる。（　）

⑤ 新しい**総理大臣**が決定する。（　）

⑥ **交際**して五年がたつ。（　）

⑦ やわらかい**物質**。（　）

⑧ 犬が**得意顔**でわたしを見上げる。（　）

2 □に漢字を書きましょう。

① □（とく）をした気分になる。

② □□□（こくさいてき）な注目を集める。

③ □（しつ）の良いサービスが求められる。

④ 計画したことを実行に□（うつ）す。

⑤ 漢字の□□□（そうかくすう）を数える。

⑥ 父親の□□（きしつ）を受けつぐ。

⑦ 相手を気長に□□（せっとく）する。

⑧ □□（とくい）な科目は国語だ。

⑨ それは□□（じっさい）にあったことだ。

⑩ 池の□□（すいしつ）を調べる。

⑪ 場所を□□（いどう）する。

⑫ 全員の意見を□□（そうごう）する。

⑬ 次の話題に□（うつ）る。

⑭ □□（そうりょく）をあげて戦う。

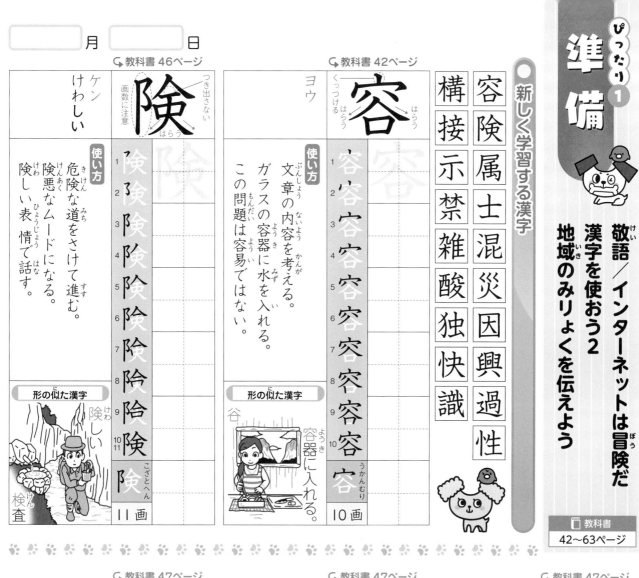

ぴったり1 準備

敬語／インターネットは冒険だ
漢字を使おう2
地域のみりょくを伝えよう

教科書 42〜63ページ

新しく学習する漢字

容 険 属 士 混 災 因 興 過 性 構 接 示 禁 雑 酸 独 快 識

教科書 42ページ

容
ヨウ

くっつける　はらう　はらう

書き順：1〜10
部首：うかんむり
10画

使い方
文章の内容を考える。
ガラスの容器に水を入れる。
この問題は容易ではない。

形の似た漢字
谷
容器に入れる。

教科書 46ページ

険
ケン
けわしい

つき出さない　画数に注意　はらう

書き順：1〜11
部首：こざとへん
11画

使い方
危険な道をさけて進む。
険悪なムードになる。
険しい表情で話す。

形の似た漢字
険しい
検査

教科書 47ページ

属
ゾク

はらう　はねる

書き順：1〜12
部首：しかばね
12画

使い方
野球部に所属する。
付属の部品を失う。
貴金属は身に着けない。

字の形に注意
属
はらう向きに注意！

教科書 47ページ

士
シ

長く　短く

書き順：1〜3
部首：さむらい
3画

使い方
消防士になりたい。
強い戦士が登場する。
刀を持った武士の人形。

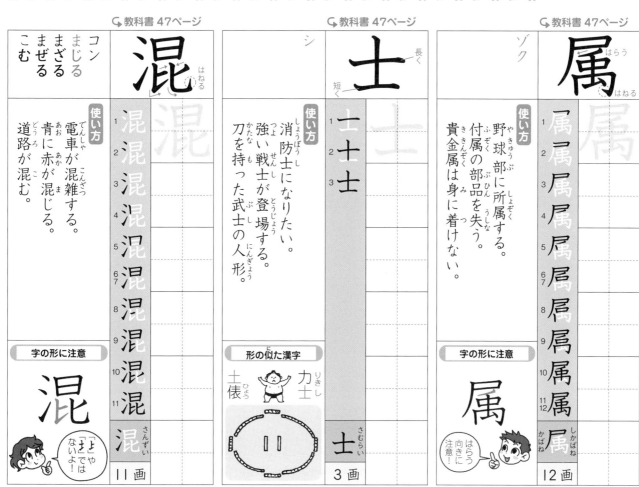

形の似た漢字
土俵
力士

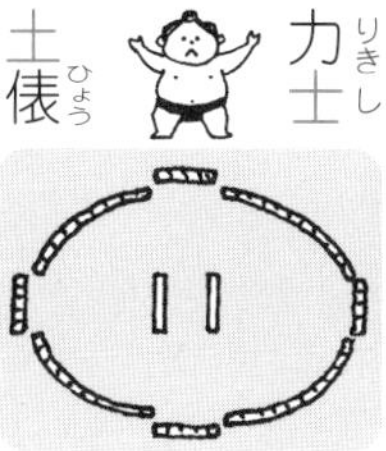

教科書 47ページ

混
コン
まじる
まざる
まぜる
こむ

はねる

書き順：1〜11
部首：さんずい
11画

使い方
電車が混雑する。
青に赤が混じる。
道路が混む。

字の形に注意
混
「ヒ」や「匕」ではないよ！

月　日

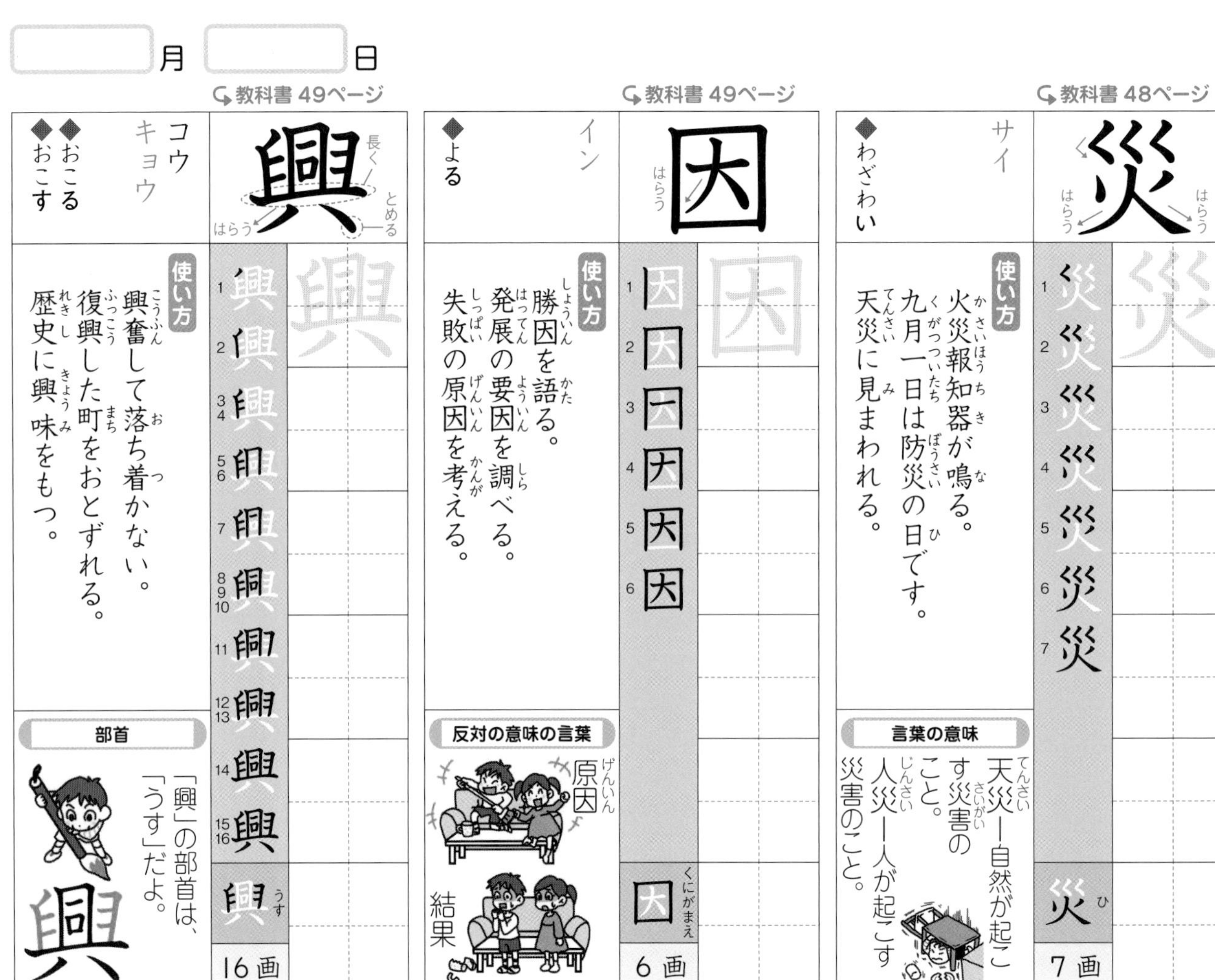

教科書48ページ

災

サイ

◆わざわい

使い方

火災報知器が鳴る。

九月一日は防災の日です。

天災に見まわれる。

言葉の意味

天災―自然が起こす災害のこと。

人災―人が起こす災害のこと。

災（ひ）　7画

教科書49ページ

因

イン

◆よる

使い方

勝因を語る。

発展の要因を調べる。

失敗の原因を考える。

反対の意味の言葉

原因

結果

因（くにがまえ）　6画

教科書49ページ

興

コウ　キョウ

◆おこる　◆おこす

使い方

興奮して落ち着かない。

復興した町をおとずれる。

歴史に興味をもつ。

部首

「興」の部首は、「うす」だよ。

興（うす）　16画

教科書49ページ

過

カ

すぎる　すごす

◆あやまつ　◆あやまち

使い方

パトカーが目の前を通過する。

冬が過ぎる。

年末年始を海外で過ごす。

送りがな

過ぎる

過（しんにょう・しんにゅう）　12画

教科書51ページ

性

セイ

◆ショウ

使い方

おだやかな性格。

知性のある人物と話す。

女性と男性に分かれる。

言葉の意味

性急―せっかちなこと。

性（りっしんべん）　8画

教科書52ページ

構

コウ

かまえる　かまう

使い方

文章の構成を考える。

大きな家を構える。

ねこを構う。

反対の意味の言葉

構内

構外

構（きへん）　14画

月　日

教科書 53ページ

接

セツ
◆つぐ

はねる

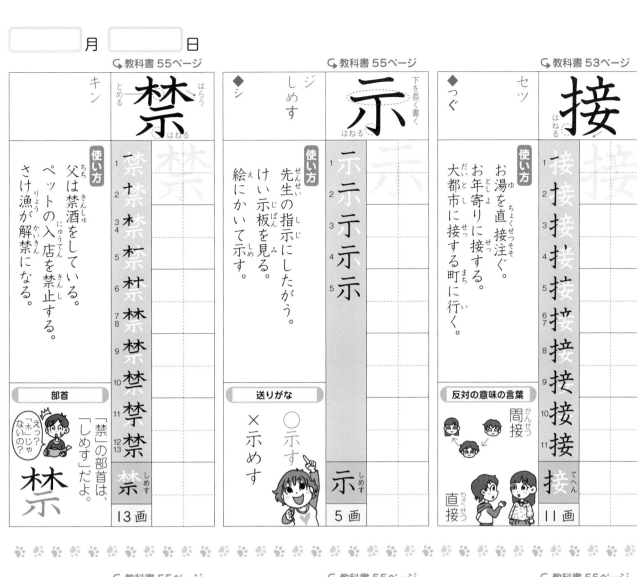

使い方
お湯を直接注ぐ。
お年寄りに接する。
大都市に接する町に行く。

反対の意味の言葉
間接
直接

接（てへん）　11画

教科書 55ページ

示

ジ
しめす
◆シ

下を長く書く
はねる

使い方
先生の指示にしたがう。
けい示板を見る。
絵にかいて示す。

送りがな
○示す
×示めす

示（しめす）　5画

教科書 55ページ

禁

キン

とめる
はらう
はねる

使い方
父は禁酒をしている。
ペットの入店を禁止する。
さけ漁が解禁になる。

部首
「禁」の部首は、「しめす」だよ。
えっ？「木」じゃないの？
禁

禁（しめす）　13画

教科書 55ページ

雑

ザツ
ゾウ

はねる
とめる

使い方
雑誌を買う。
雑にそうじをする。
学校の北には雑木林が広がる。

いろいろな読み方
雑誌を読む。
雑木林

雑（ふるとり）　14画

教科書 55ページ

酸

サン
◆すい

わすれない
はらう

使い方
酸素をすう。
レモンは酸味が強い。
炭酸飲料を飲む。

字の形に注意
酸
「西」ではないよ！

酸（とりへん）　14画

教科書 55ページ

独

ドク
ひとり

つき出さない
はねる
とめる

使い方
独自のやり方を考える。
兄が親から独立する。
独りぼっちになる。

言葉の使い分け
独り－自分だけのこと。
一人－人数がその人だけのこと。

独（けものへん）　9画

月　日

教科書55ページ

快

カイ
こころよい

はらう

使い方
病気が快方に向かう。
毎日快適に過ごす。
快く引き受ける。

1 快 2 快 3 快 4 快 5 快 6 快 7 快

送りがな
快 よ い

快 りっしんべん

7画

教科書61ページ

識

シキ

長く　わすれない　はねる

使い方
意識して見る。
山田さんとは面識がない。
道路標識が設置される。

1 識 2 識 3 4 識 5 6 7 識 8 9 識 10 11 12 識 13 14 識 15 16 識 17 18 識 19 識

形の似た漢字
職人
標識

識 ごんべん

19画

「快」は送りがなに気をつけましょう。

漢字クイズ2

☆文をよく見ると、どこかおかしい漢字があります。正しい漢字を書きましょう。

答え17ページ

例 駅員がきっぷを改める。　正しい漢字　改

① 停車場の前で手をふる。

② 複数の共通点を見つける。

③ 東京在住のいとこに電話する。

④ 打席でバットを構える。

⑤ 飲食を禁止する。

月　日

練習 ぴったり2

敬語／インターネットは冒険だ
漢字を使おう2
地域のみりょくを伝えよう

教科書 42～63ページ
答え 4ページ

1 ――線の漢字の読みがなを書きましょう。

① 容器に食品を入れる。（　）
② その道は落石の危険がある。（　）
③ 今日は金属ゴミの回収日だ。（　）
④ 戦場にいる兵士たち。（　）
⑤ さまざまな文化が混じり合う。（　）
⑥ 今回の災害で多くの被害が出た。（　）
⑦ どこからか不快な音がする。（　）
⑧ 駅の構内アナウンスが流れる。（　）

2 □に漢字を書きましょう。

① 初心者にもわかる□□（ないよう）。
② 兄は□（けわ）しい表情をしている。
③ 営業部に□□（はいぞく）になる。
④ 日本を代表する□□（りきし）。
⑤ 別の商品と□□（こんどう）する。
⑥ 近所で□□（かさい）が発生した。
⑦ □□（げんいん）と結果について調べる。
⑧ データ□□（ようりょう）が不足する。
⑨ □□（けんあく）な空気がただよう。
⑩ 本体の□□（ふぞく）品を使用する。
⑪ □□□（えいようし）として働く。
⑫ 男女□□（こんごう）でリレーをする。
⑬ □□（てんさい）にそなえる。
⑭ □□（いんが）関係を明らかにする。

ぴったり2 練習

敬語(けいご)／インターネットは冒険(ぼうけん)だ
漢字を使おう2
地域(ちいき)のみりょくを伝えよう

教科書 42〜63ページ
答え 4ページ

月　日

1 ――線の漢字の読みがなを書きましょう。

① 包容力（　）がある人だ。
② 電車の運転士（　）になる。
③ 絵の具を混（　）ぜる。
④ ストレスは病気の要因（　）となる。
⑤ 弟は科学に興味（　）を持っている。
⑥ 目の前を列車が通過（　）する。
⑦ やさしい男性（　）と話す。
⑧ クラスメイトとの接点（　）。

2 □に漢字を書きましょう。

① □□（ようせき）を求める問題が出た。
② 二人はライバル□□（どうし）だ。
③ 車内はとても□（こ）んでいる。
④ さわやかな風が□（こころよ）い。
⑤ 仲間と楽しい時間を□（す）ごす。
⑥ 友達との□（せっ）し方を学ぶ。
⑦ 兄は□□□（りせいてき）な人だ。
⑧ 文章の□□（こうせい）を考える。
⑨ 異(こと)なる言語が□（ま）じり合う。
⑩ チームの□□（しき）を高める。
⑪ 朝からとても□□（かいちょう）だ。
⑫ □（す）ぎ去った日々をなつかしむ。
⑬ □□□（たようせい）を尊重(そんちょう)する。
⑭ □□□（せつぞくご）を正しく使う。

月　日

ぴったり2 練習

敬語／インターネットは冒険だ　漢字を使おう2　地域のみりょくを伝えよう

1 ――線の漢字の読みがなを書きましょう。

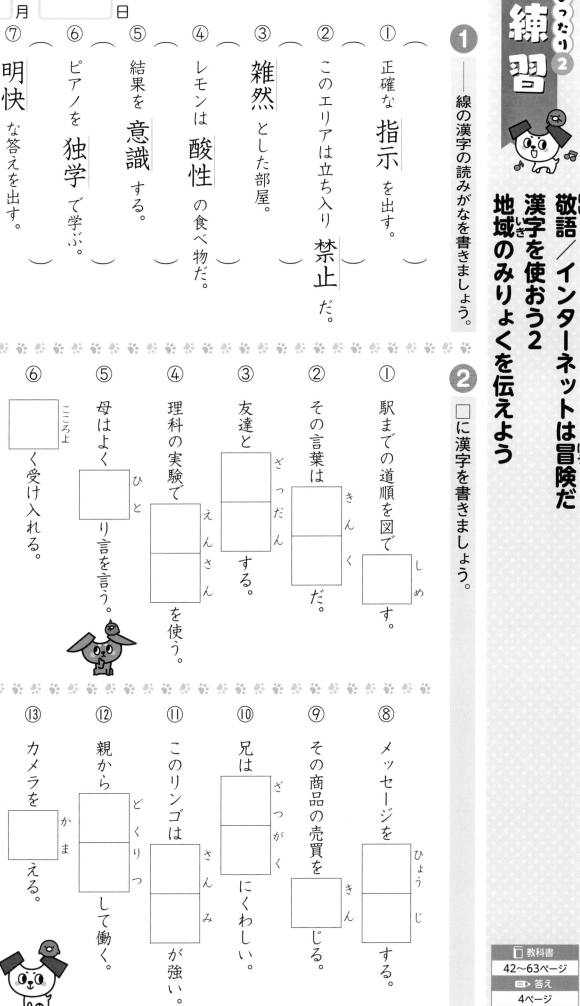

① 正確な指示を出す。（　）
② このエリアは立ち入り禁止だ。（　）
③ 雑然とした部屋。（　）
④ レモンは酸性の食べ物だ。（　）
⑤ 結果を意識する。（　）
⑥ ピアノを独学で学ぶ。（　）
⑦ 明快な答えを出す。（　）
⑧ 近所の雑木林に行く。（　）

2 □に漢字を書きましょう。

① 駅までの道順を図で［しめ］す。
② その言葉は［きんく］だ。
③ 友達と［ざつだん］する。
④ 理科の実験で［えんさん］を使う。
⑤ 母はよく［ひと］り言を言う。
⑥ ［こころよ］く受け入れる。
⑦ 専門的な［ちしき］を学ぶ。
⑧ メッセージを［ひょうじ］する。
⑨ その商品の売買を［きん］じる。
⑩ 兄は［ざつがく］にくわしい。
⑪ このリンゴは［さんみ］が強い。
⑫ 親から［どくりつ］して働く。
⑬ カメラを［かま］える。
⑭ 道路［ひょうしき］を確かめる。

教科書 42～63ページ
答え 4ページ

月　日

新しく学習する漢字

潔　比　河　精　版

教科書 64〜65ページ

教科書65ページ

潔　ケツ　◆いさぎよい

15画　さんずい

使い方
部屋を清潔にする。
身の潔白を証明する。
清潔感のある人。

反対の意味の言葉
清潔　不潔

教科書65ページ

比　ヒ　くらべる

4画　くらべる・ならびひ

使い方
二つの要点を対比させる。
高齢者の人口比率が上がる。
身長を比べる。

部首
「比」は漢字全体が部首だよ。
人が二人ならんでいる形だよ。

教科書65ページ

河　カ　かわ

8画　さんずい

使い方
河口にかかる橋をわたる。
南極の氷河が解ける。
大きな河を下る。

形の似た漢字
運河
通行を許可する。

教科書65ページ

精　セイ　◆ショウ

14画　こめへん

使い方
精神をきたえる。
精のつく食べ物。
玄米を精米する。

慣用句
精を出す
一生けん命努力すること。

教科書65ページ

版　ハン

8画　かたへん

使い方
本を出版する。
授業で版画をほる。
本が絶版になる。

形の似た漢字
版画
板

月　日

練習 ぴったり2

漢字の成り立ち

教科書 64～65ページ
答え 5ページ

1 ――線の漢字の読みがなを書きましょう。

① 身の潔白をうったえる。（　）
② 収入に比例して支出が増える。（　）
③ 私が住む街は河口にある。（　）
④ 精根をふりしぼる。（　）
⑤ かれの小説が来週出版される。（　）
⑥ 運河にそって道を歩く。（　）
⑦ 売り上げの向上に比重を置く。（　）
⑧ 最新版のデータを使う。（　）

2 □に漢字を書きましょう。

① □□（こうけつ）な態度に感動する。
② 弟に□（くら）べて、私は背が低い。
③ 美しい□□（ぎんが）が広がる。
④ 身体と□□（せいしん）をきたえる。
⑤ □□（はんが）作りに力を入れる。
⑥ 船が□□（ひょうが）にぶつかる。
⑦ ある研究に□□（せいつう）する。
⑧ 手を□□（せいけつ）にする。
⑨ 二つの考え方を□□（たいひ）する。
⑩ 大きな□（かわ）が流れる。
⑪ 運賃を□□（せいさん）する。
⑫ 算数で□□（ひれい）について学ぶ。
⑬ □□（ずはん）を作成する。
⑭ 多読も□□（せいどく）も意味がある。

月　日

いにしえの言葉に親しもう

教科書 66～71ページ

新しく学習する漢字

勢　織　紀　永　志

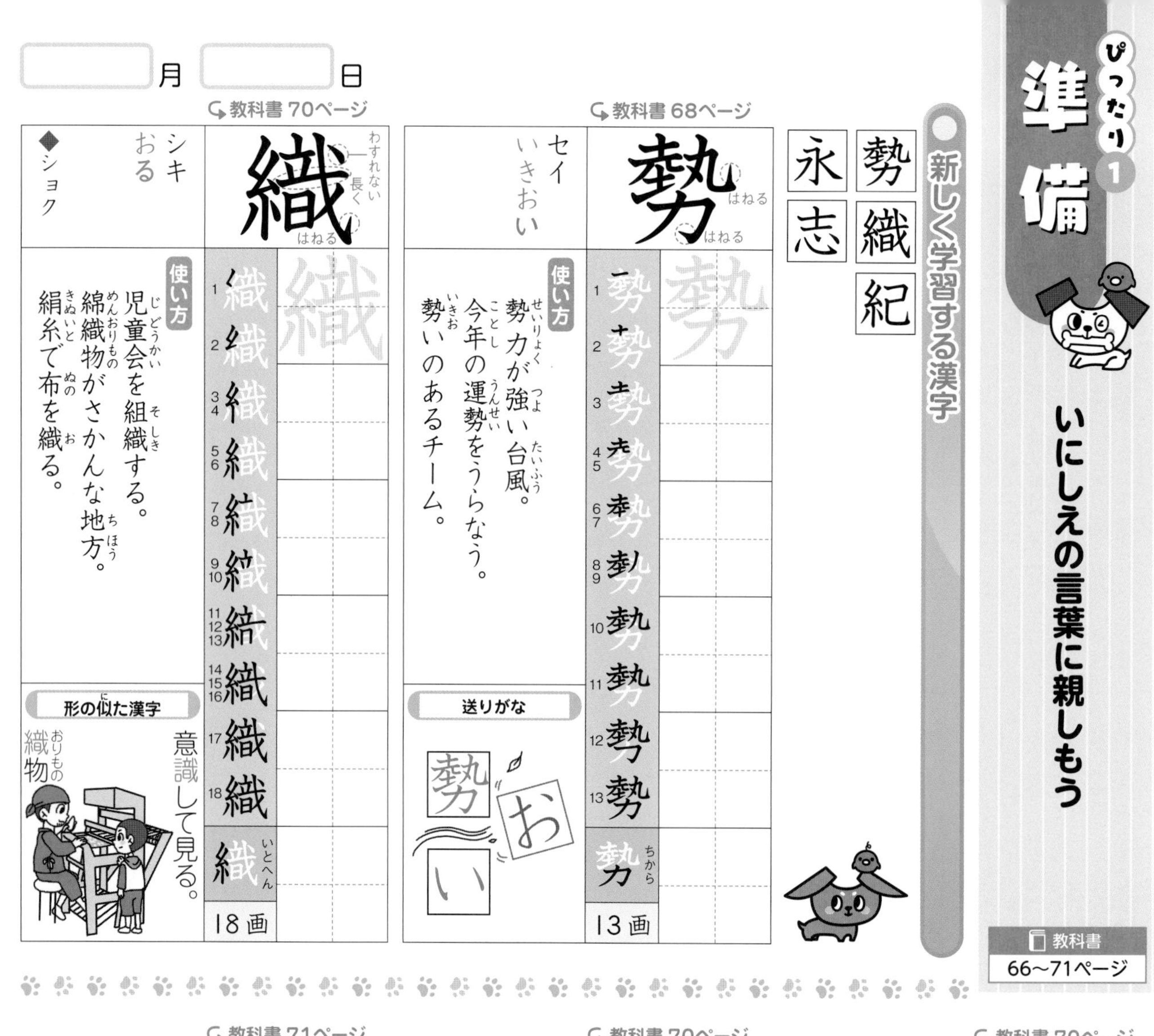

教科書 68ページ

勢

セイ
いきおい

使い方
勢力が強い台風。
今年の運勢をうらなう。
勢いのあるチーム。

送りがな：勢い

13画　部首：力（ちから）

教科書 70ページ

織

シキ
おる
◆ショク

使い方
児童会を組織する。
綿織物がさかんな地方。
絹糸で布を織る。

形の似た漢字：意識して見る。　織物

18画　部首：糸（いとへん）

教科書 70ページ

紀

キ

使い方
紀元前に栄えた文化。
二十一世紀に生まれる。
学校の風紀がみだれる。

形の似た漢字：紀行文　記す

9画　部首：糸（いとへん）

教科書 70ページ

永

エイ
ながい

使い方
永久歯に生え変わる。
永遠の幸せを願う。
永いお付き合いになる。

言葉の使い分け
永い…時間にのみ使う。
長い…時間、長さ、物事に使う。

5画　部首：水（みず）

教科書 71ページ

志

シ
こころざす
こころざし

使い方
意志をつらぬく。
医師を志して勉強する。
志は常に高くもつ。

字の形に注意
志
「士」と書かないように！

7画　部首：心（こころ）

月　日

ぴったり2 練習

いにしえの言葉に親しもう

教科書 66〜71ページ
答え 5ページ

1 ――線の漢字の読みがなを書きましょう。

① 勢いよく立ち上がる。（　　）
② 上着を羽織る。（　　）
③ 旅の紀行文を書く。（　　）
④ それは心に永く残る話だ。（　　）
⑤ その仕事に自ら志願する。（　　）
⑥ 二十一世紀の問題について考える。（　　）
⑦ この形勢は君にとって不利だ。（　　）
⑧ 自分の意志をつらぬく。（　　）

2 □に漢字を書きましょう。

① □□（せいりょく）を拡大（かくだい）していく。
② 新しい組合を組□（そしき）する。
③ それは□□□（きげんぜん）の出来事だ。
④ □□（えいえん）の平和を願う。
⑤ □（こころざし）を高く持つ。
⑥ クラスの□□（ゆうし）で参加する。
⑦ 国際□□（じょうせい）が変化する。
⑧ □□（うんせい）をうらなう。
⑨ 日本の□□（おりもの）について知る。
⑩ □□（ふうき）委員になる。
⑪ この作品は□□（えいきゅう）に残る。
⑫ 学問の道を□（こころざ）す。
⑬ イギリスに□□（えいじゅう）する。
⑭ 少年よ□□（たいし）をいだけ

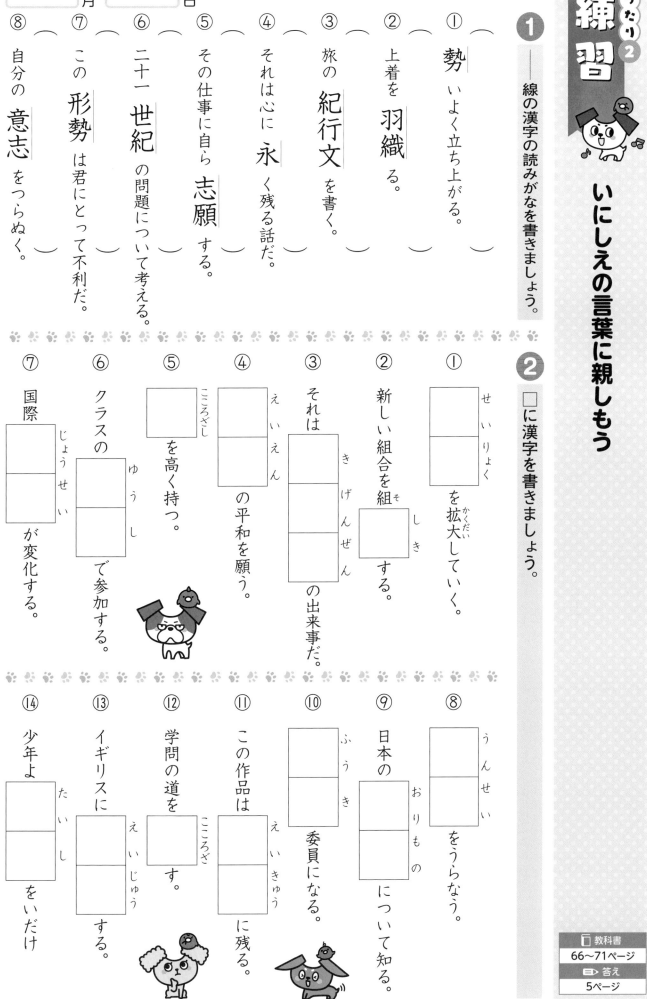

月　日

ぴったり1 準備

世界でいちばんやかましい音
漢字を使おう3

教科書 72〜89ページ

新しく学習する漢字

歴 史 喜 賛 職 任 仏 招 状 殺 態

教科書 79ページ

歴 レキ

「正」にしない　はらう

使い方
- 歴史に名を残す人になる。
- 歴代の校長の写真。
- 立派な経歴をもつ。

筆順：1〜14（歴）

部首：止（とめる）　14画

字の形に注意

歴

「正」と書かないように注意しよう！

教科書 79ページ

史 シ

つき出す　はらう

使い方
- 歴史の本を読む。
- 史上初の宇宙旅行。
- 日本の歴史を日本史という。

筆順：1〜5（史）

部首：口（くち）　5画

筆順

5画目はつき出すよ！

史（1 2 3 4 5）

教科書 80ページ

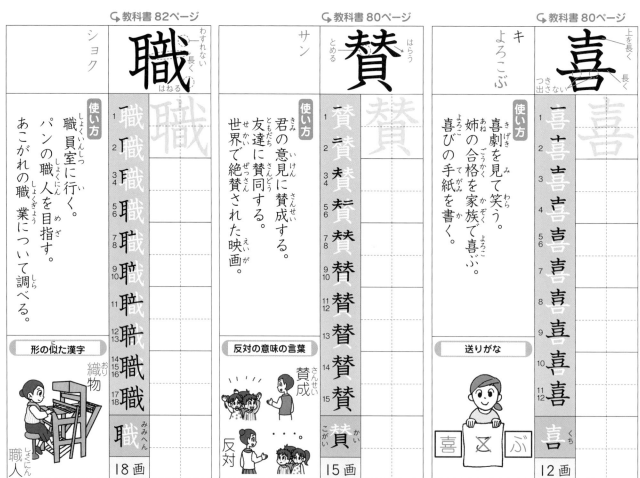

喜 キ　よろこぶ

上を長く　長く　つき出さない

使い方
- 喜劇を見て笑う。
- 姉の合格を家族で喜ぶ。
- 喜びの手紙を書く。

筆順：1〜12（喜）

部首：口（くち）　12画

送りがな

喜 ☒ ぶ

教科書 80ページ

賛 サン

とめる　はらう

使い方
- 君の意見に賛成する。
- 友達に賛同する。
- 世界で絶賛された映画。

筆順：1〜15（賛）

部首：貝（こがい・かい）　15画

反対の意味の言葉

賛成
反対

教科書 82ページ

職 ショク

わすれない　長く　はねる

使い方
- 職員室に行く。
- パンの職人を目指す。
- あこがれの職業について調べる。

筆順：1〜18（職）

部首：耳（みみへん）　18画

形の似た漢字

織物
職人

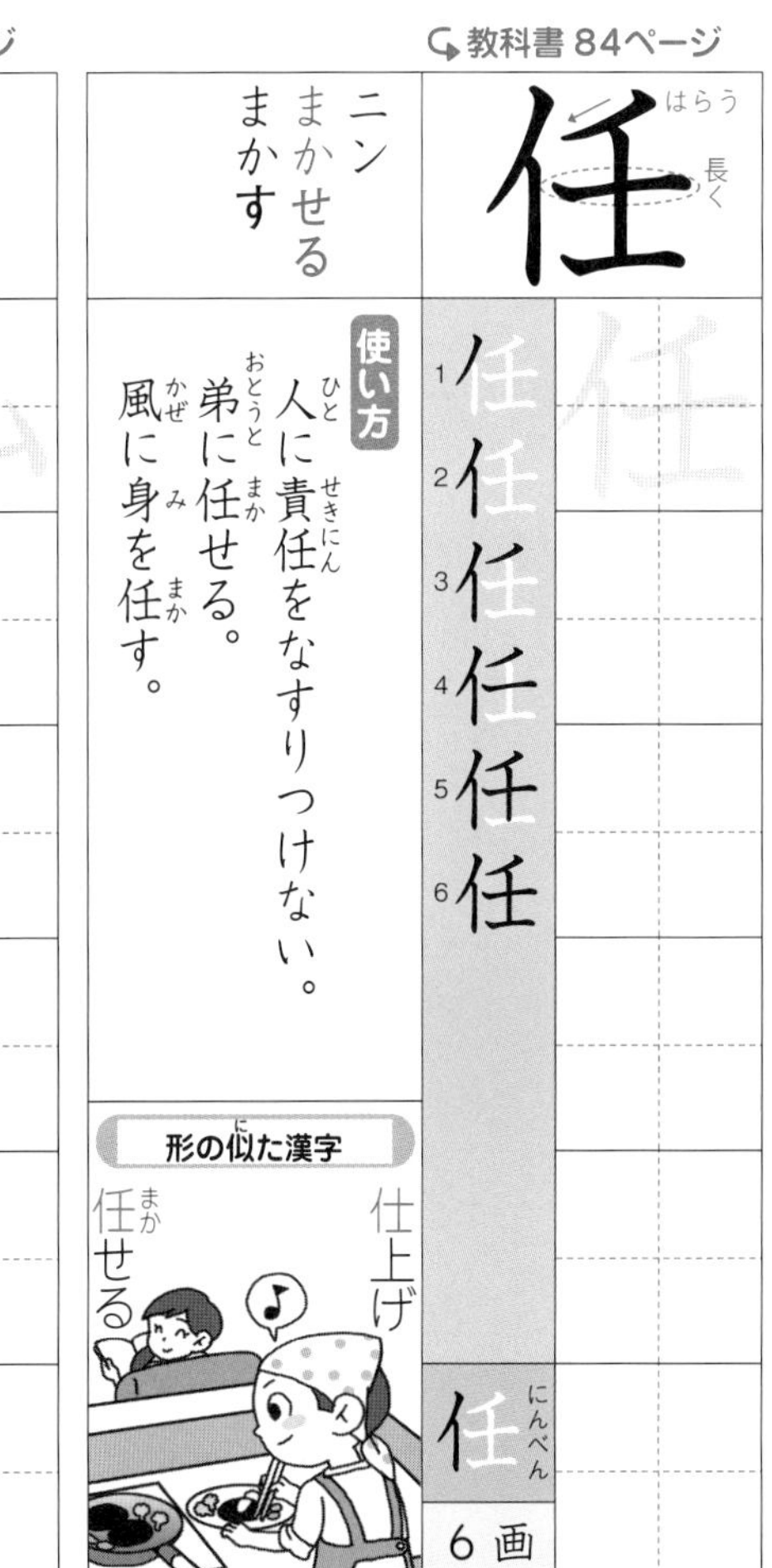

教科書84ページ

任

ニン
まかせる
まかす

はらう　長く

使い方

人に責任をなすりつけない。
弟に任せる。
風に身を任す。

形の似た漢字

仕上げ
任せる

任（にんべん）
6画

教科書89ページ

仏

ブツ
ほとけ

使い方

仏教の教えを学ぶ。
神仏をうやまう。
仏様をおがむ。

ことわざ

仏の顔も三度
情け深い人でも、何度もひどいことをされるとおこること。

仏（にんべん）
4画

教科書89ページ

招

ショウ
まねく

つき出さない　はねる　右上に

使い方

招待状を書く。
委員を招集する。
友達を自宅に招く。

形の似た漢字

招待状
昭和

招（てへん）
8画

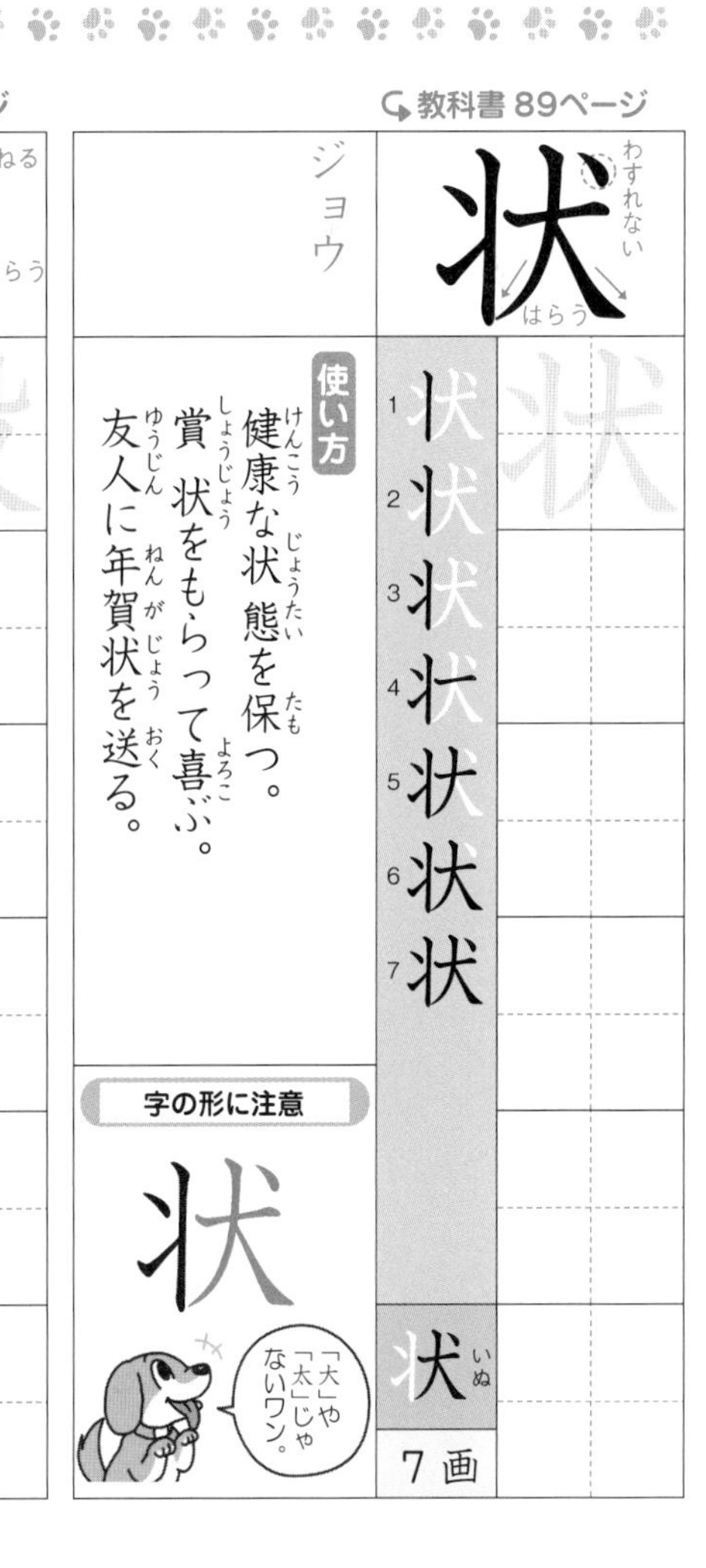

教科書89ページ

状

ジョウ

わすれない　はらう

使い方

健康な状態を保つ。
賞状をもらって喜ぶ。
友人に年賀状を送る。

字の形に注意

状

状（いぬ）
7画

教科書89ページ

殺

サツ
ころす
◆サイ
◆セツ

とめる　はねる　はらう　はらう　とめる

使い方

畑に殺虫ざいをまく。
殺風景な部屋。
息を殺してかくれる。

部首

殺
「殺」の部首は、「るまた」だよ。

殺（るまた・ほこづくり）
10画

教科書89ページ

態

タイ

はねる

使い方

馬の生態を調べる。
事態が急変する。
態度を改める。

部首

態
「態」の部首は、「こころ」だよ。

態（こころ）
14画

月　日

読み方が新しい漢字

漢字	外
読み方	ほか
使い方	思(おも)いの外(ほか)、軽(かる)い
前に出た読み方	外出(がいしゅつ)　家の外(そと)　外(はず)す

「思いの外」とは、考えていたこととちがっていた、という意味ですね。

漢字クイズ 3

☆ 例を参考に、計算をして、漢字を答えましょう。

答え 17ページ

例　貝 ＋ 夫 × 2 ＝ 賛

① 厂 ＋ 止 ＋ 木 × 2 ＝ □

② 日 ＋ 土 ＋ 由 ＝ □

漢字クイズ 4

☆ 筆順が正しいほうに○をつけましょう。

答え 17ページ

① ア（　）丶 冫 丬 丬 丬 状 状
　 イ（　）丨 丬 丬 丬 丬 状 状

② ア（　）丶 丶 忄 忄 忄 忄 忄 忄 情 情 情
　 イ（　）丶 忄 忄 忄 忄 忄 忄 情 情 情

③ ア（　）丿 犭 犭 犭 犭 犭 独 独 独
　 イ（　）丿 犭 犭 犭 犭 犭 独 独 独

④ ア（　）丿 片 片 片 片 片 版 版
　 イ（　）丿 片 片 片 片 片 版 版

月　日

ぴったり2 練習

世界でいちばんやかましい音
漢字を使おう3

教科書 72〜89ページ
答え 5ページ

1 ―線の漢字の読みがなを書きましょう。

① 新しい歴史が始まる。（　　）
② 日本史を勉強する。（　　）
③ 大きな喜びを感じる。（　　）
④ 自然を賛美する心を持つ。（　　）
⑤ 子育てのために休職する。（　　）
⑥ 重要な仕事を任せる。（　　）
⑦ たくさんの仏像を見て回る。（　　）
⑧ 書類に学歴を記入する。（　　）

2 □に漢字を書きましょう。

① □□（れきだい）の校長が集まる。
② □□（しじつ）にもとづいた作品。
③ □□（ひき）こもごもの思いだ。
④ □□（さんせい）の声が多数あがる。
⑤ □□（しょくにん）のわざは実に見事だ。
⑥ リーダーに□□（にんめい）される。
⑦ □（ほとけ）の顔も三度まで
⑧ すばらしい□□（らいれき）の持ち主。
⑨ かれは□□（しじょう）最高の選手だ。
⑩ 久しぶりの再（さい）会を□（よろこ）ぶ。
⑪ 友達の意見に□□（さんどう）する。
⑫ この□□（しょくば）は働きやすい。
⑬ 行事への参加は□□（にんい）だ。
⑭ □□（ぶっきょう）の教えを学ぶ。

ぴったり2 練習

世界でいちばんやかましい音
漢字を使おう3

月　日

1 ——線の漢字の読みがなを書きましょう。

① パーティーの招待状を送る。（　　）
② 球状の物体が転がる。（　　）
③ 息を殺して見守る。（　　）
④ 急に態度が変わる。（　　）
⑤ ちこくなどもっての外だ。（　　）
⑥ 近代史に関する本を買う。（　　）
⑦ 職員室で打ち合わせをする。（　　）
⑧ 運を天に任す。（　　）

2 □に漢字を書きましょう。

① 親しい友人を家に□（まね）く。
② 手作りの□□□（ねんがじょう）を出す。
③ その部屋は□□□（さっぷうけい）だ。
④ 熊の□□（せいたい）を調べる。
⑤ 毎朝□□（ねんぶつ）を唱える。
⑥ 正直に□□（はくじょう）する。
⑦ 重大な□□（じたい）が発生する。
⑧ 関係者に□□（しょうしゅう）をかける。
⑨ 物質の□□（じょうたい）に変化が起きる。
⑩ □□（さっちゅう）剤（ざい）をまく。
⑪ 受け入れ□□（たいせい）を整える。
⑫ 鎌（かま）倉の□□（だいぶつ）に感動する。
⑬ 訪（ほう）問先に□□（れいじょう）を出す。
⑭ 公園利用の□□（じったい）を調査する。

教科書 72～89ページ
答え 5ページ

月　日

思考に関わる言葉

教科書 90～91ページ

新しく学習する漢字

仮 断 判 測 条

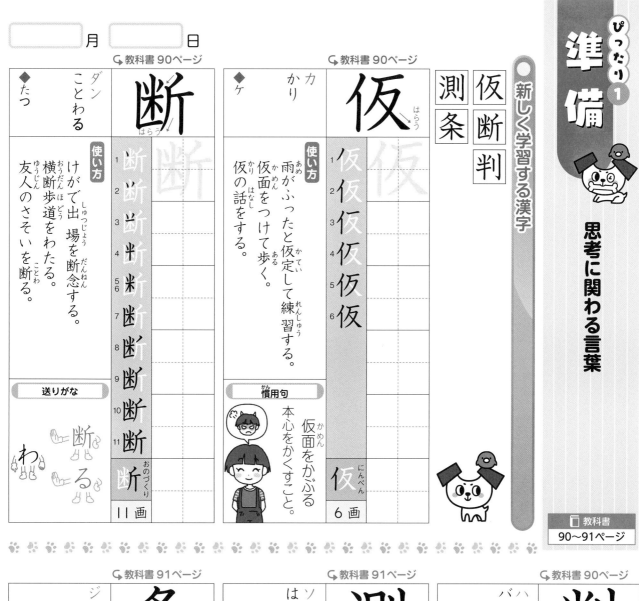

教科書90ページ

仮（はらう）

カ　かり　◆ケ

使い方
雨がふったと仮定して練習する。
仮面をつけて歩く。
仮の話をする。

仮（にんべん）　6画

慣用句
仮面をかぶる
本心をかくすこと。

教科書90ページ

断（はらう）

ダン　ことわる　◆たつ

使い方
けがで出場を断念する。
横断歩道をわたる。
友人のさそいを断る。

断（おのづくり）　11画

送りがな
断わる（×）　断る（○）

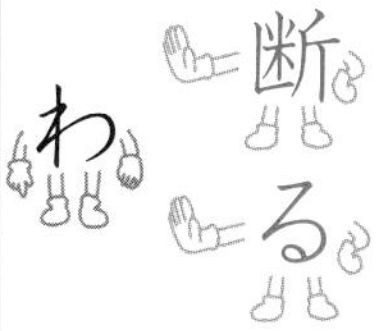

教科書90ページ

判（はねる）

ハン　バン

使い方
正しい判断をする。
事実が判明する。
小判を発見する。

判（りっとう）　7画

いろいろな読み方
判断
小判

教科書91ページ

測（はねる）

ソク　はかる

使い方
体重を測定する。
地震を予測する。
土地の面積を測る。

測（さんずい）　12画

形の似た漢字
測る
左側

教科書91ページ

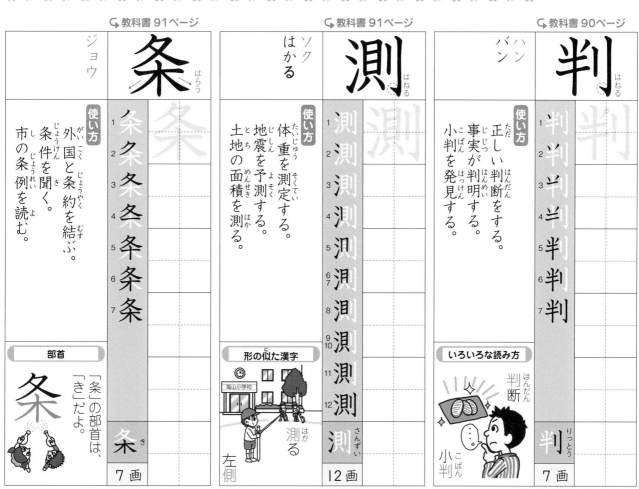

条（はらう）

ジョウ

使い方
外国と条約を結ぶ。
条件を聞く。
市の条例を読む。

条（き）　7画

部首 
「条」の部首は、「き」だよ。

月　日

ぴったり2 練習

思考に関わる言葉

教科書 90〜91ページ
答え 6ページ

1 ——線の漢字の読みがなを書きましょう。

① 仮面をつけておどる。（　）
② ヨットで太平洋を横断する。（　）
③ 小判は江戸時代の通貨だ。（　）
④ 車両の長さを計測する。（　）
⑤ 法律の条文を読む。（　）
⑥ 仮説を立てて考える。（　）
⑦ ようやく原因が判明した。（　）
⑧ 土地の測量をする。（　）

2 □に漢字を書きましょう。

① □□（かりず）まいの家でくらす。
② 会議を□□（ちゅうだん）する。
③ □□（はんだん）にまようことがある。
④ 望遠鏡で天体を□□（かんそく）する。
⑤ 両国は□□（じょうやく）に調印した。
⑥ 計画を□□（だんねん）する。
⑦ 専門家が□□（はんてい）する。
⑧ □（かり）の姿で現れる。
⑨ 大会への参加を□（ことわ）る。
⑩ □□（おおばん）のノートを使う。
⑪ 兄弟の背の高さを□（はか）る。
⑫ 市の□□（じょうれい）を守る。
⑬ 本当のことだと□□（だんげん）する。
⑭ □□（ゆだん）は禁物だ。

月　日

ぴったり1 準備

新聞記事を読み比べよう

教科書 92〜102ページ

新しく学習する漢字

常 均 件 故 政 編 刊

教科書 94ページ

常

ジョウ
つね
◆とこ

「⺍」にしない
はねる

使い方
非常識なふるまいをする。
薬を常備する。
常に幸せを願う。

字の形に注意
「⺍」ではないので注意！

部首：常（はば）
11画

教科書 94ページ

均

キン

右上へ
はねる

使い方
テストの平均点が上がる。
ケーキを均等に分ける。
平均台を下りる。

字の形に注意
わすれないでね！

部首：均（つちへん）
7画

教科書 95ページ

件

ケン

つき出す
少し長く

使い方
用件がすんだので帰る。
事件が解決する。
火事が三件起こる。

漢字の覚え方
人（亻）と牛が仲のよい件。

部首：件（にんべん）
6画

教科書 95ページ

故

コ
◆ゆえ

はらう

使い方
コップを故意に落とす。
電車が事故でおくれる。
車が故障する。

言葉の意味
事故ー予想外の悪い出来事。
故事ー昔から伝わるいわれ。

部首：故（ぼくづくり・のぶん）
9画

教科書 95ページ

政

セイ
◆ショウ
◆まつりごと

はらう

使い方
政治について調べる。
支持する政党がない。
政見放送を見る。

部首
「政」の部首は、「のぶん」だよ。

部首：政（ぼくづくり・のぶん）
9画

月　日

教科書95ページ

編

ヘン
あむ

「、」にしない
はねる
たては二本

1 2 3 4 5 6 7 8 9 10 11 12 13 14 15

使い方
本の編集の仕事をする。
今日は前編を読む。
母がセーターを編む。

字の形に注意
○編
×編
×編

編 いとへん
15画

教科書97ページ

刊

カン
左から書く
はねる

1 2 3 4 5

使い方
新しい辞書が刊行される。
朝刊を買いに行く。
週刊誌を毎週読む。

対になる言葉
朝刊
夕刊

刊 りっとう
5画

「編」は、部首のちがう似た形の漢字が多くあるので、注意しましょう。

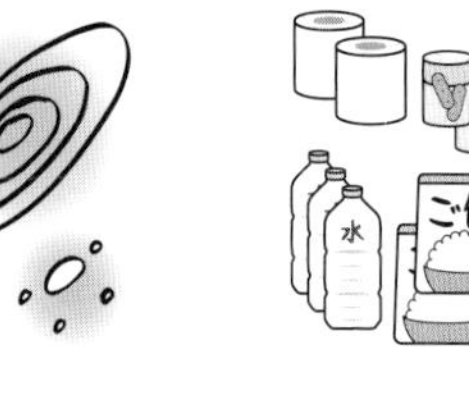

漢字クイズ5

☆　イラストを参考に、□に当てはまる漢字を入れましょう。

答え17ページ

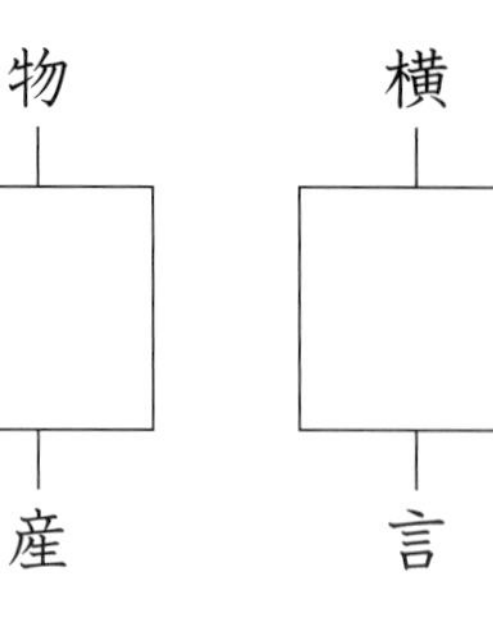
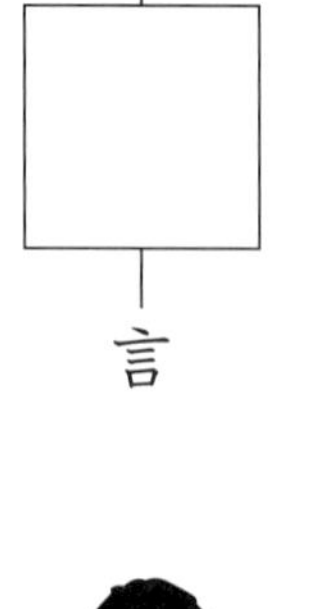
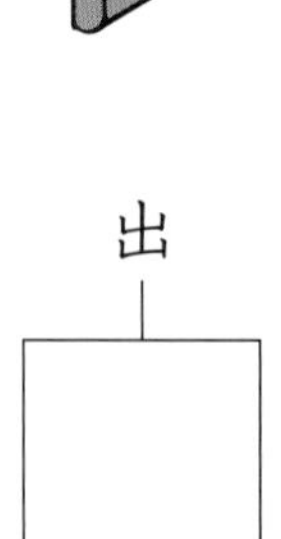
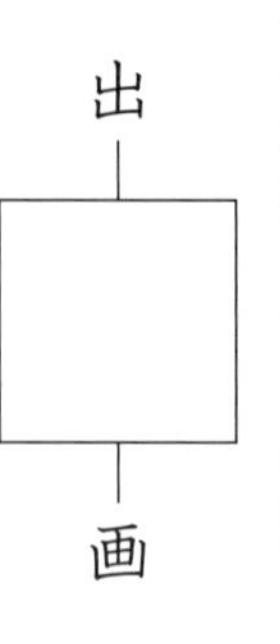

① 出 □ 画
② 利 □ 虫
③ 横 □ 言
④ 物 □ 産
⑤ 銀 □ 口
⑥ 平 □ 等

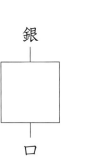

ぴったり2 練習

新聞記事を読み比べよう

教科書 92〜102ページ　答え 6ページ

月　日

1 ――線の漢字の読みがなを書きましょう。

① 健康に常に気をつける。（　）
② 試験の平均点を計算する。（　）
③ むずかしい条件だ。（　）
④ 故事成語の意味を調べる。（　）
⑤ 行政サービスへの要望を集める。（　）
⑥ 新聞を編集する。（　）
⑦ 年に数回、増刊号を発行する。（　）
⑧ 常識にとらわれない発想をする。（　）

2 □に漢字を書きましょう。

① □□（にちじょう）の生活を大切にする。
② 雑誌（し）が□□（きゅうかん）になる。
③ メールの□□（けんめい）を確かめる。
④ 道路で□□（じこ）にあう。
⑤ □□（せいじ）に参加する。
⑥ 毛糸のぼうしを□（あ）む。
⑦ 新しい辞典を□□（かんこう）する。
⑧ 機械が□□（せいじょう）に作動する。
⑨ 食料を□□（きんとう）に配分する。
⑩ 急ぎの□□（ようけん）を伝える。
⑪ □□（こい）にちがう道を歩く。
⑫ 父は□□（ゆうかん）に目を通した。
⑬ □□（じけん）のあった場所に行く。
⑭ □□（きんせい）のとれた体型（たいけい）。

夏のチャレンジテスト①

時間30分　／100　合格80点

教科書 16〜102ページ　答え 6ページ

月　日

1 ――線の漢字の読みがなを書きましょう。　一つ2点（28点）

① 自衛隊（　）で行う訓練を参考にして持久力（　）をつける。

② 車の査定（　）についての資料（　）を用意する。

③ 家族で長野県に移住（　）する。

④ 複数（　）あるうちの一つの画像（　）を表示する。

⑤ その作家は独特（　）な、かれらしい表現（　）を好む。

⑥ 死ぬか生きるかの境目（　）をさまよう。

⑦ 個性的（　）と言われている力士（　）にインタビューする。

⑧ 大きな水そうの容積（　）を時間をかけて測定（　）する。

2 次の意味を持つ熟語を、［　］の漢字を組み合わせて作りましょう。（［　］には使わない漢字もあります。）　一つ2点（4点）

① 過去と未来の間。今。

② 各部分を合わせて全体を組み立てること。

［構　行　在　成　現］

3 次の漢字にはいくつかの読み方があります。読みがなを書きましょう。　一つ2点（24点）

① 任　任命（　）　任せる（　）

② 夢　夢中（　）　初夢（　）

③ 得　得意（　）　得る（　）

④ 混　混同（　）　混じる（　）　混む（　）

⑤ 増　増水（　）　増える（　）　増す（　）

月　日

4 □に漢字を書きましょう。　一つ2点(26点)

① 自分の□□(みょうじ)を書く。
② □□(ひょうが)の写真を見る。
③ 歌の□□(もんく)を考える。
④ □□(ゆうじょう)をちかい合う。
⑤ □□(りえき)を上げる。
⑥ □□(きんがん)で眼鏡(めがね)をかける。
⑦ 人の命を□(すく)う。
⑧ バスが□□□(きゅうていしゃ)する。
⑨ □□(こうさい)を始める。
⑩ 良い□□(ざいしつ)を選ぶ。
⑪ □(けわ)しい山道を歩く。
⑫ □□(かさい)が発生する。
⑬ ストレスの□□(よういん)。

5 例にならって、——線のひらがなを［漢字—送りがな］に分けて書きましょう。　一つ2点(6点)

例 デザインをかんがえる。　［考—える］
① 人通りがたえる。　［　—　］
② 名人と言われてひさしい。　［　—　］
③ たしかな実績(せき)がある。　［　—　］

6 次の□に、上で示した読み方をする漢字を入れて、熟(じゅく)語を完成させましょう。　一つ2点(12点)

① カ　ア □去　イ □口
② セツ　ア □明　イ □続
③ ホウ　ア □牧　イ □告

夏のチャレンジテスト②

時間30分　／100　合格80点

教科書 16〜102ページ　答え 7ページ

月　日

1 ――線の漢字の読みがなを書きましょう。　一つ2点(26点)

① 未来を暗示（　）する出来事が起こる。

② 父は体の状態（　）が良くないので禁酒（　）している。

③ 周りの雑音（　）のせいで、勉強に集中できない。

④ 長編（　）小説の続きの構想（　）を語る。

⑤ 両国はしだいに停戦（　）することを意識（　）し始めた。

⑥ 故人（　）が十年前に書いた紀行文（　）。

⑦ 思いの外（　）、チームの形勢（　）が悪化した。

⑧ この物語では富士山（ふじさん）を賛美（　）している。

2 次の意味を持つ熟語を、□の漢字を組み合わせて作りましょう。（□には使わない漢字もあります。）　一つ2点(4点)

常　学　場　通　独　正

① いつもと変わりがないこと。

② ひとりで勉強をすること。

3 次の熟語の、反対の意味を持つ熟語を□に書きましょう。　一つ3点(12点)

例 北極 ↕ 南極

① 形式 ↕

② 現在 ↕

③ 清潔 ↕

④ 許可（きょか） ↕

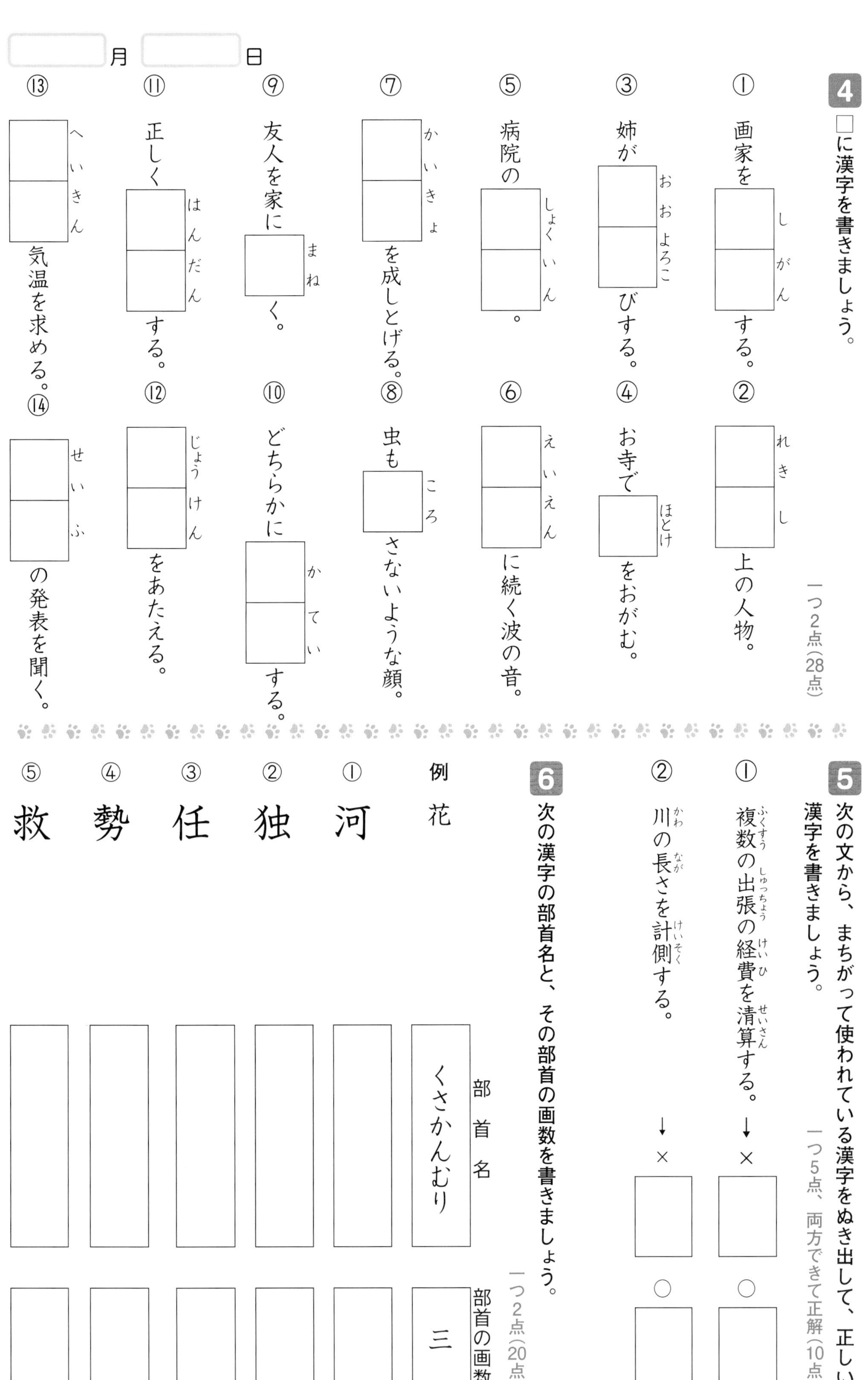

月　日

4 □に漢字を書きましょう。

一つ2点（28点）

① 画家を［しがん］する。
② ［れきし］上の人物。
③ 姉が［おおよろこ］びする。
④ お寺で［ほとけ］をおがむ。
⑤ 病院の［しょくいん］。
⑥ ［えいえん］に続く波の音。
⑦ ［かいきょ］を成しとげる。
⑧ 虫も［ころ］さないような顔。
⑨ 友人を家に［まね］く。
⑩ どちらかに［かてい］する。
⑪ 正しく［はんだん］する。
⑫ ［じょうけん］をあたえる。
⑬ ［へいきん］気温を求める。
⑭ ［せいふ］の発表を聞く。

5 次の文から、まちがって使われている漢字をぬき出して、正しい漢字を書きましょう。

一つ5点、両方できて正解（10点）

① 複数(ふくすう)の出張(しゅっちょう)の経費(けいひ)を清算(せいさん)する。
↓ ×［　］ ○［　］

② 川(かわ)の長(なが)さを計側(けいそく)する。
↓ ×［　］ ○［　］

6 次の漢字の部首名と、その部首の画数を書きましょう。

一つ2点（20点）

	漢字	部首名	部首の画数
例	花	くさかんむり	三
①	河		
②	独		
③	任		
④	勢		
⑤	救		

準備 ぴったり1

未知へ
心の動きを短歌で表そう

教科書 112～117ページ

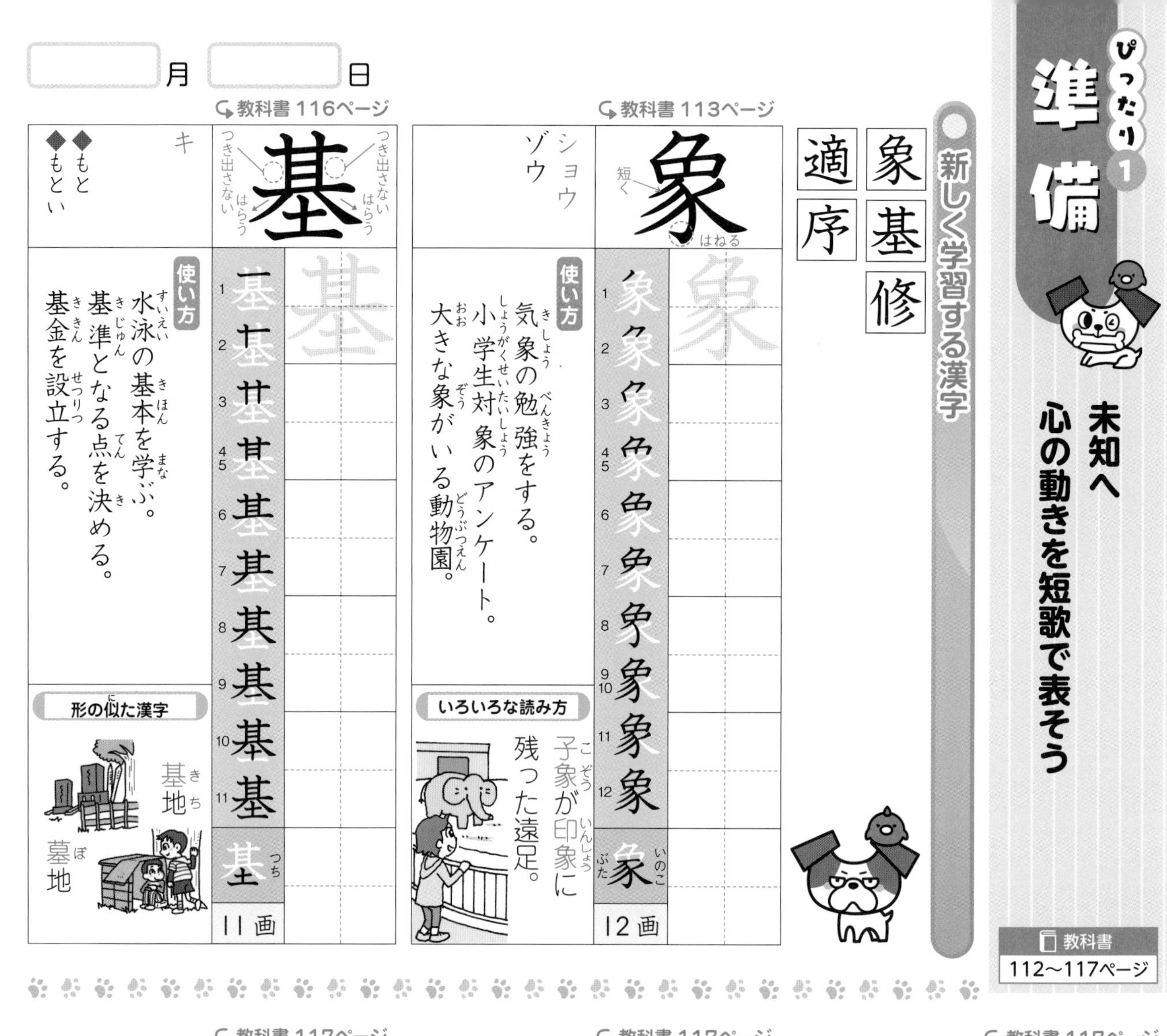

新しく学習する漢字

象　基　修　適　序

教科書 113ページ

象　ショウ　ゾウ

短く　はねる

12画

使い方
気象(きしょう)の勉強(べんきょう)をする。
小学生対象(しょうがくせいたいしょう)のアンケート。
大(おお)きな象(ぞう)がいる動物園(どうぶつえん)。

いろいろな読み方
子象(こぞう)が印象(いんしょう)に残った遠足。

教科書 116ページ

基　キ　◆もと　◆もとい

つき出さない　はらう　つき出さない　はらう

11画

使い方
水泳(すいえい)の基本(きほん)を学(まな)ぶ。
基準(きじゅん)となる点(てん)を決(き)める。
基金(ききん)を設立(せつりつ)する。

形の似(に)た漢字
基地(きち)
墓地(ぼち)

教科書 117ページ

修　シュウ　◆シュ　おさめる　おさまる

わすれない　はらう

10画

使い方
字(じ)のあやまりを修正(しゅうせい)する。
小学校(しょうがっこう)での課程(かてい)を修(おさ)める。
生活態度(せいかつたいど)が修(おさ)まる。

字の形に注意
修
わすれないでね！

教科書 117ページ

適　テキ

「商」にしない

14画

使い方
寒(さむ)い土地(とち)に適応(てきおう)する。
適切(てきせつ)な指導(しどう)を受(う)ける。
土地(とち)に適(てき)した作物(さくもつ)を作(つく)る。

四字熟語(じゅくご)
適材適所(てきざいてきしょ)
その人の能(のう)力を生かせる任務(にんむ)につかせること。

教科書 117ページ

序　ジョ

わすれない　はらう　はねる

7画

使い方
順序(じゅんじょ)よくならぶ。
序曲(じょきょく)が流(なが)れる。
本(ほん)の序文(じょぶん)を読(よ)む。

言葉の意味
序(じょ)の口(くち)…物事が始まったばかりということ。
暑さはまだ序の口だ。

ぴったり1 準備

問題を解決するために話し合おう

教科書 118～122ページ

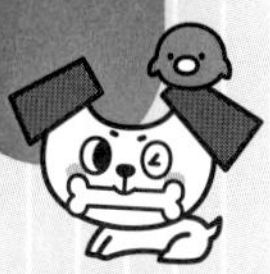

新しく学習する漢字

解
減

月　日

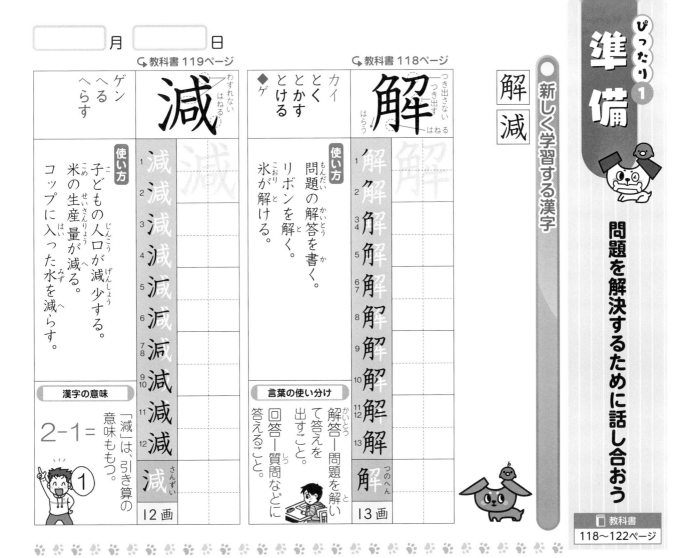

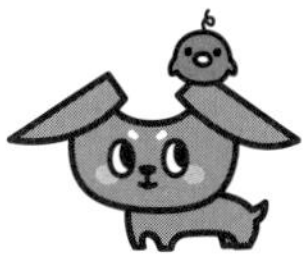

教科書 118ページ

解（つき出さない・つき出す・はらう・はねる）

カイ
とく
とかす
とける
◆ゲ

使い方
問題(もんだい)の解答(かいとう)を書(か)く。
リボンを解(と)く。
氷(こおり)が解(と)ける。

筆順：1 解　2 解　3・4 解　5 解　6・7 解　8 解　9 解　10 解　11・12 解　13 解

解　つのへん　13画

言葉の使い分け
解答(かいとう)ー問題を解(と)いて答えを出すこと。
回答ー質問(しつ)などに答えること。

教科書 119ページ

減（わすれない・はねる）

ゲン
へる
へらす

使い方
子(こ)どもの人口(じんこう)が減少(げんしょう)する。
米(こめ)の生産量(せいさんりょう)が減(へ)る。
コップに入(はい)った水(みず)を減(へ)らす。

筆順：1 減　2 減　3 減　4 減　5 減　6 減　7・8 減　9・10 減　11 減　12 減

減　さんずい　12画

漢字の意味
「減」は、引き算の意味ももつ。

2−1＝①

漢字クイズ6

答え17ページ

☆　次の漢字の一部には、共通の部首が入ります。共通する部首を□に書きましょう。

①　色・己・公・扁　→　□　部首

②　竟・也・皿・昜　→　□

「減」は、反対の意味を持つ漢字に「加」と「増」の二つがあるよ。

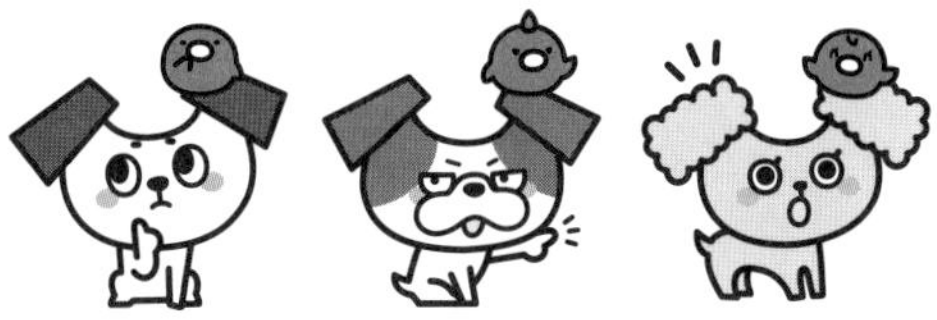

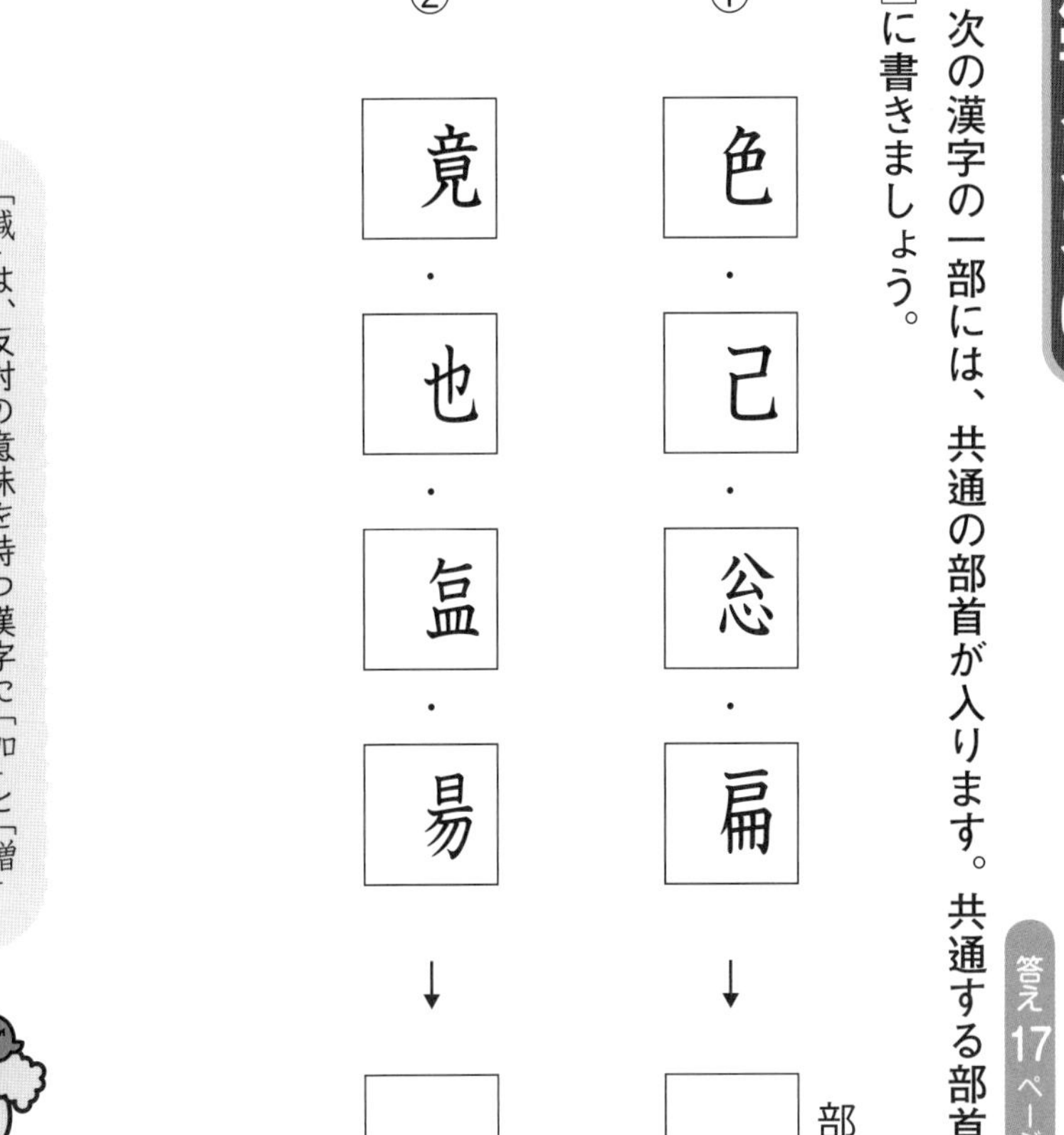

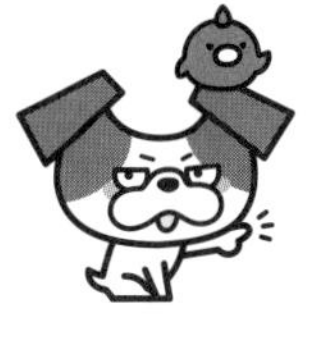

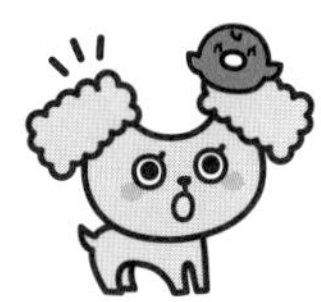

未知へ 心の動きを短歌で表そう 問題を解決するために話し合おう

教科書 112〜122ページ
答え 7ページ

月　日

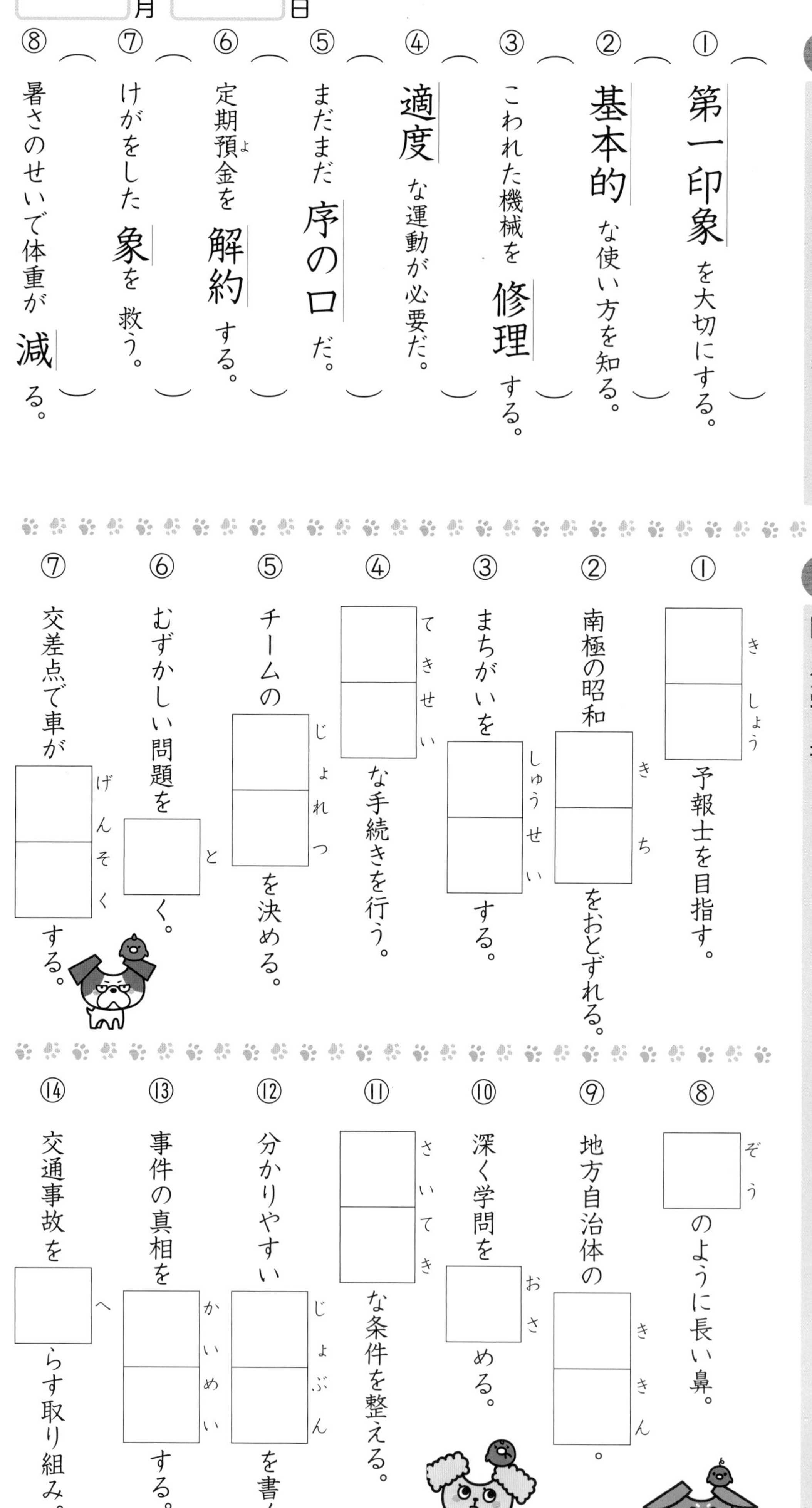

1 ——線の漢字の読みがなを書きましょう。

① 第一印象を大切にする。（　）
② 基本的な使い方を知る。（　）
③ こわれた機械を修理する。（　）
④ 適度な運動が必要だ。（　）
⑤ まだまだ序の口だ。（　）
⑥ 定期預金を解約する。（　）
⑦ けがをした象を救う。（　）
⑧ 暑さのせいで体重が減る。（　）

2 □に漢字を書きましょう。

① □□（きしょう）予報士を目指す。
② 南極の昭和□□（きち）をおとずれる。
③ まちがいを□□（しゅうせい）する。
④ □□（てきせい）な手続きを行う。
⑤ チームの□□（じょれつ）を決める。
⑥ むずかしい問題を□（と）く。
⑦ 交差点で車が□□（げんそく）する。
⑧ □（ぞう）のように長い鼻。
⑨ 地方自治体の□□（ききん）。
⑩ 深く学問を□（おさ）める。
⑪ □□（さいてき）な条件を整える。
⑫ 分かりやすい□□（じょぶん）を書く。
⑬ 事件の真相を□□（かいめい）する。
⑭ 交通事故を□（へ）らす取り組み。

月　日

新しく学習する漢字

格 額 貸 貧 準 墓 祖 迷 述

教科書 123ページ

格

カク
◆コウ

（とめる・はらう・はらう）

使い方
兄が大学に合格する。
格差のない社会を目指す。
性格がやさしい。

格（きへん）　10画

形の似た漢字

価格
各種

教科書 123ページ

額

ガク
ひたい

（とめる）

使い方
洋服を半額で買う。
額ぶちに絵を入れる。
額の広いおじさん。

頁（おおがい）　18画

慣用句

ねこの額
非常にせまいこと。

教科書 123ページ

貸

かす
◆タイ

（平たく書く）

使い方
弟に本を貸す。
友達に手を貸す。
お金の貸し借りはしない。

貝（こがい）　12画

反対の意味の言葉

貸す
借りる

教科書 123ページ

貧

ビン
まずしい
◆ヒン

（はなす）

使い方
貧ぼうくじを引いた。
貧しいけれど幸せなくらし。
才能が貧しい。

貝（こがい）　11画

反対の意味の漢字

貧
富

教科書 123ページ

準

ジュン

（長く）

使い方
しっかり準備運動をする。
標準語を話す。
地区大会で準決勝に進む。

氵（さんずい）　13画

部首

「準」の部首は、「さんずい」だよ。

準

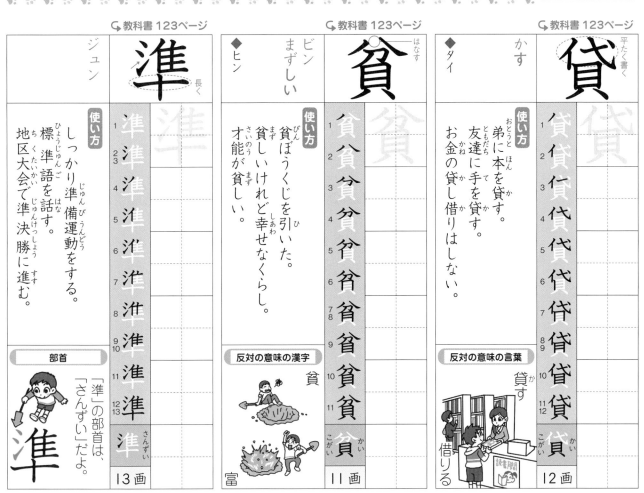

月　日

教科書123ページ

墓

ボ
はか

少し出す
「大」にしない

1～13 墓

使い方

家族で墓地を歩く。
墓前に立つ。
お墓参りに行く。

部首

墓

「墓」の部首は、「つち」だよ。

「艹」や「日」じゃないよ。

土 つち

13画

教科書123ページ

祖

ソ

とめる
長く

1～9 祖

使い方

夏休みは祖父母の家に行く。
先祖代々語りつがれる話。
祖国の土をふむ。

形の似た漢字

祖父
うでを組む。

ネ しめすへん

9画

教科書123ページ

迷

まよう
◆メイ

とめる

1～9 迷

使い方

答えに迷う。
山で道に迷う。
どれにしようか迷う。

形の似た漢字

迷う
記述

⻌ しんにょう

9画

教科書123ページ

述

ジュツ
のべる

はなす
わすれない

1～8 述

使い方

主語と述語を学習する。
事実を正確に記述する。
自分の意見を述べる。

対になる言葉

主語
兄が本を読む。
述語

⻌ しんにょう

8画

特別な読み方をする言葉

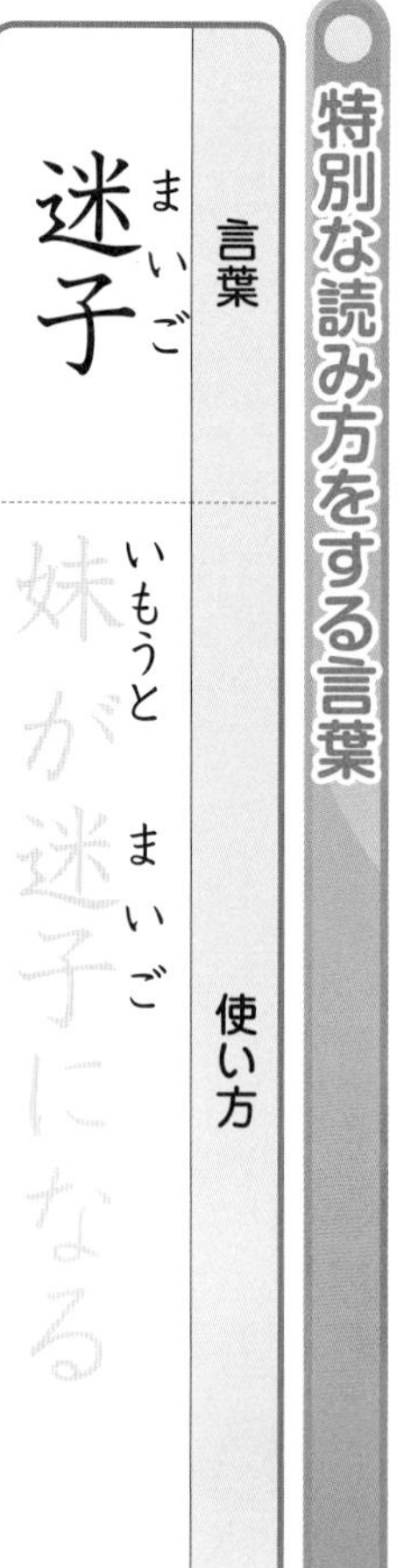

言葉

迷子（まいご）

使い方

妹（いもうと）が迷子（まいご）になる

熟語全体をひとまとめにして、特別な読み方をするよ。

月　日

ぴったり2 練習

漢字を使おう4

1 ――線の漢字の読みがなを書きましょう。

① 就職(しゅうしょく)に有利な資格を取る。（　）
② 高額な車を買う。（　）
③ 無料でコピー機を貸し出す。（　）
④ 貧しい生活からぬけ出す。（　）
⑤ 新たな基準を決める。（　）
⑥ 家族で墓参りに出かける。（　）
⑦ かの女は祖国に帰った。（　）
⑧ 期末試験で合格点を取った。（　）

2 □に漢字を書きましょう。

① □□□(ほんかくてき)な料理を作る。
② 猫(ねこ)の□(ひたい)ほどの土地。
③ マンションの一室を□(か)す。
④ □(びん)ぼうくじを引かされる。
⑤ 教育の□□(すいじゅん)が高い。
⑥ 花を□□(ぼぜん)にそなえる。
⑦ □□(そふ)の家をたずねる。
⑧ 姉のセンスの良さは□□(べっかく)だ。
⑨ セーターを□□(はんがく)で買う。
⑩ 友人に□(か)した本。
⑪ 心が□(まず)しい人にはなるな。
⑫ □□(ひょうじゅん)的なレベルの問題集。
⑬ 祖母がねむっている□□(ぼち)。
⑭ □□(そせん)を大切にする気持ち。

教科書 123ページ
答え 7ページ

漢字を使おう4

教科書 123ページ
答え 8ページ

月　日

1 ――線の漢字の読みがなを書きましょう。

① 迷子の犬を連れて帰る。（　）
② 記述問題は苦手だ。（　）
③ 体格の差は問題にならない。（　）
④ 全額を現金ではらう。（　）
⑤ 友達と本の貸し借りをする。（　）
⑥ 昨年の水準を大きく上回る。（　）
⑦ 注意深く照準を合わせる。（　）
⑧ おかの上に小さな墓標を立てる。（　）

2 □に漢字を書きましょう。

① 兄は今も□（まよ）い続けている。
② 主語と□□（じゅつご）を意識する。
③ ねばり強い□□□（せいかく）を活かす。
④ □□（さがく）を後で返金する。
⑤ 人助けに力を□（か）す。
⑥ □（びん）ぼうくじを引く。
⑦ 自分の意見を□（の）べる。 
⑧ 山の中で道に□（まよ）う。
⑨ これは□□（こうじゅつ）筆記したものだ。
⑩ 相手の□□（じんかく）を重んじる。
⑪ □（ひたい）にあせして働く。
⑫ □□□（じゅんけっしょう）に進出する。
⑬ それは気の□（まよ）いにすぎない。
⑭ □□（せんぞ）のちえに学ぶ。

注文の多い料理店
漢字を使おう5

教科書 124〜145ページ

新しく学習する漢字

損 造 寄 非 防 毒 責 破 枝 師 圧 営 価 制 肥 旧

教科書 127ページ

損

ソン
そこなう
そこねる

平たく書く

使い方
自転車が破損する。
百円を損する。
災害で多大な損害が出る。

13画　部首：扌（てへん）

反対の意味の漢字
損
得

教科書 128ページ

造

ゾウ
つくる

下を長く

使い方
食品を製造する。
造花をかざる。
船を造る。

10画　部首：辶（しんにょう・しんにゅう）

言葉の使い分け
造る―機械などを使ってつくること。
作る―つくることに広く使う。

教科書 132ページ

寄

キ
よる
よせる

長く　はねる

使い方
お金を寄付する。
友達の家に寄る。
本を左に寄せる。

11画　部首：宀（うかんむり）

形の似た漢字
奇術
寄る

教科書 135ページ

非

ヒ

はらう

使い方
非常に高額な商品。
この仏像は非公開だ。
非売品のため買えない。

8画　部首：非（あらず）

部首
「非」は漢字全体が部首（あらず）だよ。
打ち消す意味だよ。

教科書 135ページ

防

ボウ
ふせぐ

画数に注意　はねる

使い方
消防車が通る。
防犯ベルが鳴る。
事故を未然に防ぐ。

7画　部首：阝（こざとへん）

形の似た漢字
妨げる
防音

月　日

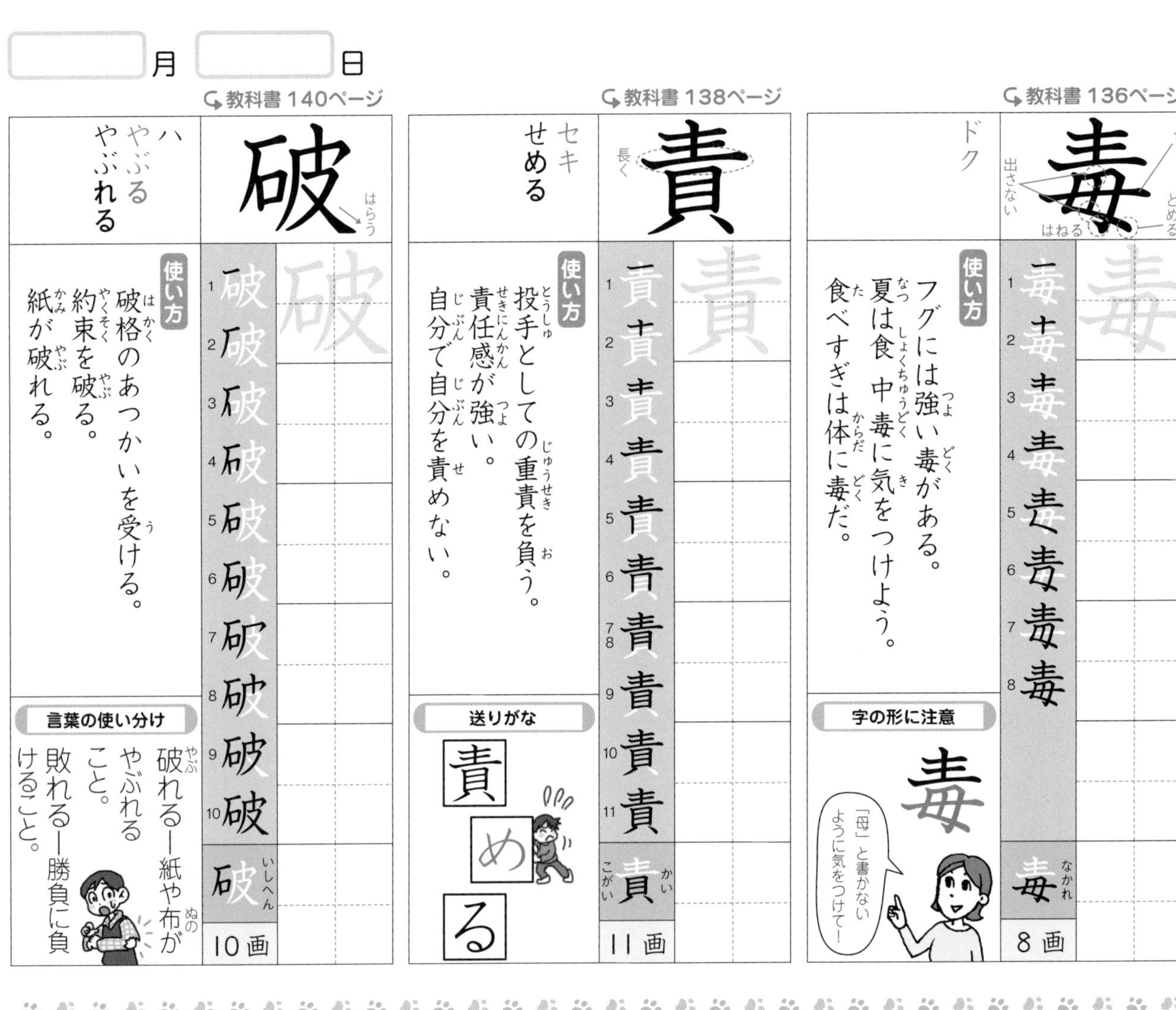

毒
教科書136ページ

ドク

（長く／出さない／とめる／はねる）

使い方

フグには強(つよ)い毒(どく)がある。
夏(なつ)は食中毒(しょくちゅうどく)に気(き)をつけよう。
食(た)べすぎは体(からだ)に毒(どく)だ。

字の形に注意

毒

毋 なかれ　8画

責
教科書138ページ

セキ
せめる

（長く）

使い方

投手(とうしゅ)としての重責(じゅうせき)を負(お)う。
責任感(せきにんかん)が強(つよ)い。
自分(じぶん)で自分(じぶん)を責(せ)めない。

送りがな

責｜め｜る

貝 かい（こがい）　11画

破
教科書140ページ

ハ
やぶる
やぶれる

（はらう）

使い方

破格(はかく)のあつかいを受(う)ける。
約束(やくそく)を破(やぶ)る。
紙(かみ)が破(やぶ)れる。

言葉の使い分け

破(やぶ)れる―紙や布(ぬの)がやぶれること。
敗れる―勝負に負けること。

石 いしへん　10画

枝
教科書140ページ

えだ
◆シ

（はなす／はらう）

使い方

枝豆(えだまめ)を食(た)べる。
木(き)の枝(えだ)を切(き)る。
枝分(えだわ)かれした道(みち)を行(い)く。

形の似(に)た漢字

枝豆(えだまめ)
球技(ぎ)

木 きへん　8画

師
教科書141ページ

シ

（つき出さない／はねる）

使い方

教師(きょうし)になるのが夢(ゆめ)だ。
医師(いし)の話(はなし)を聞(き)く。
漁師(りょうし)の仕事(しごと)を手伝(てつだ)う。

漢字の使い分け

師―教師・医師
士―武(ぶ)士・弁護(べんご)士

巾 はば　10画

圧
教科書145ページ

アツ

（はらう／長く）

使い方

圧力(あつりょく)が大(おお)きくなる。
重圧(じゅうあつ)を感(かん)じる。
気圧(きあつ)が変化(へんか)する。

部首

圧

「圧」の部首は、「つち」だよ。

土 つち　5画

月 日

教科書145ページ

営

エイ
いとなむ

上より大きく書く
向きに注意

使い方
早朝から営業するお店。
体育館に会場を設営する。
八百屋を営む。

書き順：1〜12

つかんむり 12画

送りがな

営む

教科書145ページ

価

カ
◆あたい

「西」にしない

使い方
一円の価値もない。
定価の半額で買う。
商品の価格を調べる。

書き順：1〜8

にんべん 8画

字の形に注意

価 
「西」ではないよ！

教科書145ページ

制

セイ

はねる
とめる

使い方
新しい制度が導入される。
工事で通行が制限される。
制服に着がえる。

書き順：1〜8

りっとう 8画

反対の意味の言葉

制服 ⇔ 私服

教科書145ページ

肥

ヒ
こえる
こえ
こやす
こやし

はねる
はらう

使い方
肥料をまく。
肥えた土地で野菜を作る。
畑に肥をやる。

書き順：1〜8

にくづき 8画

字の形に注意

肥 
わすれないように！

教科書145ページ

旧

キュウ

高さをそろえる

使い方
旧式の電話機を使う。
かれとは旧知の仲だ。
復旧の工事が終わる。

書き順：1〜5

ひ 5画

反対の意味の言葉

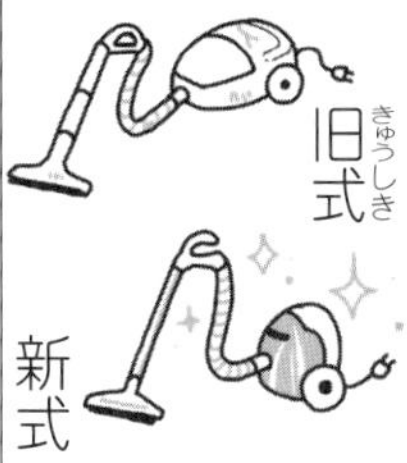

旧式 ⇔ 新式

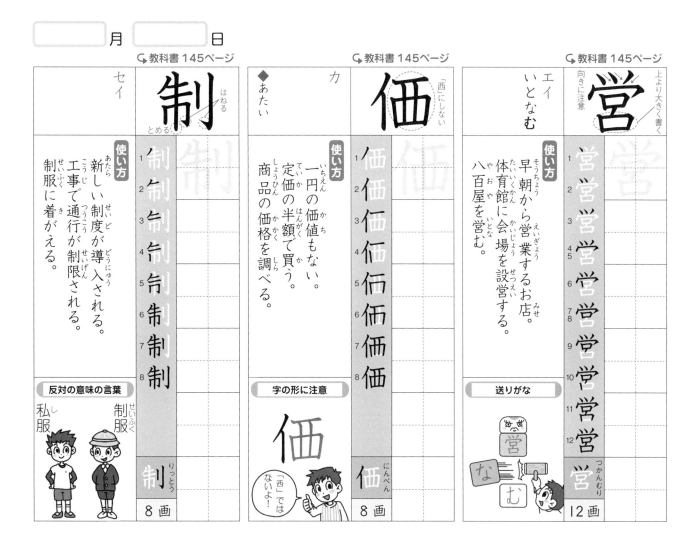

月　日

読み方が新しい漢字

漢字	読み方	使い方	前に出た読み方
西	セイ	西洋風（せいようふう）の家（いえ）	西日（にしび）、関西地方（かんさいちほう）
米	マイ	白米（はくまい）を食（た）べる	米作り（こめづくり）、南米（なんべい）

特別な読み方をする言葉

言葉	使い方
眼鏡（めがね）	眼鏡（めがね）をかける

漢字クイズ 7

答え17ページ

☆　例のように、――線の漢字の一部または全部を使って、□に漢字を入れて文を完成させましょう。

例
・町内のお祭りに参加する。
・実際（さい）に、現地へ行って確かめる。

①
・駅のある方へ向かう。
・□（ぼう）具で身を守る。

②
・動物園で象を見る。
・主人公の人物□（ぞう）をつかむ。

③
・タマネギの皮をむく。
・大切な手紙が□（やぶ）れる。

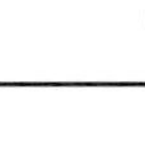

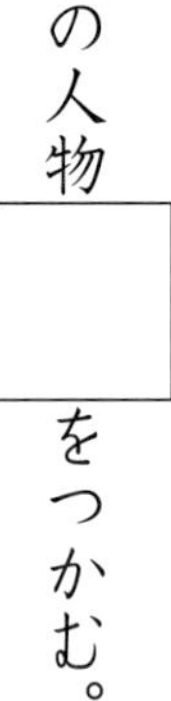

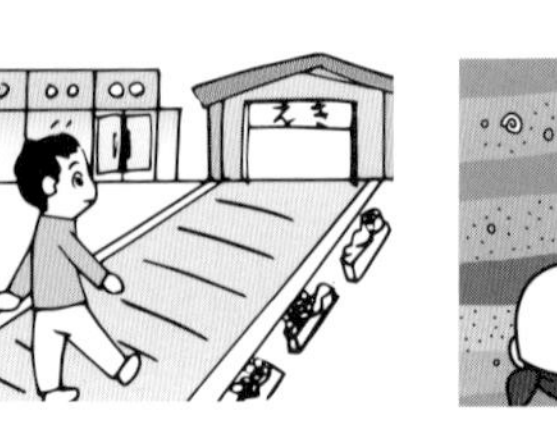

ぴったり2 練習

注文の多い料理店 漢字を使おう5

教科書 124〜145ページ　答え 8ページ

月　日

1 ――線の漢字の読みがなを書きましょう。

① 白米を注文する。（　）
② 何だか損をした気分になる。（　）
③ お城は大きな建造物だ。（　）
④ この船は神戸（こうべ）に寄港する。（　）
⑤ その人には眼鏡がよくにあう。（　）
⑥ 非情な仕打ちを受ける。（　）
⑦ 寒いので防寒具を着て出かける。（　）
⑧ その花は毒性のある植物だ。（　）

2 □に漢字を書きましょう。

① □□（じゅうせき）を果たす。
② 問題を□□（そんとく）なしで考える。
③ □□（せいよう）文化を取り入れる。
④ 和風な□（つく）りの家。
⑤ 買い物のついでに公園に□（よ）る。
⑥ 自分の□□（ひれい）をわびる。
⑦ 食器の□□（しょうどく）を常に行う。
⑧ □□（はかく）の値段（ねだん）で売り出される。
⑨ 多額の□□（そんしつ）を取りもどす。
⑩ 車庫を□□（かいぞう）する。
⑪ 打ち□（よ）せる波の音が聞こえる。
⑫ □□□（ひじょうぐち）をかくにんする。
⑬ 適度な運動が病気を□（ふせ）ぐ。
⑭ ある要人が□□（どくさつ）された。

月　日

ぴったり2 練習

注文の多い料理店
漢字を使おう5

教科書 124～145ページ
答え 8ページ

1 ——線の漢字の読みがなを書きましょう。

① 責任感を持って取り組む。（　）
② 破竹の勢いで勝ち進む。（　）
③ 兄は努力して医師になった。（　）
④ 高気圧の影響（えいきょう）でよく晴れた。（　）
⑤ その店は祝日も営業している。（　）
⑥ 他の店より安い価格で売る。（　）
⑦ 新しい体制を整える。（　）
⑧ 新米のおいしい季節になる。（　）

2 □に漢字を書きましょう。

① □□（じせき）の念にとらわれる。
② 木の□（えだ）に小鳥がとまる。
③ 健康のために毎日□□（けつあつ）を測る。
④ 事業を□□（うんえい）する。
⑤ □□（せいふく）のデザインを一新する。
⑥ 畑に□□（ひりょう）をまく。
⑦ □□（きゅうゆう）にばったり会う。
⑧ 他人ばかり□（せ）めてはいけない。
⑨ 決勝戦で相手を□（やぶ）る。
⑩ □□□（てじなし）によるマジック。
⑪ 無言の□□（あつりょく）をかける。
⑫ かの女の家は代々（だいだい）旅館を□（いとな）む。
⑬ 農業には□（こ）えた土地が必要だ。
⑭ 父は□□（きゅうしき）の車に乗っている。

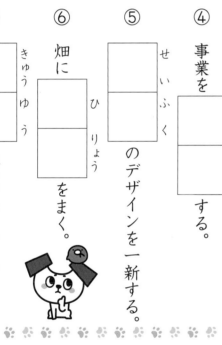

月　日

ぴったり2 練習

注文の多い料理店
漢字を使おう5

1 ――線の漢字の読みがなを書きましょう。

① 大工が大きな家具を造る。（　）
② 小さなお店を営む。（　）
③ アメリカの西部へ行く。（　）
④ 書店にふらりと立ち寄る。（　）
⑤ 非道な行いをゆるさない。（　）
⑥ 相手のことを気の毒に思う。（　）
⑦ 最近は損ばかりしている。（　）
⑧ 自分を責めないようにする。（　）

2 □に漢字を書きましょう。

① 駅前で□□（きふ）をつのる。
② ねこがしょうじを□（やぶ）る。
③ □□（ていか）より安く売られている。
④ □□（しょうぼう）士の仕事にあこがれる。
⑤ □□（めがね）を新しいものにかえる。
⑥ □□（きょうし）をこころざして勉強する。
⑦ □□（こえだ）に梅の花がさく。
⑧ 植物に□□（ひりょう）をあたえる。
⑨ 止血のために布（ぬの）で□（あっ）ぱくする。
⑩ あの人は□□（きゅうか）の生まれだ。
⑪ □□（えいぎょう）時間が終わった。
⑫ 新たな□□（せいど）が設（もう）けられる。
⑬ 何とか□□（はさん）せずにすんだ。
⑭ 工場で□□（せいまい）を行う。

教科書 124〜145ページ
答え 8ページ

月　日

ぴったり1 準備

どうやって文をつなげればいいの？
和の文化を受けつぐ―和菓子(がし)をさぐる
和の文化を発信しよう

教科書 146～168ページ

新しく学習する漢字

逆 統 粉 輸 技 術 支 型 再 限 効

教科書 147ページ

逆（左にはらう）

ギャク　さか　さからう

使い方
逆転(ぎゃくてん)して強敵(きょうてき)に勝(か)った。
逆立(さかだ)ちの練習(れんしゅう)をする。
人(ひと)の流(なが)れに逆(さか)らう。

反対の意味の言葉
逆風(ぎゃくふう)
順風

しんにょう　9画

教科書 150ページ

統（はねる／はらう）

トウ
◆すべる

使い方
意見(いけん)を統一(とういつ)する。
統計(とうけい)をグラフで表(あらわ)す。
同(おな)じ系統(けいとう)の色(いろ)。

字の形に注意

10画目をわすれないで。

いとへん　12画

教科書 151・155ページ

粉（向きに注意／つけない／とめる／はねる）

フン　こ　こな

使い方
粉末(ふんまつ)の薬(くすり)を飲(の)む。
牛乳(ぎゅうにゅう)にきな粉(こ)を入(い)れる。
粉(こな)ミルクをお湯(ゆ)でとく。

いろいろな読み方
小麦粉(こむぎこ)のような
粉薬(こなぐすり)を飲む。

こめへん　10画

教科書 152ページ

輸（わすれない／はねる）

ユ

使い方
北海道(ほっかいどう)から空輸(くうゆ)する。
日本(にっぽん)は小麦(こむぎ)の輸入(ゆにゅう)割合(わりあい)が高(たか)い。
船(ふね)で輸送(ゆそう)する。

反対の意味の言葉
輸入(ゆにゅう)
輸出(ゆしゅつ)

くるまへん　16画

教科書 152ページ

技（はなす／はらう）

ギ
◆わざ

使い方
陸上競技(りくじょうきょうぎ)の選手(せんしゅ)を目指(めざ)す。
技術(ぎじゅつ)が進歩(しんぽ)する。
特技(とくぎ)について話(はな)す。

部首

「技」の部首は、「てへん」だよ。

筆順にも注意しよう！

てへん　7画

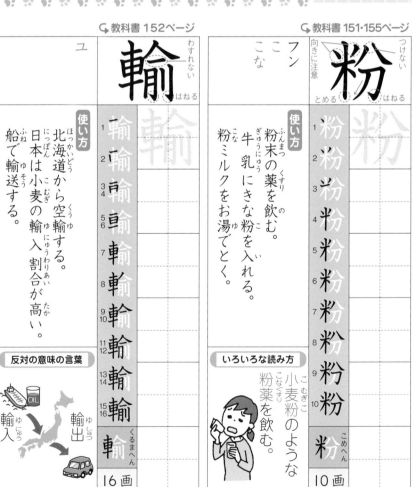

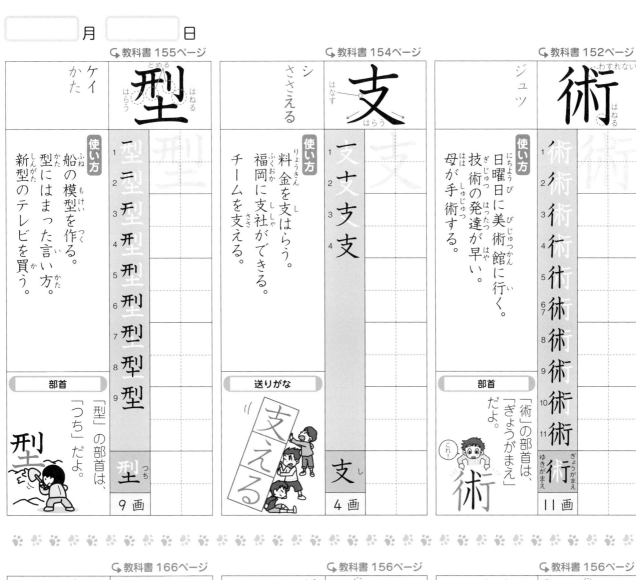

月　日

教科書 152ページ

術

ジュツ

わすれない　はねる

使い方
日曜日に美術館に行く。
技術の発達が早い。
母が手術する。

1 ノ 2 ク 3 彳 4 彳 5 彳 6 什 7 徘 8 術 9 術 10 術 11 術

行（ぎょうがまえ　ゆきがまえ）　11画

部首
「術」の部首は、「ぎょうがまえ」だよ。

教科書 154ページ

支

シ
ささえる

はなす　はらう

使い方
料金を支はらう。
福岡に支社ができる。
チームを支える。

1 一 2 十 3 支 4 支

支（し）　4画

送りがな 
支える

教科書 155ページ

型

ケイ
かた

とめる　はらう　はねる

使い方
船の模型を作る。
型にはまった言い方。
新型のテレビを買う。

1 一 2 二 3 チ 4 开 5 刑 6 刑 7 刑 8 型 9 型

土（つち）　9画

部首
「型」の部首は、「つち」だよ。

教科書 156ページ

再

サイ
サ
ふたたび

つき出さない　長く　はねる

使い方
古い友人と再会する。
再来年は中学生になる。
先生に再び教えてもらう。

1 一 2 厂 3 币 4 再 5 再 6 再

冂（けいがまえ　どうがまえ）　6画

送りがな 
再び

教科書 156ページ

限

ゲン
かぎる

画数に注意　はらう　はねる

使い方
期限を決めて作業する。
無限に広がる。
一人五個までに限る。

1 了 2 阝 3 阝 4 阝 5 阝 6 阻 7 限 8 限 9 限

阝（こざとへん）　9画

形の似た漢字
屋根
限界

教科書 166ページ

効

コウ
きく

とめる　はねる

使い方
勉強の効率が上がる。
夏ばてに有効な食べ物。
この薬はかぜに効く。

1 亠 2 亠 3 六 4 六 5 交 6 交 7 効 8 効

力（ちから）　8画

言葉の使い分け
効く－効き目があること。
利く－十分な働きをすること。

月　　日

ぴったり2 練習

どうやって文をつなげればいいの？ 和の文化を受けつぐー和菓子(がし)をさぐる 和の文化を発信しよう

教科書 146〜168ページ
答え 9ページ

1 ――線の漢字の読みがなを書きましょう。

①（　　）道しるべと逆の方向に進む。
②（　　）米をすりつぶして粉にする。
③（　　）ぼくの特技はスノーボードだ。
④（　　）ドアがしまらないように支える。
⑤（　　）中断していた試合を再開する。
⑥（　　）音楽には心をいやす効果がある。
⑦（　　）多くのデータを一つに統合する。
⑧（　　）日本は多くの機械を輸出している。

2 □に漢字を書きましょう。

① 日本の□□(でんとう)文化を学ぶ。
② 外国から石油を□□(ゆにゅう)する。
③ □□(げいじゅつ)と読書の秋がやってきた。
④ □□(しんがた)の自動車が発売された。
⑤ がまんの□□(げんかい)をこえる。
⑥ 人の言うことに□(さか)らう。
⑦ □□(ふんまつ)のチーズをふりかける。
⑧ テニスは□□(きゅうぎ)の一つだ。
⑨ □□(しゅじゅつ)を受ける。
⑩ 銀行の□□(してん)に行く。
⑪ □□□(てんけいてき)な例を挙げる。
⑫ 雨が□(ふたた)びふり始める。
⑬ □(かぎ)りある時間を大切にする。
⑭ 熱によく□(き)く薬を飲む。

月　日

ぴったり2 練習

どうやって文をつなげればいいの？ 和の文化を受けつぐ―和菓子(がし)をさぐる 和の文化を発信しよう

教科書 146〜168ページ
答え 9ページ

1 ―線の漢字の読みがなを書きましょう。

① チューブを逆さまにしておく。（　）
② 小麦粉でパンやパスタを作る。（　）
③ 高い技術を持っている。（　）
④ 多くの人から支持を集める。（　）
⑤ 止まった時計が再び動き出す。（　）
⑥ エアコンの効いた部屋で過ごす。（　）
⑦ 問題の答えは一つとは限らない。（　）
⑧ 春はたくさんの花粉がまう。（　）

2 □に漢字を書きましょう。

① □□□（けっとうしょ）付きの犬を飼(か)う。
② 飛行機で荷物を□□（くうゆ）する。
③ たくみな□□（わじゅつ）でだます。
④ 成長して□□（たいけい）が変化する。
⑤ 持てる重さには□□（げんど）がある。
⑥ □□（ぎゃくてん）して勝利をおさめる。
⑦ スーパーでパン□（こ）を買う。
⑧ 水泳の□□□（きょうぎかい）に出る。
⑨ 家族で□□□（びじゅつかん）に行く。
⑩ 毎月の□□（ししゅつ）を見直す。
⑪ チョコレートを□（かた）に入れる。
⑫ 戸じまりを□□（さいど）確かめる。
⑬ 残ったお金を□□（ゆうこう）に使う。
⑭ 人口に関する□□（とうけい）を取る。

ぴったり1 準備

熟語の構成と意味
提案します、一週間チャレンジ

教科書 170〜175ページ

新しく学習する漢字

保 護 妻 往 復 耕 講 罪 燃 提 賞

教科書170ページ

保　ホ　たもつ　（はらう）

9画　にんべん

使い方
けがをして保健室に行く。
冷蔵庫で保存する。
温かさを保っている。

言葉の使い分け
保健ー健康を保つこと。
保険ー損害をつぐなう補償のこと。

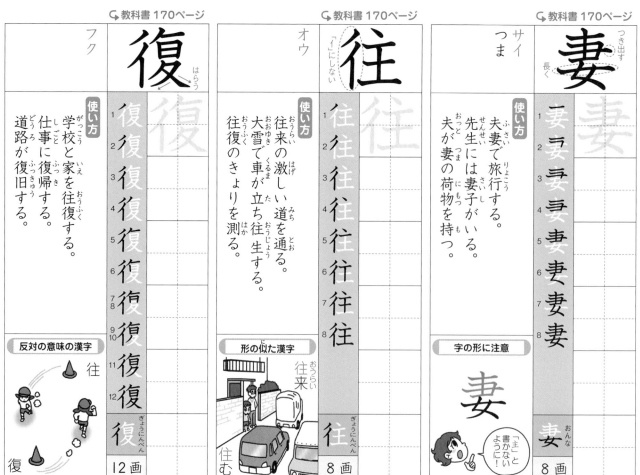

教科書170ページ

護　ゴ　（はらう）

20画　ごんべん

使い方
野鳥を保護する。
犯人を護送する。
護身術を学ぶ。

熟語の成り立ち
「保護」は「守る」という意味をもつ漢字を合わせてできた熟語です。

教科書170ページ

妻　サイ　つま　（つき出す）（長く）

8画　おんな

使い方
夫妻で旅行する。
先生には妻子がいる。
夫が妻の荷物を持つ。

字の形に注意
妻

教科書170ページ

往　オウ　（「亻」にしない）

8画　ぎょうにんべん

使い方
往来の激しい道を通る。
大雪で車が立ち往生する。
往復のきょりを測る。

形の似た漢字
往来
住む

教科書170ページ

復　フク　（はらう）

12画　ぎょうにんべん

使い方
学校と家を往復する。
仕事に復帰する。
道路が復旧する。

反対の意味の漢字
往
復

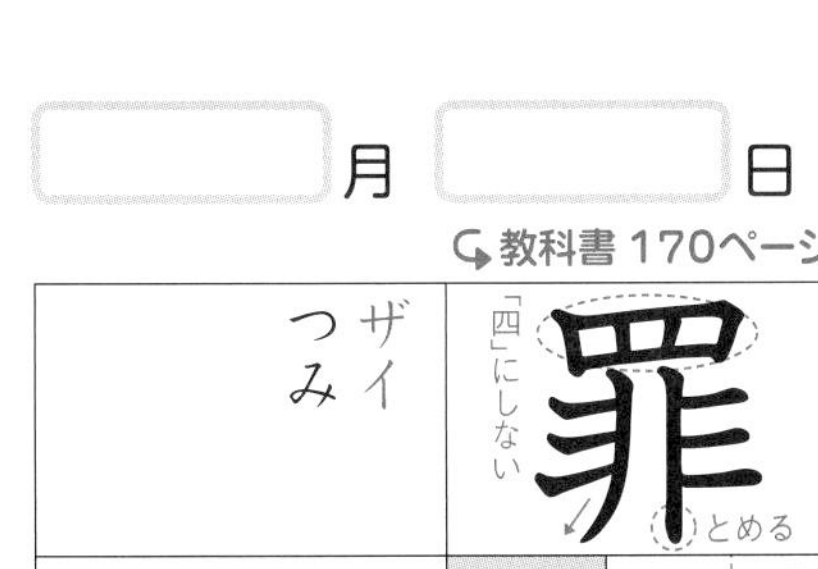

月　日

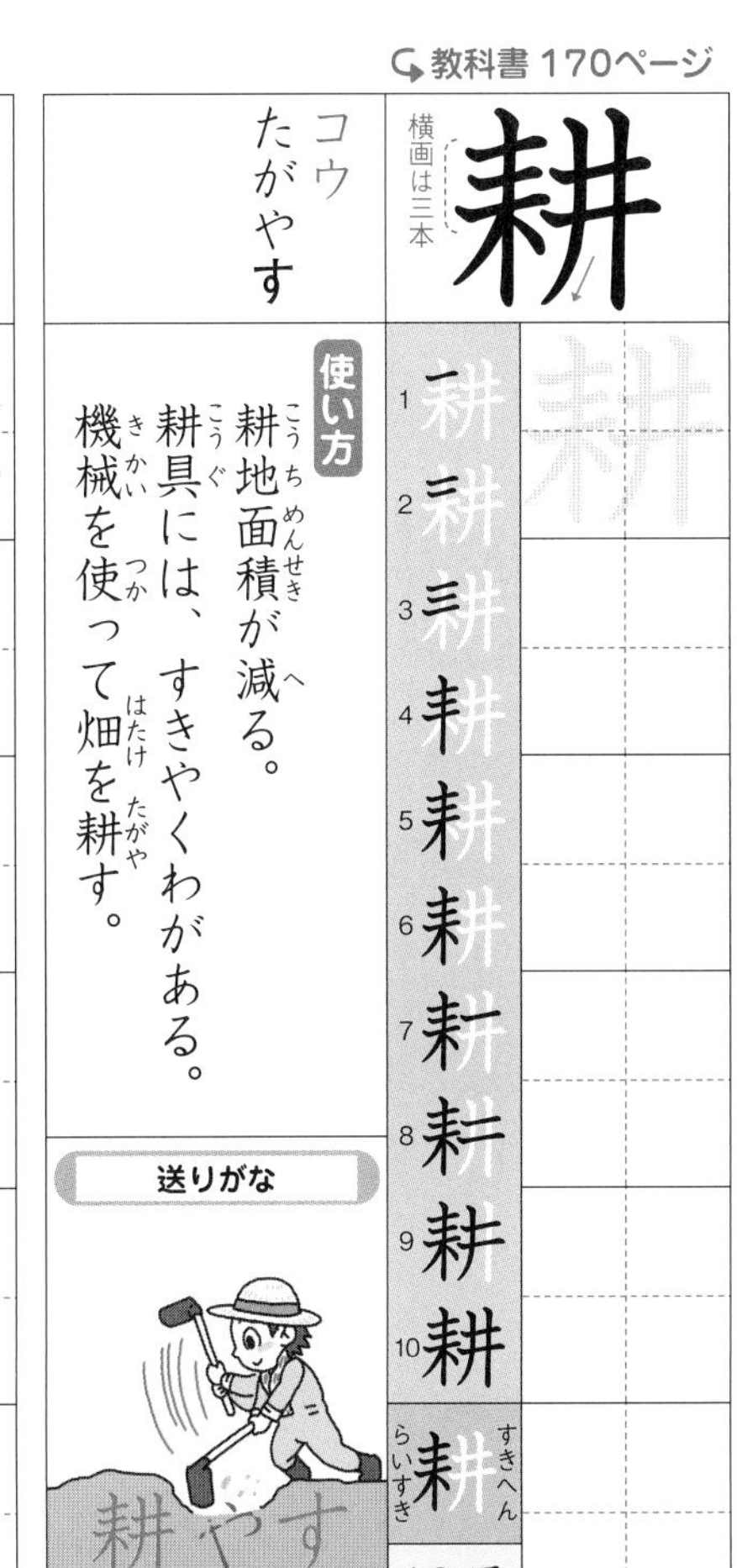

教科書 170ページ

耕

コウ　たがやす

横画は三本

使い方

耕地面積が減る。

耕具には、すきやくわがある。

機械を使って畑を耕す。

送りがな

耒（すきへん・らいすき）

10画

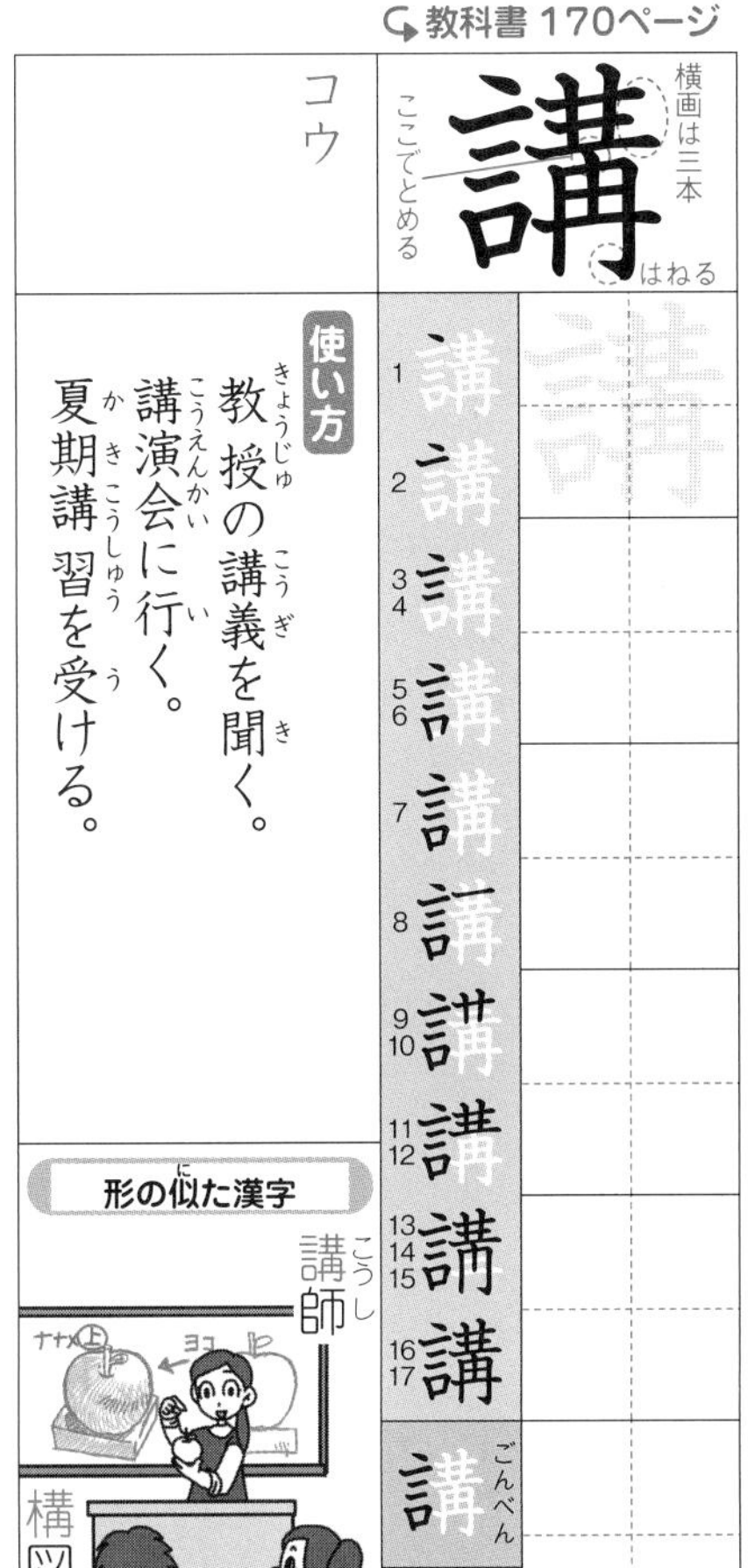

教科書 170ページ

講

コウ

横画は三本　ここでとめる　はねる

使い方

教授の講義を聞く。

講演会に行く。

夏期講習を受ける。

形の似た漢字

講師

構図

言（ごんべん）

17画

教科書 170ページ

罪

ザイ　つみ

「四」にしない　とめる

使い方

先生に謝罪する。

無罪の判決が出る。

罪の意識をもつ。

字の形に注意

罪

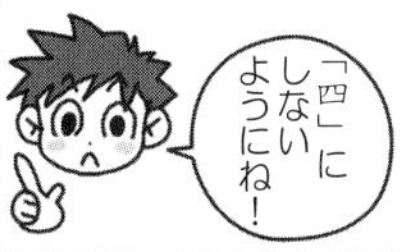

罒（あみがしら・あみめ）

13画

教科書 171ページ

燃

ネン　もえる　もやす　もす

わすれない　「夕」にしない　とめる

使い方

固形燃料を買う。

木が燃える。

マッチを使って紙を燃やす。

まちがえやすい漢字

○燃える

×焼える

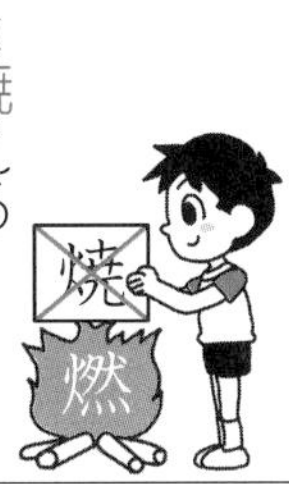

火（ひへん）

16画

教科書 172ページ

提

テイ　◆さげる

つき出さない

使い方

病院で保険証を提示する。

ノートを提出する。

来ることを前提に話をする。

筆順

「提」の1～3画目に注意する。

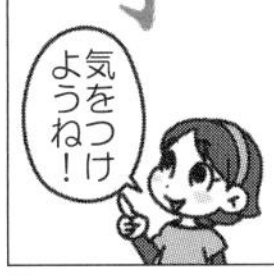

扌（てへん）

12画

教科書 173ページ

賞

ショウ

向きに注意　とめる

使い方

コンクールで入賞する。

賞状をもらう。

賞味期限をすぎたパン。

字の形に注意

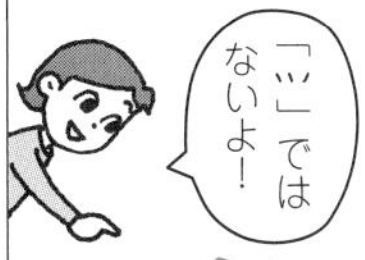

賞

貝（こがい・かい）

15画

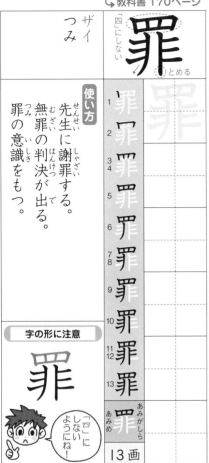

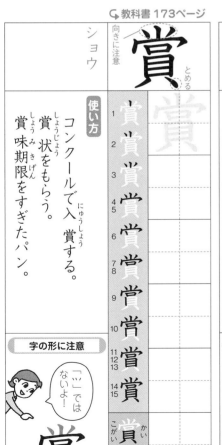

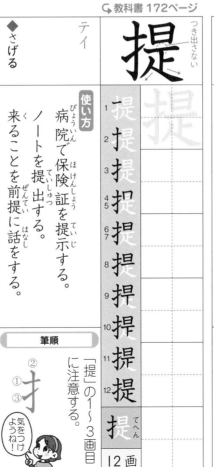

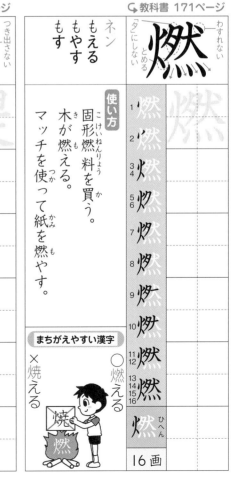

月　日

ぴったり2 練習

熟語の構成と意味
提案します、一週間チャレンジ

教科書 170～175ページ
答え 9ページ

1 ――線の漢字の読みがなを書きましょう。

① 保健室（　）で手当てを受ける。
② 国王夫妻（　）が手をふっている。
③ 学校で教わったことを復習（　）する。
④ 夏休みの講習（　）を受ける。
⑤ ガソリンは乗り物の燃料（　）となる。
⑥ クイズ大会で賞品（　）をもらう。
⑦ 保護者（　）の意見を参考にする。
⑧ 家と会社を毎日往復（　）する。

2 □に漢字を書きましょう。

① 警察官が□□（ごえい）する。
② この通りは人の□□（おうらい）が多い。
③ 村の□□（こうち）面積を調べる。
④ □□（むざい）の判決を勝ち取る。
⑤ 良いアイデアを□□（ていあん）する。
⑥ 見やすい席を□□（かくほ）する。
⑦ □□（さいし）を駅までむかえに行く。
⑧ 言われたことを□□（ふくしょう）する。
⑨ 広い畑を機械で□（たがや）す。
⑩ 有名な□□（こうし）の話を聞く。
⑪ □（つみ）をにくんで人をにくまず。
⑫ ろうそくの火が□（も）えている。
⑬ 宿題を先生に□□（ていしゅつ）する。
⑭ コンクールで□□（にゅうしょう）する。

月　日

ぴったり2 練習

熟語の構成と意味　提案します、一週間チャレンジ

教科書 170～175ページ　答え 9ページ

1 ――線の漢字の読みがなを書きましょう。

① 家をいつも清潔に保つ。（　）
② 妻と二人で買い物に出かける。（　）
③ 来週から仕事に復帰する。（　）
④ 農耕がさかんな地方に行く。（　）
⑤ 一生をかけて罪をつぐなう。（　）
⑥ 庭の落ち葉を集めて燃やす。（　）
⑦ クラス会で問題を提起する。（　）
⑧ 種をまく前に畑を耕す。（　）

2 □に漢字を書きましょう。

① おぼれかけた人を□□（きゅうご）する。
② 車が大雪で立ち□□（おうじょう）する。
③ 大学で歴史の□□（こうぎ）を受ける。
④ トロフィーと□□（しょうじょう）をかざる。
⑤ 万一のために□□（ほけん）をかける。
⑥ □□（ごしん）用のブザーを持つ。
⑦ ぼくの父は□□□（あいさいか）だ。
⑧ □□（おうろ）は船で向かう。
⑨ 止まった鉄道が□□（ふっきゅう）する。
⑩ セミナーを□□（じゅこう）する。
⑪ □□□（ざいあくかん）にとらわれる。
⑫ 情熱が□□（さいねん）する。
⑬ 活動への参加を□□（ていしょう）する。
⑭ 多額の□□（しょうきん）を手に入れる。

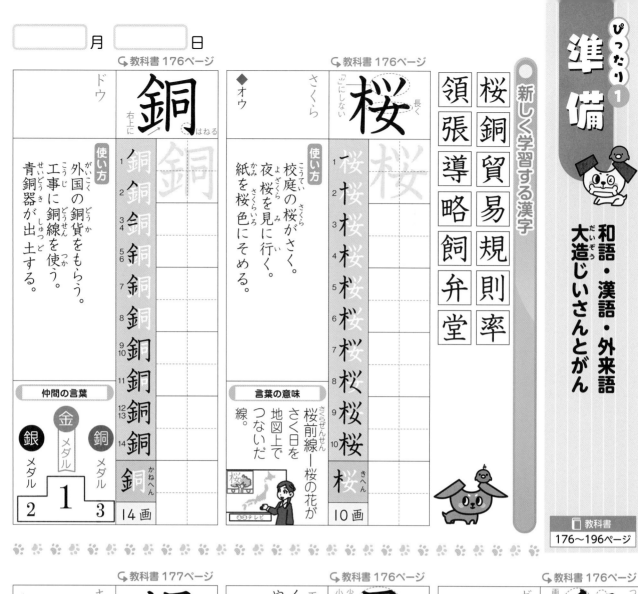

ぴったり1 準備

和語・漢語・外来語
大造じいさんとがん

教科書 176〜196ページ

新しく学習する漢字

桜 銅 貿 易 規 則 率 領 張 導 略 飼 弁 堂

教科書 176ページ

桜 さくら ◆オウ　10画　（きへん）

「ツ」にしない　長く

使い方
校庭の桜がさく。
夜桜を見に行く。
紙を桜色にそめる。

言葉の意味
桜前線―桜の花がさく日を地図上でつないだ線。

教科書 176ページ

銅 ドウ　14画　（かねへん）

右上に　はねる

使い方
外国の銅貨をもらう。
工事に銅線を使う。
青銅器が出土する。

仲間の言葉
金メダル　銀メダル　銅メダル

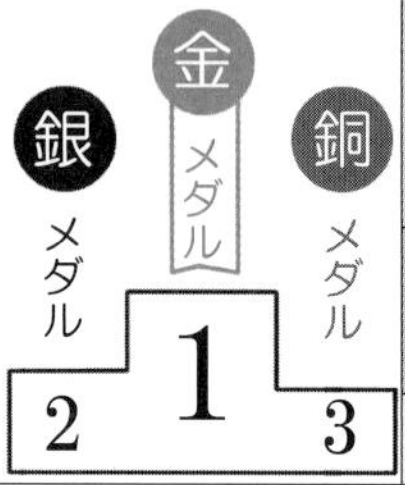

教科書 176ページ

貿 ボウ　12画　（こがい）

画数に注意　つき出さない

使い方
アメリカと貿易する。
貿易風がふく。
日本最大の貿易港を調べる。

字の形に注意
「カ」じゃないよ！
「ム」の形にも注意してね。

教科書 176ページ

易 エキ　イ　やさしい　8画　（ひ）

少し小さく書く　はねる

使い方
易者にうらなってもらう。
物事を安易に考えない。
易しい問題を解く。

言葉の使い分け
易しい―たやすいこと。
優しい―思いやりがあること。

教科書 177ページ

規 キ　11画　（みる）

とめる　はねる

使い方
新しい規則を作る。
新規に加入する。
正規のメンバーではない。

部首
「規」の部首は、「みる」だよ。

月　日

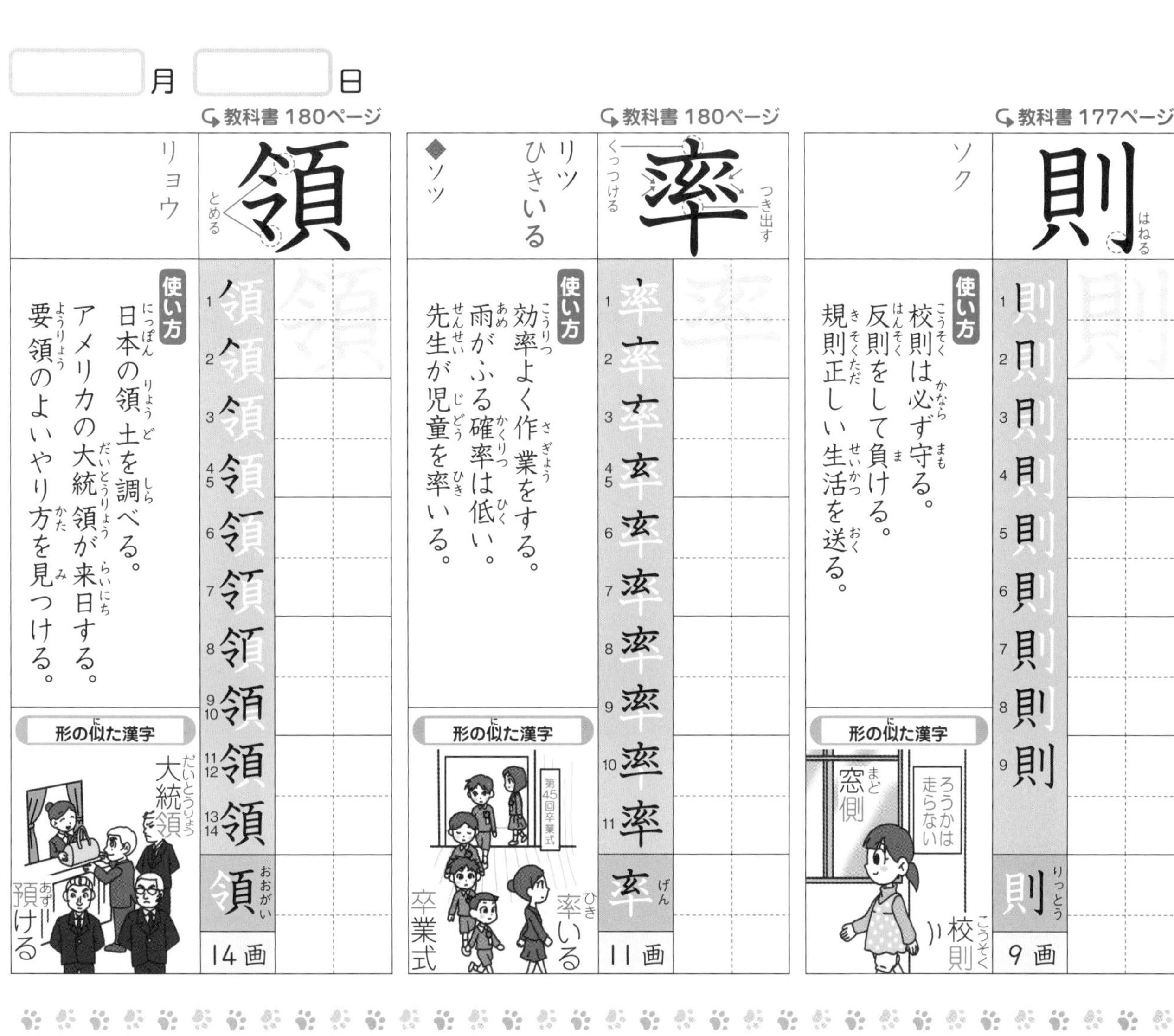

教科書177ページ

則

ソク

はねる

使い方

校則は必ず守る。
反則をして負ける。
規則正しい生活を送る。

りっとう　9画

形の似た漢字

教科書180ページ

率

リツ　ひきいる
◆ソツ

くっつける　つき出す

使い方

効率よく作業をする。
雨がふる確率は低い。
先生が児童を率いる。

げん　11画

形の似た漢字

教科書180ページ

領

リョウ

とめる

使い方

日本の領土を調べる。
アメリカの大統領が来日する。
要領のよいやり方を見つける。

おおがい　14画

形の似た漢字

教科書183ページ

張

チョウ　はる

はねる　はらう

使い方

友達の主張を聞く。
少し緊張する。
つまらないことで意地を張る。

ゆみへん　11画

形の似た漢字

教科書183ページ

導

ドウ　みちびく

長く　はねる

使い方

新しい機械が導入される。
先生が指導する。
応接室に導く。

すん　15画

送りがな

教科書186ページ

略

リャク

はらう

使い方

駅までの道を略図でかく。
長いので省略する。
明日の試合の戦略を考える。

たへん　11画

言葉の意味

略語―一部を省いて短くした言葉。

月　日

教科書187ページ

飼

シ　かう

「食」にしない　はねる

13画

使い方
牛を飼育する。
家でねこを二ひき飼う。
飼い犬に手をかまれる。

字の形に注意

飼

「食」ではないので注意!!

教科書190ページ

弁

ベン

長く　はらう

5画

使い方
遠足に弁当を持参する。
弁護士に相談する。
発言について弁明する。

言葉の意味

「弁」は地方の下につくと方言を表す。

東北弁
関西弁
熊本弁

教科書191ページ

堂

ドウ

向きに注意　長く

11画

使い方
食堂に集まる。
堂に入った歌い方をする。
国会議事堂を見学する。

字の形に注意

「﨑」ではないので気をつけよう!

堂

漢字クイズ8

☆下の意味と合う熟語を考え、例を参考に、熟語カードを完成させましょう。

答え17ページ

（表）

例 飼育

① 主〇

② 指〇

③ 省〇

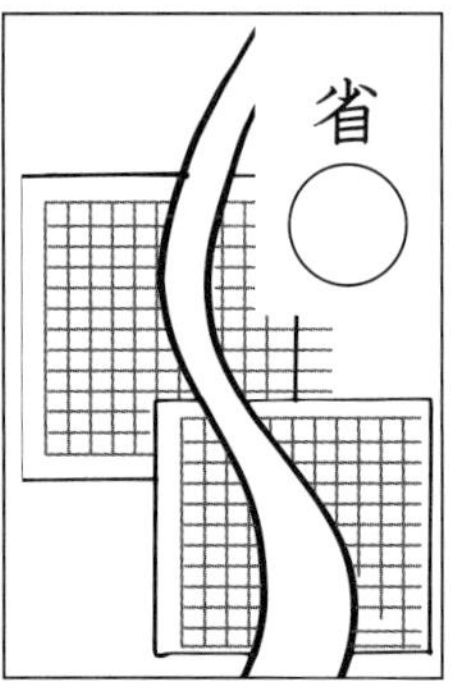

（裏）

例 牛や馬などの動物に、えさをあたえて育てること。

① 自分の意見を、相手に強くうったえかけること。

② 目的を達成できるように教えたり、何かをさせたりすること。

③ かん単にするために、不要と思われる部分を取りのぞくこと。

月　日

ぴったり2 練習

和語・漢語・外来語
大造(だいぞう)じいさんとがん

教科書 176〜196ページ
答え 10ページ

1 ――線の漢字の読みがなを書きましょう。

① 校庭に**桜**の花がさく。（　）
② 国内の**貿易**会社で働く。（　）
③ **規定**にしたがい、書類を作る。（　）
④ 入試の**倍率**は二倍をこえる。（　）
⑤ **張**りつめた空気が教室に流れる。（　）
⑥ 大切ではない部分を**省略**する。（　）
⑦ 政治家の**答弁**をテレビで見る。（　）
⑧ 電流が**銅線**を伝わって流れる。（　）

2 □に漢字を書きましょう。

① □（どう）メダルを手に入れる。
② 海外との□□（こうえき）を進める。
③ □□（きそく）を守って行動する。
④ □□□（だいとうりょう）が日本に来る。
⑤ コーチが生徒を□□（しどう）する。
⑥ 動物を□（か）いならす。
⑦ 学校の□□（こうどう）に集まる。
⑧ 満開の美しい□（さくら）を見る。
⑨ 自由□□（ぼうえき）を行う。
⑩ 新たな□□（きやく）を定める。
⑪ 全員参加を□□（げんそく）とする。
⑫ リーダーがチームを□（ひき）いる。
⑬ □□（りょうど）問題を解決する。
⑭ 自分の意見を□□（しゅちょう）する。

和語・漢語・外来語 大造(だいぞう)じいさんとがん

教科書 176～196ページ 答え 10ページ

月　日

1 ――線の漢字の読みがなを書きましょう。

①（　）観客たちを会場に**導**く。
②（　）熱帯魚を部屋で**飼育**する。
③（　）**堂**に入った話し方。
④（　）公園に大きな**銅像**が建つ。
⑤（　）**安易**な発言をしないよう心がける。
⑥（　）サッカーで手を使うのは**反則**だ。
⑦（　）最強の勇者が軍を**率**いる。
⑧（　）**易**しい問題から解くようにする。

2 □に漢字を書きましょう。

① 相手の□□(けいりゃく)に引っかかる。
② 遠足に□□(べんとう)を持って行く。
③ □□(よざくら)を見に出かける。
④ □□(えきしゃ)に手相を見てもらう。
⑤ 割(わり)合を□□□(ひゃくぶんりつ)で表す。
⑥ 弟は何でも□□(ようりょう)が良い。
⑦ ロープを思いきり引っ□(ぱ)る。
⑧ 物語の□□(どうにゅう)部分を読む。
⑨ 駅までの□□(りゃくず)を書く。
⑩ 魚を天然の□□(しりょう)で育てる。
⑪ 父は□□□(べんごし)だ。
⑫ 学校の□□(しょくどう)で昼食をとる。
⑬ 課題を□□(ようい)に解決する。
⑭ □□(せいき)のメンバーに加わる。

月　日

ぴったり1 準備

漢字を使おう6

教科書 197ページ

新しく学習する漢字

婦　綿　留　犯

教科書 197ページ

婦（11画・おんなへん）

フ

使い方

主婦にアンケートをとる。
父と母は理想の夫婦だ。
婦人服売り場に行く。

形の似た漢字

夫婦
帰る

教科書 197ページ

綿（14画・いとへん）

メン
わた

使い方

綿密な打ち合わせをする。
綿花を輸入する。
白い綿毛が風にまう。

形の似た漢字

地平線
綿毛

教科書 197ページ

留（10画）

リュウ
ル
とめる
とまる

使い方

海外に留学する。
妹と二人で留守番をする。
紙をテープで留める。

言葉の使い分け

留める―はなれないようにする。
止める―動かなくする。

教科書 197ページ

犯（5画・けものへん）

ハン
◆おかす

使い方

犯罪を許さない。
地域の防犯に努める。
犯人がつかまった。

部首

「犯」の部首は、「けものへん」だよ。
「犭」は「犬」を略した字だよ。

読み方が新しい漢字

漢字	読み方	使い方	前に出た読み方
糸	シ	綿糸を作る（めんし　つく）	糸車
一	イツ	天下統一（てんかとういつ）	一名　一つ

教科書 208ページ

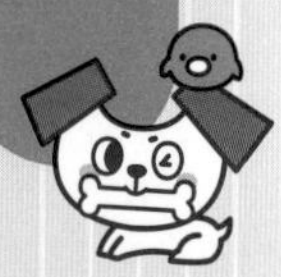

月　日

新しく学習する漢字

駅　程　武

教科書208ページ

液

エキ

（はらう）

1 2 3 4 5 6 7 8 9 10 11　液

使い方
樹液（じゅえき）に虫（むし）が集（あつ）まる。
血液（けつえき）を調（しら）べる。
青（あお）い液体（えきたい）を作（つく）る。

仲間の言葉
気体 ↔ 液体（えきたい） ↔ 固体

液（さんずい）　11画

教科書208ページ

程

テイ
◆ほど

（つき出さない）（いちばん長く書く）

1 2 3 4 5 6 7 8 9 10 11 12　程

使い方
寒（さむ）くない程度（ていど）に温度（おんど）を調節（ちょうせつ）する。
運動会（うんどうかい）の日程（にってい）が変（か）わる。
音程（おんてい）を外（はず）す。

部首

「程」の部首は、「のぎへん」だよ。

程（のぎへん）　12画

教科書208ページ

武

ムブ

（最後にわすれない）（はねる）

1 2 3 4 5 6 7 8　武

使い方
武士（ぶし）の生活（せいかつ）を調（しら）べる。
兵士（へいし）が重（おも）たい武器（ぶき）を持（も）つ。
武者人形（むしゃにんぎょう）をかざる。

いろいろな読み方

武（とめる）　8画

読み方が新しい漢字

漢字	読み方	使い方	前に出た読み方
八	や	八重桜（やえざくら）の木（き）	八月（はちがつ）　八（やっ）つ　八日（ようか）

特別な読み方をする言葉

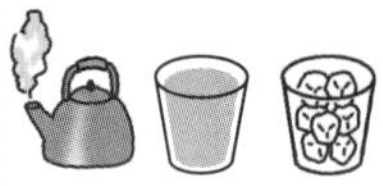

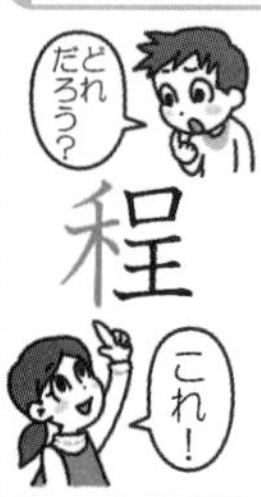

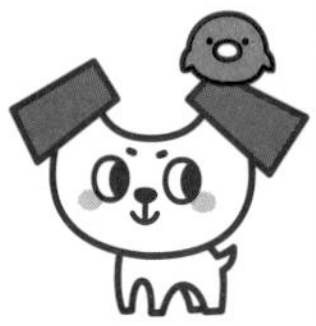

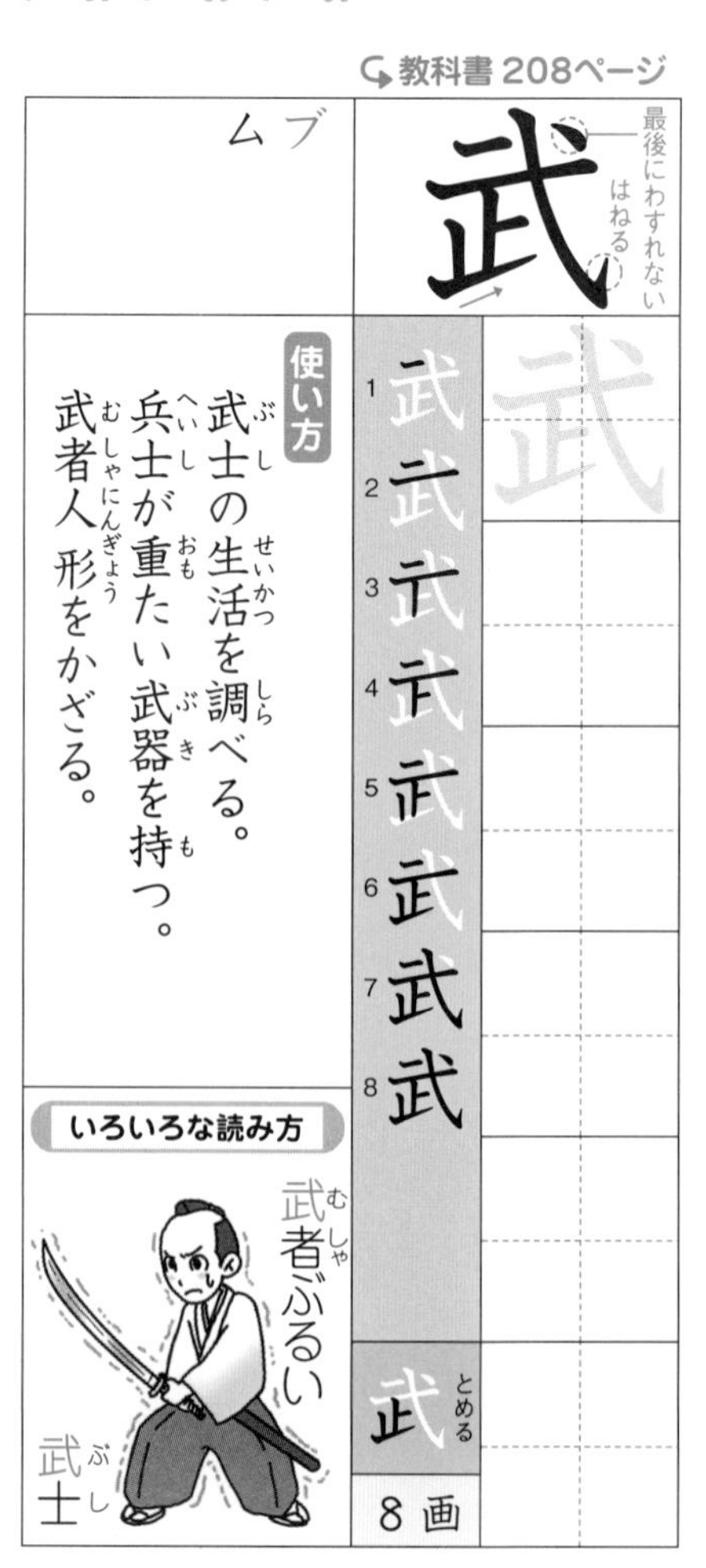

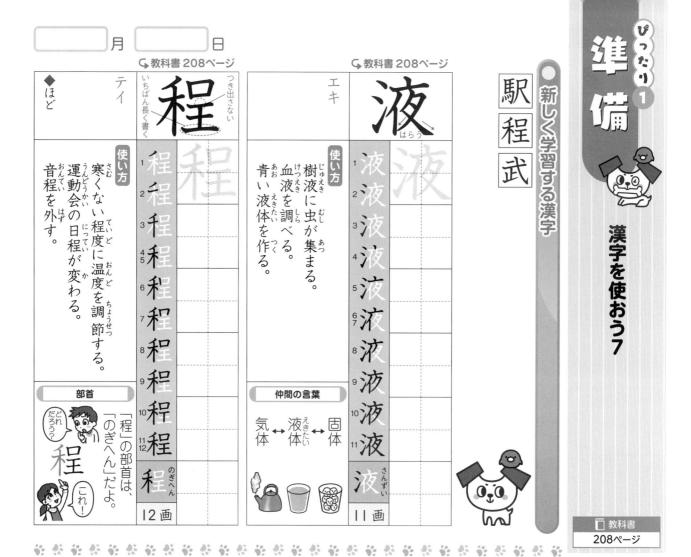

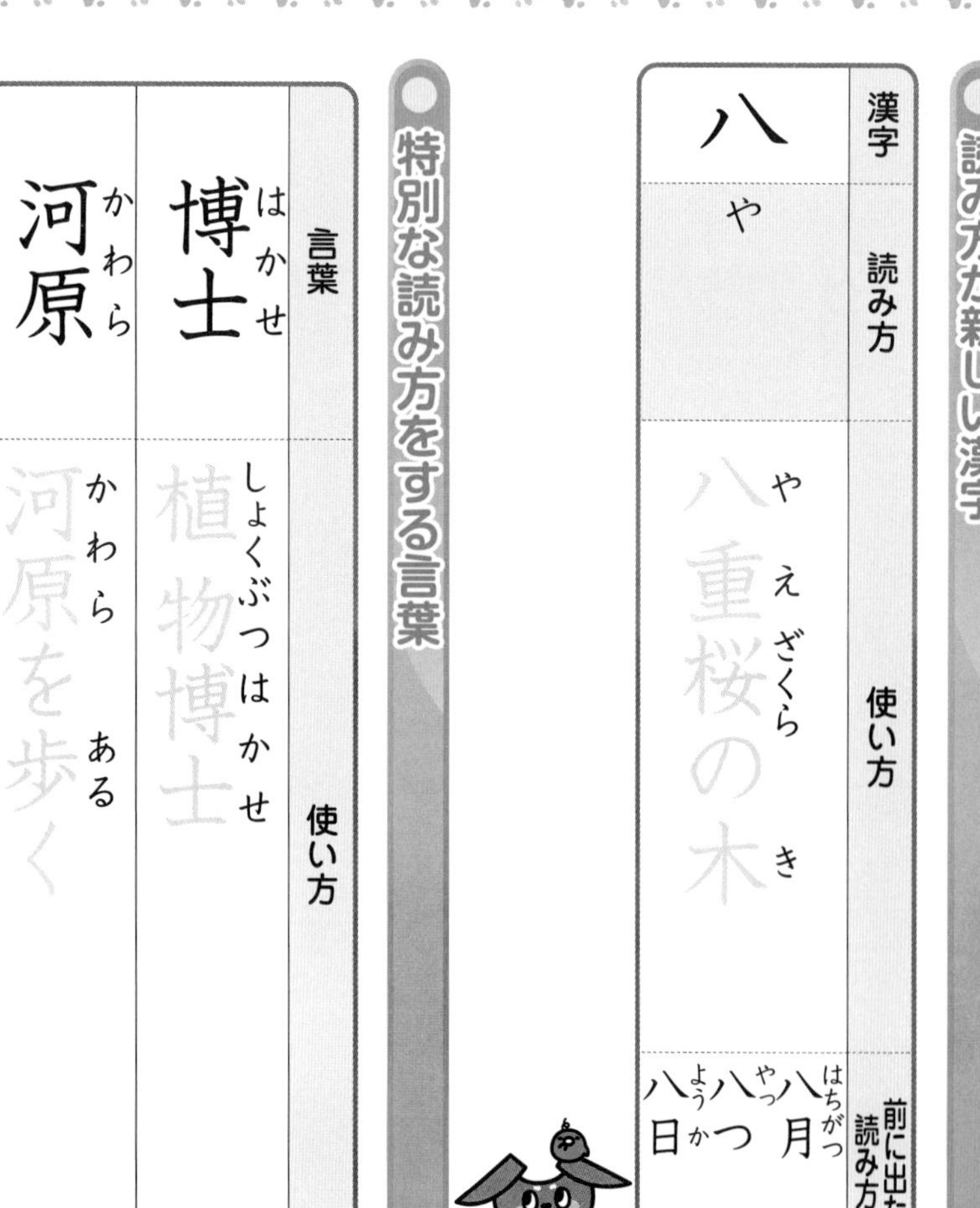

言葉	使い方
博士（はかせ）	植物博士（しょくぶつはかせ）
河原（かわら）	河原（かわら）を歩（ある）く

月　日

ぴったり2 練習

漢字を使おう6
漢字を使おう7

教科書 197・208ページ
答え 10ページ

1 ――線の漢字の読みがなを書きましょう。

①（　）わたしの母は主婦だ。
②（　）オーストラリアに留学する。
③（　）液状のスープをかき混ぜる。
④（　）綿糸を使って衣服を織る。
⑤（　）百円均一の商品がならぶ。
⑥（　）笑うと八重歯がちらりと見える。
⑦（　）博士が新しい研究を始める。
⑧（　）犬を連れて河原を散歩する。

2 □に漢字を書きましょう。

① 白い［わたげ］が風にまう。
② ［はんざい］を減らすように努める。
③ 行事の［にってい］が決まる。
④ ［ぶき］を取って戦う。
⑤ ［ふじん］服の売り場に行く。
⑥ 一枚（まい）の写真が目に［と］まる。
⑦ ［はんこう］の動機を調べる。
⑧ ［けつえき］が体内をめぐる。
⑨ 電車が五分［ていど］おくれる。
⑩ 国の［ぶりょく］を高める。
⑪ ［のうふ］とその夫を絵にかく。
⑫ 畑で［めんか］を生産する。
⑬ 答えをいったん［ほりゅう］する。
⑭ ［ぼうはん］カメラを取りつける。

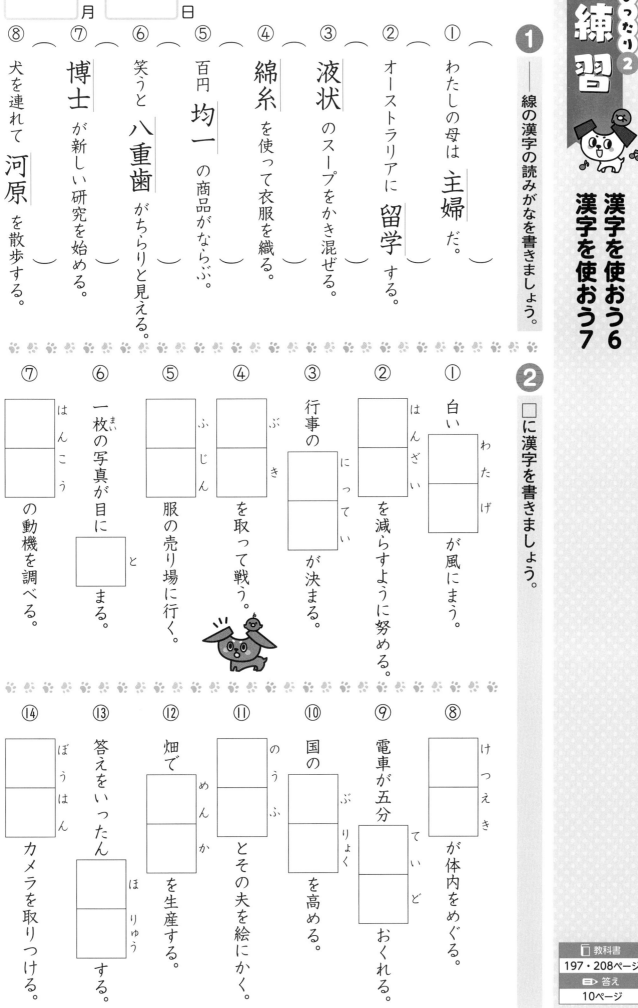

冬のチャレンジテスト①

時間30分　／100　合格80点

教科書 112〜208ページ　答え 11ページ

1 ――線の漢字の読みがなを書きましょう。　一つ2点（32点）

① 物事の印象（　）を言葉で適切（　）に表現する。

② 額（　）をふくようにとハンカチを貸（　）す。

③ 先祖（　）のお墓（　）にお参りに行く。

④ 防火（　）訓練で、階段（だん）にある非常（　）ベルを鳴らす。

⑤ 医師（　）が器具を使って血圧（　）を測る。

⑥ 新旧（　）の勢力が完全に逆転（　）する。

⑦ 眼鏡（　）をかけた迷子（　）の少年と出会った。

⑧ 新米（　）を使った西洋（　）の料理を食べる。

月　　日

2 三つの□に共通して入る漢字を書きましょう。　一つ3点（18点）

① 金□　多□　全□　→ □

② □入　□出　□送　→ □

③ 保□　弁□　□衛　→ □

④ □則　□定　□約　→ □

⑤ 省□　計□　戦□　→ □

⑥ 日□　過□　工□　→ □

月　日

3 □に漢字を書きましょう。

一つ2点(28点)

① 正しい□□(じゅんじょ)を守る。
② □□(かくうえ)の相手と戦う。
③ □(まず)しい生活を送る。
④ □□(すいじゅん)をこえる。
⑤ □(はか)を建てる。
⑥ 大きな□□(そんがい)が出る。
⑦ とても気の□(どく)だ。
⑧ 庭の木の□(えだ)を折る。
⑨ 食品を□□(ていか)で買う。
⑩ 学校の□□(せいふく)を着る。
⑪ 国を□□(とうち)する。
⑫ 食後に□□(こなぐすり)を飲む。
⑬ 友達に□(ささ)えられる。
⑭ □□(とくぎ)はなわとびだ。

4 次の漢字にはいくつかの読み方があります。——線の漢字の読みがなを書きましょう。

一つ2点(16点)

① 修　修正（　）　修める（　）
② 減　減少（　）　減る（　）
③ 造　改造（　）　造る（　）
④ 責　責任（　）　責める（　）

5 次の□に、上で示した読み方をする漢字を入れて、熟語(じゅくご)を完成させましょう。

一つ1点(6点)

① コウ　ア □習　イ 有□
② キ　ア □本　イ □付
③ ジュツ　ア □語　イ 手□

冬のチャレンジテスト②

時間 30分　／100　合格 80点

教科書 112〜208ページ　答え 11ページ

月　日

1 ――線の漢字の読みがなを書きましょう。　一つ2点(32点)

① 練習した型（　）を試合で再現（　）する。
② 寄（　）り道をして道に迷（　）う。
③ 燃料（　）代が安くなるプランを提示（　）する。
④ 山桜（　）をえがいた絵で一位を受賞（　）する。
⑤ この法則（　）は百パーセントの確率（　）で正しい。
⑥ お寺の本堂（　）に集まって弁当（　）を食べる。
⑦ 犯人（　）はきみょうな液体（　）を所持していた。
⑧ 婦人（　）がゆっくりと河原（　）を歩いている。

2 次の漢字には、いくつかの読み方があります。――線の漢字の読みがなを書きましょう。　一つ1点(16点)

① 破　破産（　）　破る（　）
② 営　営業（　）　営む（　）
③ 肥　肥料（　）　肥える（　）
④ 効　効果（　）　効く（　）
⑤ 耕　耕作（　）　耕す（　）
⑥ 張　主張（　）　張る（　）
⑦ 飼　飼育（　）　飼う（　）
⑧ 留　留学（　）　留める（　）

月　日

3 □に漢字を書きましょう。

一つ2点（28点）

① 長期間好調を□（たも）つ。
② キッチンで□（つま）と話す。
③ 大学の□□（こうぎ）を聞く。
④ おかした□（つみ）をつぐなう。
⑤ □（どう）メダル。
⑥ 外国と□□（ぼうえき）を行う。
⑦ 品物を□□（じゅりょう）する。
⑧ 群れを□□（せんどう）する。
⑨ 動物□□（はかせ）。
⑩ □□（まわた）のふとん。
⑪ □□（ぶし）が刀をぬく。
⑫ □□（さいてき）な方法を選ぶ。
⑬ 物語の□□（じょしょう）を読む。
⑭ □□（かくしき）を重んじる。

4 次の文から、まちがって使われている漢字をぬき出し、正しい漢字を書きましょう。

一つ4点、両方できて正解（24点）

例 上下間係（じょうげかんけい）がきびしい会社（かいしゃ）。 → ×間 ○関
① 動物園（どうぶつえん）で像（ぞう）を見物（けんぶつ）する。 → × ○
② 友人に多額（たがく）のお金（かね）を借（か）す。 → × ○
③ 述（まよ）うことなく正解（せいかい）を答（こた）えた。 → × ○
④ 住来（おうらい）の多（おお）い道路（どうろ）をわたる。 → × ○
⑤ 習（なら）った内容（ないよう）を複習（ふくしゅう）する。 → × ○
⑥ 悲常（ひじょう）に軽（かる）いかばん。 → × ○

月　日

ぴったり1 準備

いにしえの人のえがく世界
「弱いロボット」だからできること
漢字を使おう8

教科書 210〜227ページ

新しく学習する漢字

似 製 能 証 豊 囲 団 経 幹 慣 検 築 鉱 脈 航

教科書212ページ

似　にる　◆ジ

とめる　右上に

1 2 3 4 5 6 7

似（にんべん）　7画

使い方
兄と顔が似る。
よく似合っている服。
似顔絵をかく。

形の似た漢字
似合う
以前

教科書216ページ

製　セイ

はねる　はらう　はねる

1 2 3 4 5 6 7 8 9 10 11 12 13 14

製（ころも）　14画

使い方
製品を海外へ輸出する。
楽器を製造する。
母の手製のエプロンをつける。

形の似た漢字
製作
制服

教科書216ページ

能　ノウ

はねる　はねる　とめる

1 2 3 4 5 6 7 8 9 10

能（にく）　10画

使い方
成功する可能性が高い。
勉強の能率が上がる。
能を見に行く。

部首
「能」の部首は、「にく」だよ。
「ム」でも「ヒ」でもないよ！

教科書217ページ

証　ショウ

ななめに打つ

1 2 3 4 5 6 7 8 9 10 11 12

証（ごんべん）　12画

使い方
自分が見たことを証言する。
卒業生が卒業証書をもらう。
兄が学生証を提示する。

言葉の使い分け
証明—事実をはっきりさせること。
照明—電灯などで明るく照らすこと。

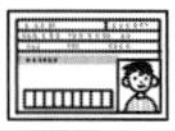

教科書217ページ

豊　ホウ　ゆたか

つき出す　長く

1 2 3 4 5 6 7 8 9 10 11 12 13

豊（まめ）　13画

使い方
今年も豊漁になる。
豊作を願っていのる。
自然が豊かな土地に住む。

形の似た漢字
農業
豊作

月　日

教科書219ページ

囲

イ
かこむ
かこう

とめる　はらう

使い方
周囲の意見を聞く。
たき火を囲んで話をする。
花だんをさくで囲う。

1 2 3 4 5 6 7

くにがまえ

7画

いろいろな読み方
家の周囲を木で囲う。

教科書222ページ

団

ダン
◆トン

はねる

使い方
集団で行動する。
クラス全員で団結する。
みたらし団子を食べる。

1 2 3 4 5 6

くにがまえ

6画

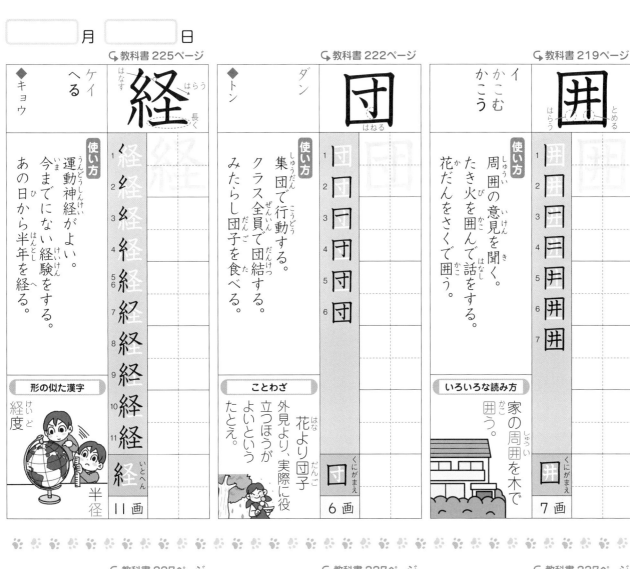

ことわざ
花より団子
外見より、実際に役立つほうがよいというたとえ。

教科書225ページ

経

ケイ
へる
◆キョウ

はなす　はらう　長く

使い方
運動神経がよい。
今までにない経験をする。
あの日から半年を経る。

1 2 3 4 5 6 7 8 9 10 11

いとへん

11画

形の似た漢字
経度
半径

教科書227ページ

幹

カン
みき

「車」にしない　つき出さない　長く

使い方
新幹線に乗る。
団体の幹部になる。
太い幹にふれる。

1 2 3 4 5 6 7 8 9 10 11 12 13

かん
いちじゅう

13画

形の似た漢字
朝
幹

教科書227ページ

慣

カン
なれる
ならす

「母」にしない

使い方
朝早く起きる習慣をつける。
新しい生活に慣れる。
軽く運動して体を慣らす。

1 2 3 4 5 6 7 8 9 10 11 12 13 14

りっしんべん

14画

ことわざ
習うより慣れよ
習うより、自分でやって慣れたほうが上手になること。

教科書227ページ

検

ケン

つき出さない　はらう

使い方
エレベーターを点検する。
のどの検査を受ける。
体温計で検温する。

1 2 3 4 5 6 7 8 9 10 11 12

きへん

12画

形の似た漢字
実験
検査

月　日

教科書227ページ

築

チク
きずく

16画

使い方
家を増築する。
新しい住宅を建築する。
城を築く。

送りがな
築ずく

教科書227ページ

鉱

コウ

13画

使い方
鉄鉱石を輸入する。
鉱山が閉山する。
日本は鉱物資源がとぼしい。

言葉の使い分け
鉱物―地中にできた鉄などの物質のこと。
好物―好きな物のこと。

教科書227ページ

脈

ミャク

10画

使い方
アルプス山脈が広がる。
病院で脈をはかる。
文脈をたどって読む。

字の形に注意
脈
しっかり覚えよう！

教科書227ページ

航

コウ

10画

使い方
早朝に港から出航する。
台風で船が欠航する。
航空会社に社会見学に行く。

形の似た漢字

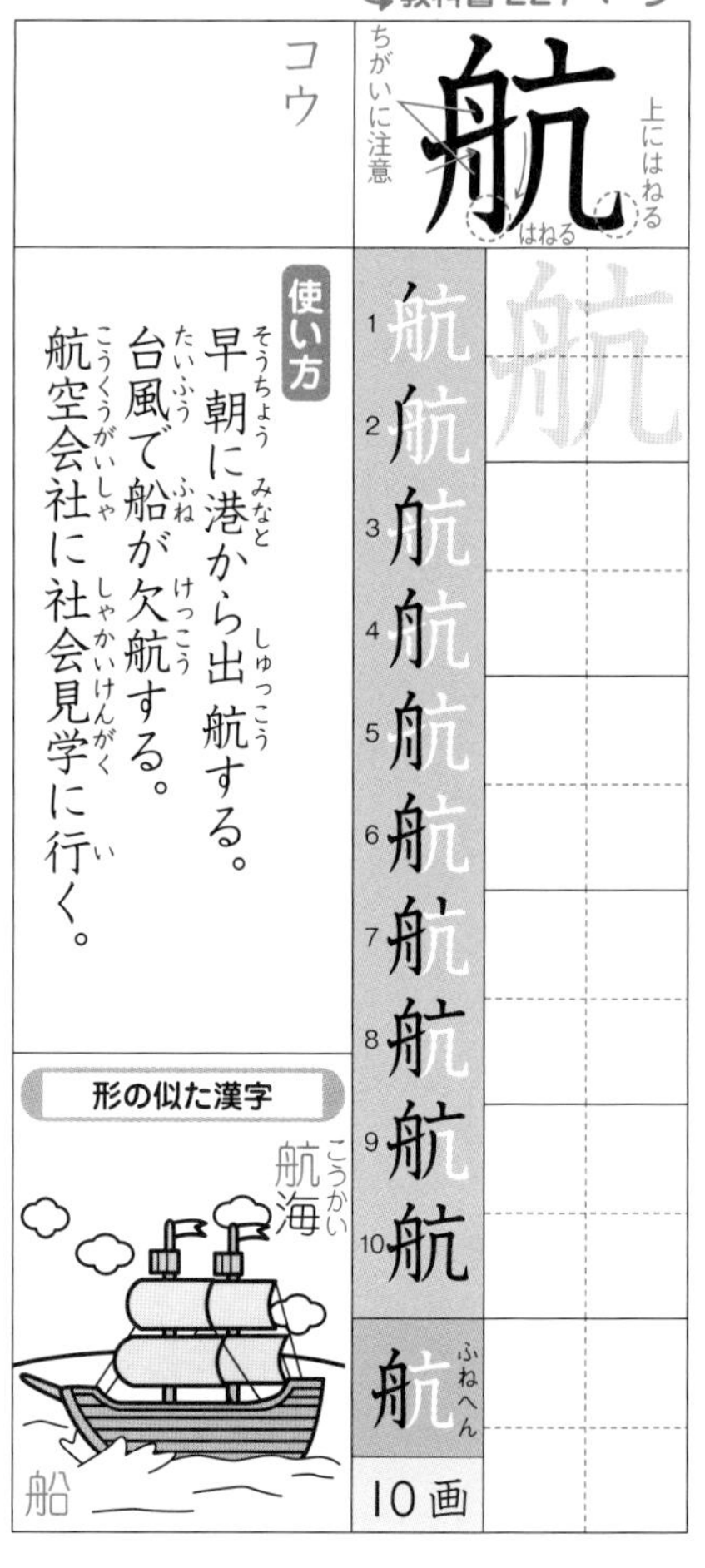

読み方が新しい漢字

漢字	読み方	使い方	前に出た読み方
正	まさ	正夢を見る	正しい　正す　正月　正門
顔	ガン	童顔の青年	顔色

「脈」の「𠂢」は、六画で書きますよ。

ぴったり2 練習

いにしえの人のえがく世界
「弱いロボット」だからできること
漢字を使おう8

教科書 210～227ページ
答え 12ページ

月　　日

1 ――線の漢字の読みがなを書きましょう。

① 親子は顔や体型が似る。（　）
② 投手として高い能力をほこる。（　）
③ 今年は米が豊作である。（　）
④ 団体の客が店にやって来る。（　）
⑤ パーティーの幹事を引き受ける。（　）
⑥ 体温計を使って検温する。（　）
⑦ 三日前の夢が正夢になる。（　）
⑧ ボールが顔面に当たる。（　）

2 □に漢字を書きましょう。

① 工場から［せいひん］を送る。
② 身の潔白を［しょうめい］する。
③ ［しゅうい］に人はいない。
④ ［けいけん］を積んで成長する。
⑤ 良い［しゅうかん］を続ける。
⑥ 駅前にビルを［けんちく］する。
⑦ ［こうざん］で働く。
⑧ ［どうみゃく］に血が通う。
⑨ 長い［こうかい］に出発する。
⑩ 実物に［に］せて作る。
⑪ 合いかぎを［さくせい］する。
⑫ 仕事の［のうりつ］を上げる。
⑬ 新たな仮説を［じっしょう］する。
⑭ ［ゆた］かな国に生まれ育つ。

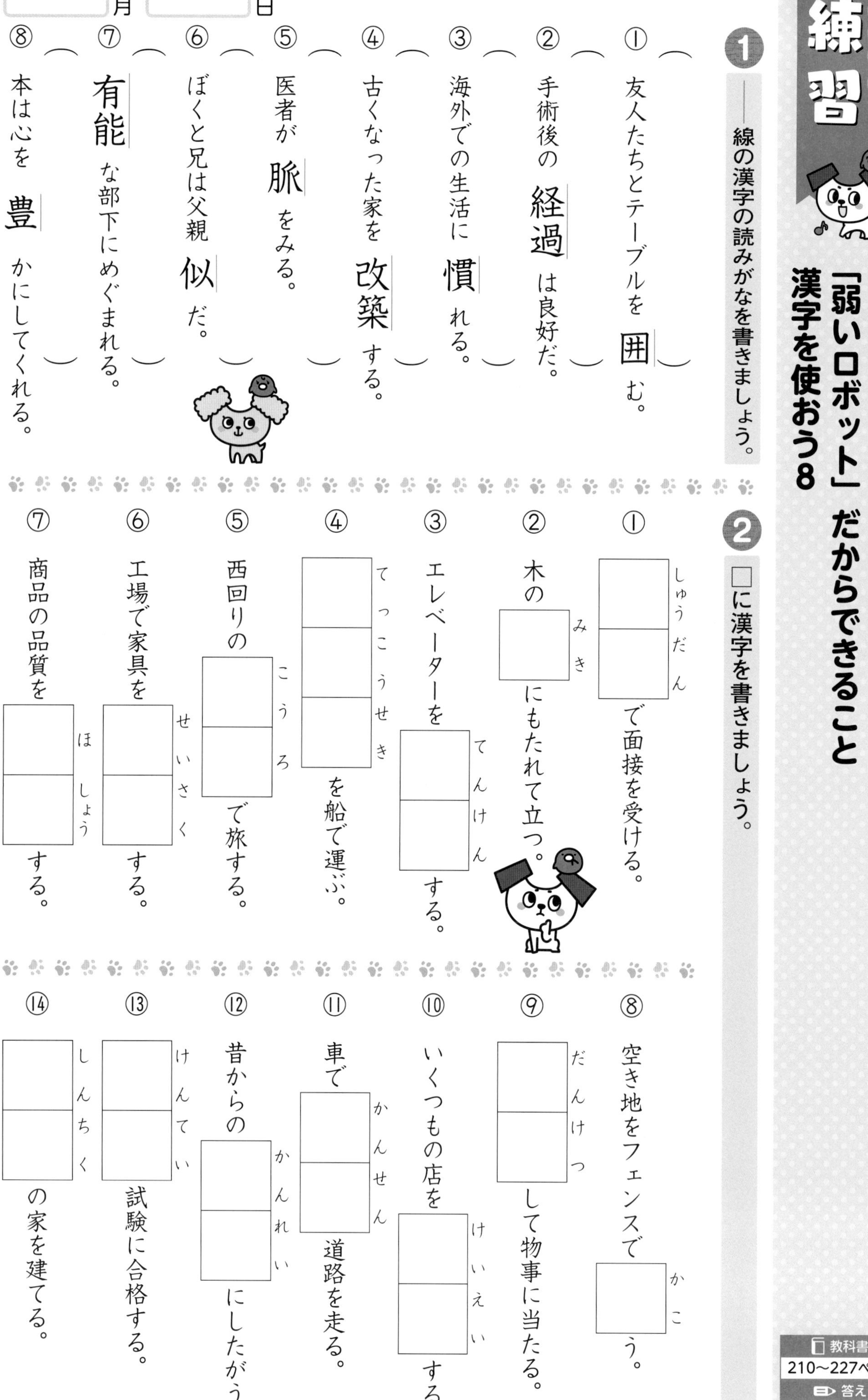

ぴったり2 練習

いにしえの人のえがく世界 「弱いロボット」だからできること 漢字を使おう8

教科書 210〜227ページ
答え 12ページ

月　日

1 ――線の漢字の読みがなを書きましょう。

① 友人たちとテーブルを囲む。（　）
② 手術後の経過は良好だ。（　）
③ 海外での生活に慣れる。（　）
④ 古くなった家を改築する。（　）
⑤ 医者が脈をみる。（　）
⑥ ぼくと兄は父親似だ。（　）
⑦ 有能な部下にめぐまれる。（　）
⑧ 本は心を豊かにしてくれる。（　）

2 □に漢字を書きましょう。

① □□（しゅうだん）で面接を受ける。
② 木の□（みき）にもたれて立つ。
③ エレベーターを□□（てんけん）する。
④ □□□（てっこうせき）を船で運ぶ。
⑤ 西回りの□□（こうろ）で旅する。
⑥ 工場で家具を□□（せいさく）する。
⑦ 商品の品質を□□（ほしょう）する。
⑧ 空き地をフェンスで□（かこ）う。
⑨ □□（だんけつ）して物事に当たる。
⑩ いくつもの店を□□（けいえい）する。
⑪ 車で□□（かんせん）道路を走る。
⑫ 昔からの□□（かんれい）にしたがう。
⑬ □□（けんてい）試験に合格する。
⑭ □□（しんちく）の家を建てる。

月　日

ぴったり2 練習

いにしえの人のえがく世界
「弱いロボット」だからできること
漢字を使おう8

教科書 210～227ページ
答え 12ページ

1 ＿線の漢字の読みがなを書きましょう。

① ダイヤモンドは希少な**鉱物**だ。（　　）
② 台風で飛行機が**欠航**する。（　　）
③ **自家製**のクッキーを食べる。（　　）
④ 昨夜の事件について**証言**する。（　　）
⑤ 軍勢が城を**包囲**する。（　　）
⑥ 何百年もの年月を**経**る。（　　）
⑦ **検事**が罪状を読み上げる。（　　）
⑧ みんなと良い関係を**築**く。（　　）

2 □に漢字を書きましょう。

① 高い□□（さんみゃく）が連なる。
② 先生の□□□（にがおえ）をかく。
③ 子どもの□□（ちのう）をきたえる。
④ 今年はサケが□□（ほうりょう）だ。
⑤ 都会の□□（だんち）に住む。
⑥ 組合の□□（かんぶ）として働く。
⑦ □（な）れていない仕事をする。
⑧ □□（てっこう）石をほり出す。
⑨ 手首にふれて□（みゃく）を取る。
⑩ 初めて□□□（こうくうき）に乗る。
⑪ 黒い服が□□（にあ）う。
⑫ 米から酒を□□（せいぞう）する。
⑬ 職人としての□□（ぎのう）をみがく。
⑭ 事実という□□（かくしょう）はない。

ぴったり1 準備

資料を見て考えたことを話そう
漢字を使おう9
手塚治虫（てづかおさむ）

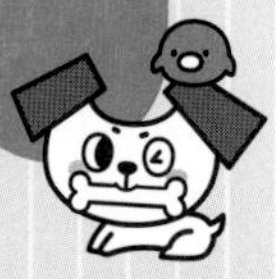

教科書 238〜262ページ

新しく学習する漢字

費　績　設　居　厚　暴　許　可　謝　採　評　授　備　舎　演

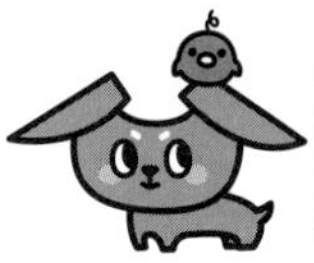

教科書240ページ

費（はねる・とめる）

ヒ

◆つい・やす
◆つい・える

使い方
- 合宿（がっしゅく）の費用（ひよう）を集（あつ）める。
- 今月分（こんげつぶん）の学費（がくひ）をはらう。
- 先月（せんげつ）は出費（しゅっぴ）が多（おお）かった。

部首：貝（こがい・かい）　12画

字の形に注意

3画目は折ってはねるよ!
費

教科書245ページ

績（長く）

セキ

使い方
- 成績（せいせき）が上（あ）がってうれしい。
- 試合（しあい）で実績（じっせき）を積（つ）む。
- 会社（かいしゃ）の業績（ぎょうせき）が上（あ）がる。

部首：糸（いとへん）　17画

形の似た漢字

成績表（せいせきひょう）
積雪

教科書245ページ

設（はねる・はらう）

セツ

もう・ける

使い方
- 父（ちち）が会社（かいしゃ）を設立（せつりつ）する。
- 仮設（かせつ）トイレに入（はい）る。
- 外国人（がいこくじん）との交流（こうりゅう）の場（ば）を設（もう）ける。

部首：言（ごんべん）　11画

形の似た漢字

説明
設計（せっけい）

教科書245ページ

居（長く・はらう）

キョ

い・る

使い方
- 新居（しんきょ）に引（ひ）っこす。
- 明日（あす）は家（いえ）に居（い）る。
- 弟（おとうと）の居場所（いばしょ）をさがす。

部首：尸（しかばね・かばね）　8画

言葉の使い方

「居（い）る」は「いる」と書くことが多い。

犬がいる!

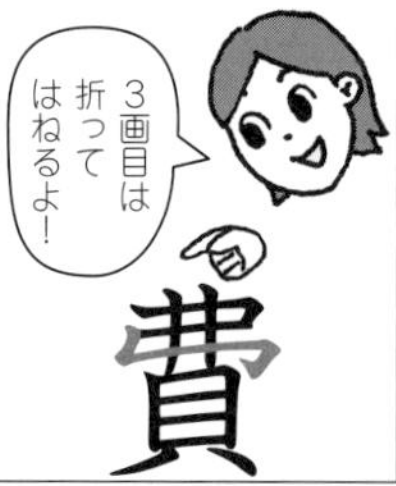

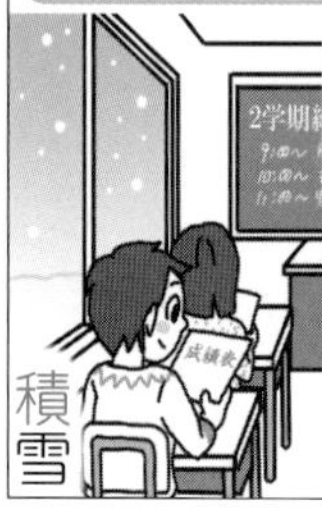

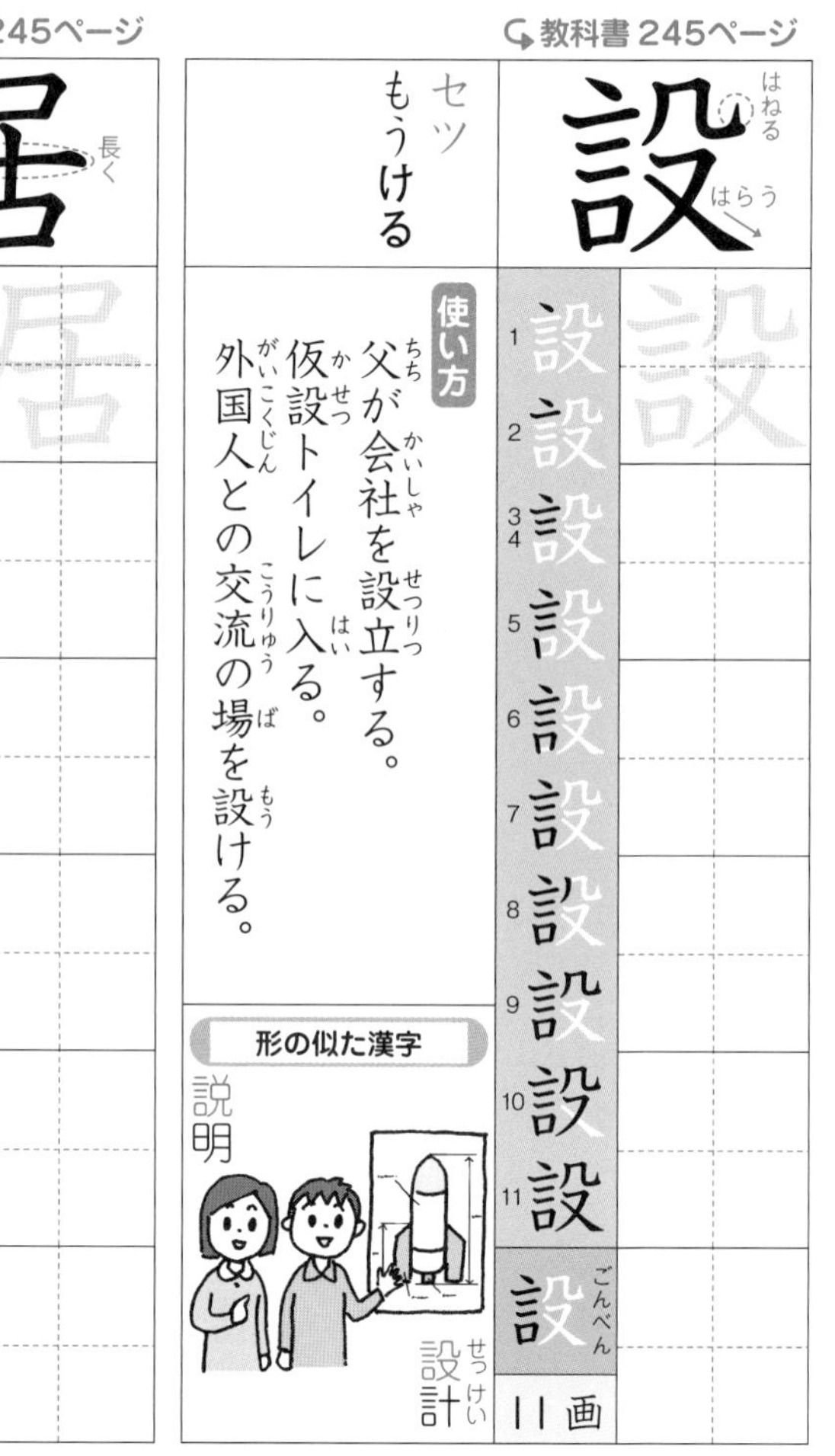

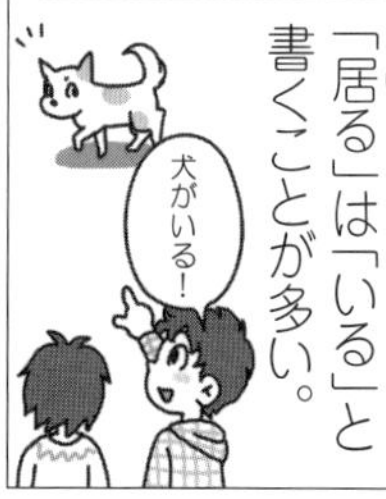

教科書245ページ

厚（はらう・長く・はねる）

あつ・い

◆コウ

使い方
- 分厚（ぶあつ）い本（ほん）を読（よ）む。
- 寒（さむ）いので厚着（あつぎ）をする。
- 厚（あつ）かましい性格（せいかく）を直（なお）す。

部首：厂（がんだれ）　9画

反対の意味の言葉

厚（あつ）い
薄（うす）い

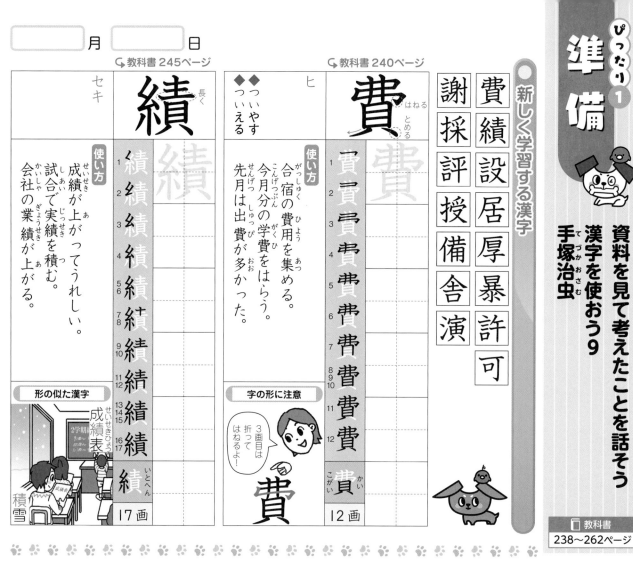

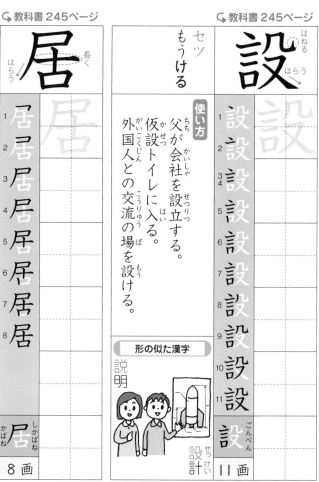

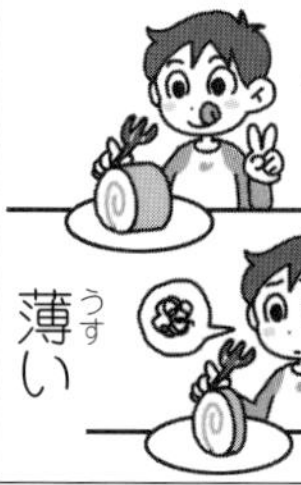

月　日

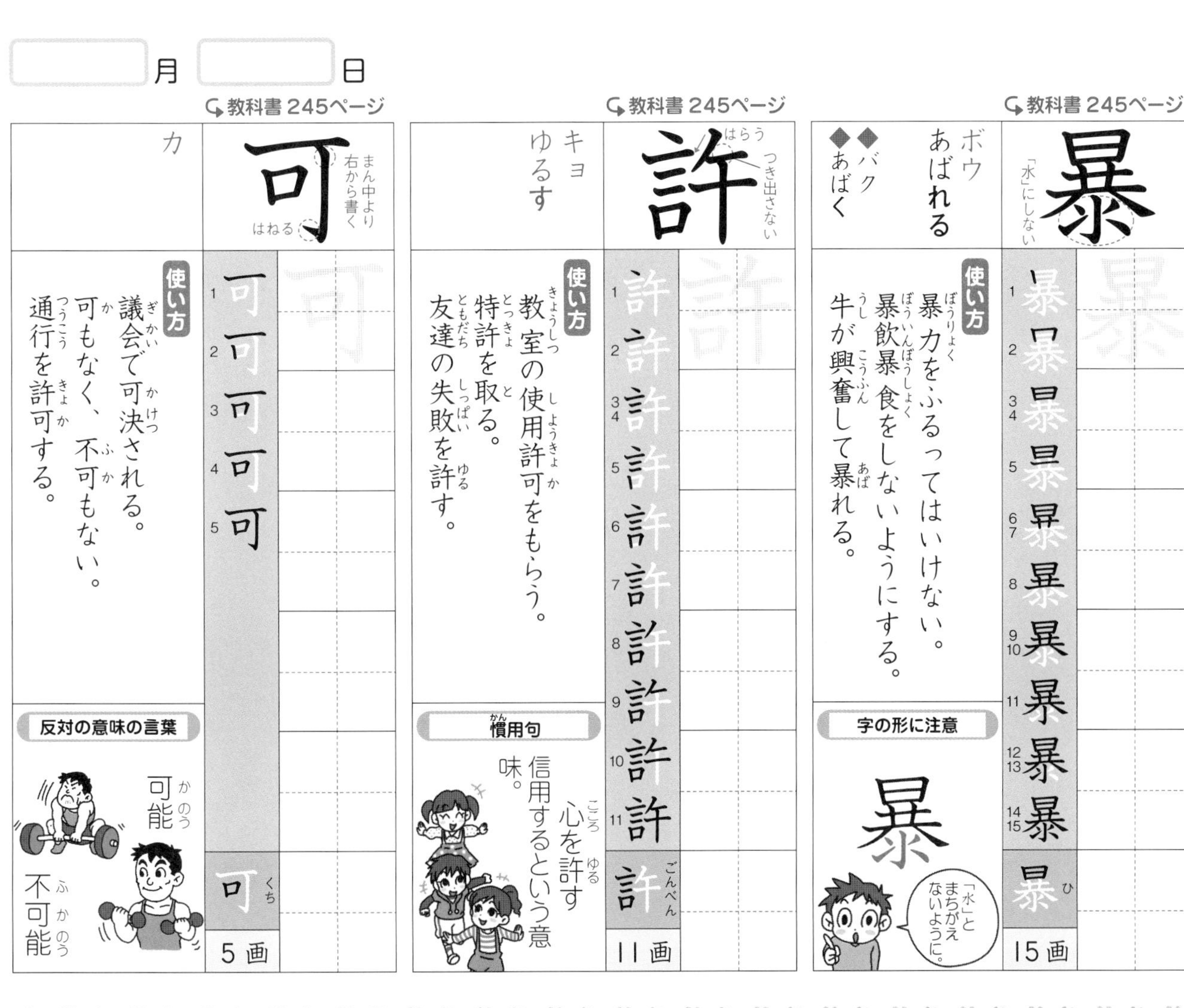

教科書245ページ

暴

ボウ　あばれる
◆バク　◆あばく

「水」にしない

使い方
暴力をふるってはいけない。
暴飲暴食をしないようにする。
牛が興奮して暴れる。

字の形に注意

部首：日（ひ）　15画

教科書245ページ

許

キョ　ゆるす

はらう　つき出さない

使い方
教室の使用許可をもらう。
特許を取る。
友達の失敗を許す。

慣用句
心を許す
信用するという意味。

部首：言（ごんべん）　11画

教科書245ページ

可

カ

まん中より右から書く　はねる

使い方
議会で可決される。
可もなく、不可もない。
通行を許可する。

反対の意味の言葉
可能
不可能

部首：口（くち）　5画

教科書245ページ

謝

シャ
◆あやまる

出す　出さない　はねる

使い方
感謝の気持ちをわすれない。
謝礼を受け取る。
あやまちをみとめて謝罪する。

形の似た漢字
発射
感謝

部首：言（ごんべん）　17画

教科書250ページ

採

サイ　とる

はねる　はらう

使い方
意見が採用される。
テストを採点する。
山で虫を採る。

言葉の使い分け
採る―さがし集めること。選んでとること。
取る―手で持つこと。

部首：扌（てへん）　11画

教科書250ページ

評

ヒョウ

向きに気をつける

使い方
近所でも評判がよい店。
先生の評価を聞く。
子どもに好評の商品。

漢字の成り立ち
「言」と「平」を合わせて「評」ができたよ。

部首：言（ごんべん）　12画

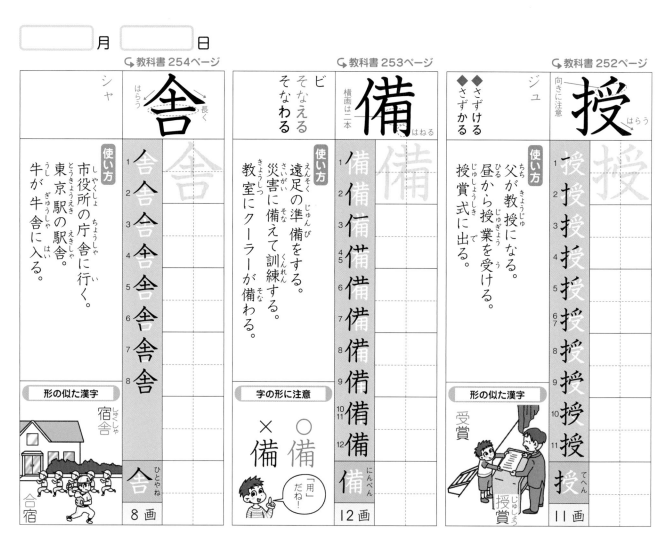

月　日

教科書252ページ

授

向きに注意　はらう

ジュ

◆さずける
◆さずかる

使い方

父（ちち）が教授（きょうじゅ）になる。
昼（ひる）から授業（じゅぎょう）を受（う）ける。
授賞式（じゅしょうしき）に出（で）る。

1 2 3 4 5 6 7 8 9 10 11

扌（てへん）　11画

形の似た漢字

受賞

授賞（じゅしょう）

教科書253ページ

備

横画は二本　はねる

ビ

そなえる
そなわる

使い方

遠足（えんそく）の準備（じゅんび）をする。
災害（さいがい）に備（そな）えて訓練（くんれん）する。
教室（きょうしつ）にクーラーが備（そな）わる。

1 2 3 4 5 6 7 8 9 10 11 12

亻（にんべん）　12画

字の形に注意

○備　×備

教科書254ページ

舎

はらう　長く

シャ

使い方

市役所（しやくしょ）の庁舎（ちょうしゃ）に行（い）く。
東京駅（とうきょうえき）の駅舎（えきしゃ）。
牛（うし）が牛舎（ぎゅうしゃ）に入（はい）る。

1 2 3 4 5 6 7 8

人（ひとやね）　8画

形の似た漢字

宿舎（しゅくしゃ）

合宿

教科書255ページ

演

つける

エン

使い方

演技（えんぎ）に感動（かんどう）する。
学芸会（がくげいかい）で演（えん）じる劇（げき）を決（き）める。
政治家（せいじか）が演説（えんぜつ）を始（はじ）める。

1 2 3 4 5 6 7 8 9 10 11 12 13 14

氵（さんずい）　14画

字の形に注意

演

漢字クイズ 9

☆□には、漢字の音（おん）を表す部分が入ります。例を参考に、その部分を□から一つ選んで、漢字を完成させましょう。

答え17ページ

例　扌［寺］（じ）

①　言□（ひょう）

②　氵□（えん）

③　亻□（び）

④　糸□（せき）

⑤　扌□（さい）

采	矛	口	責
平	𤰇	貝	寅

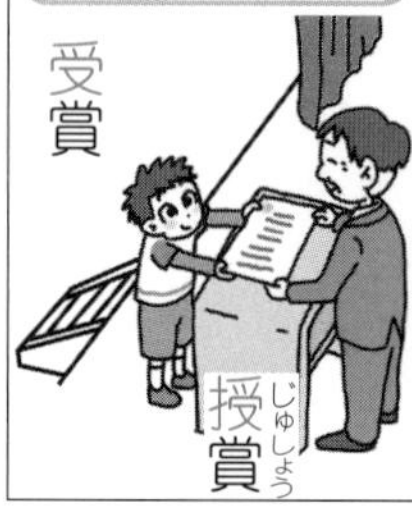

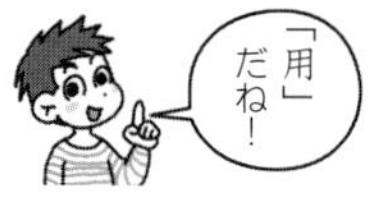

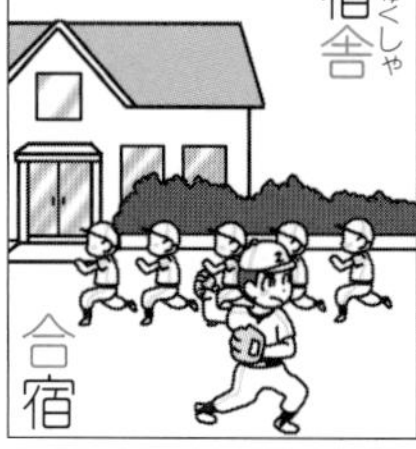

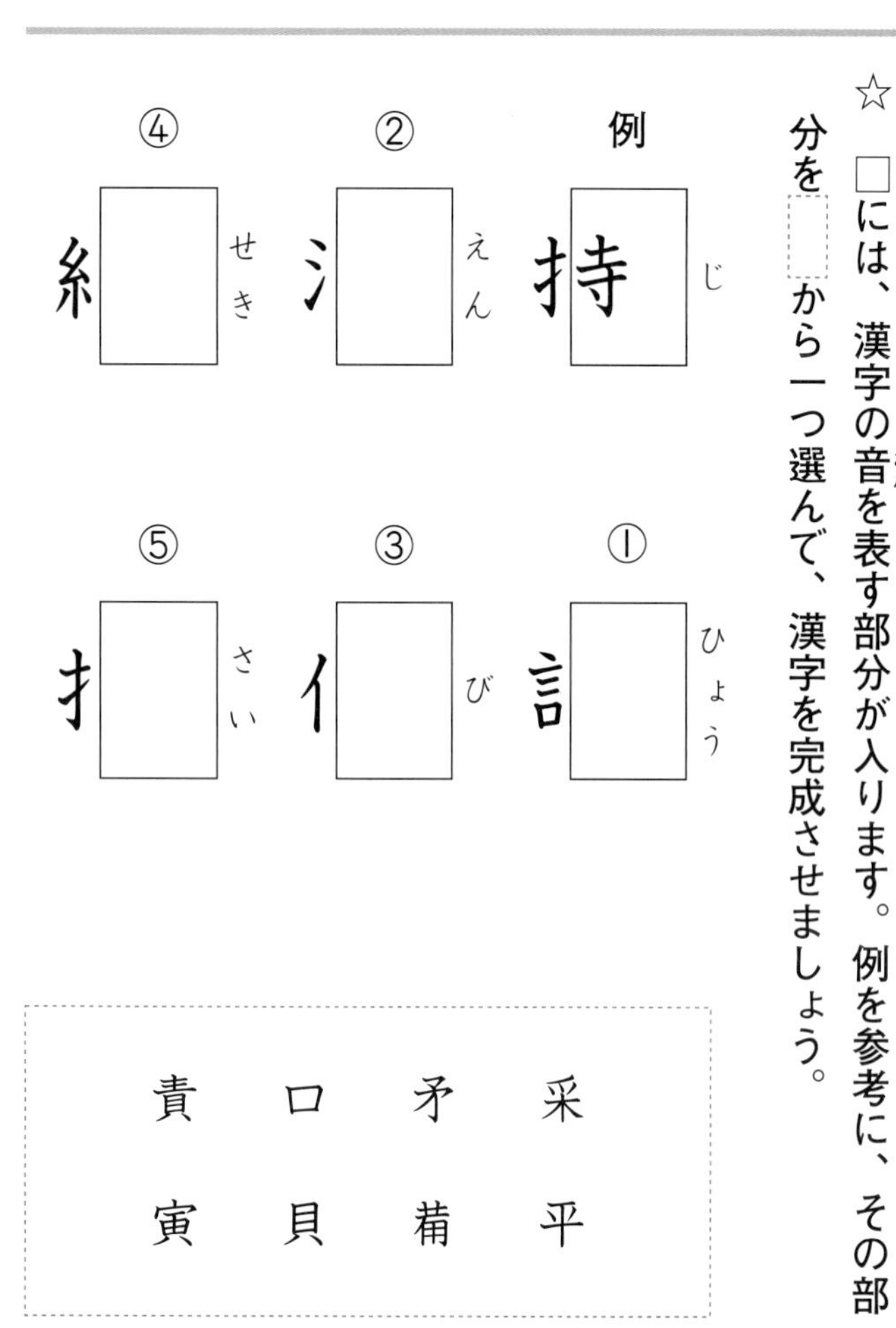

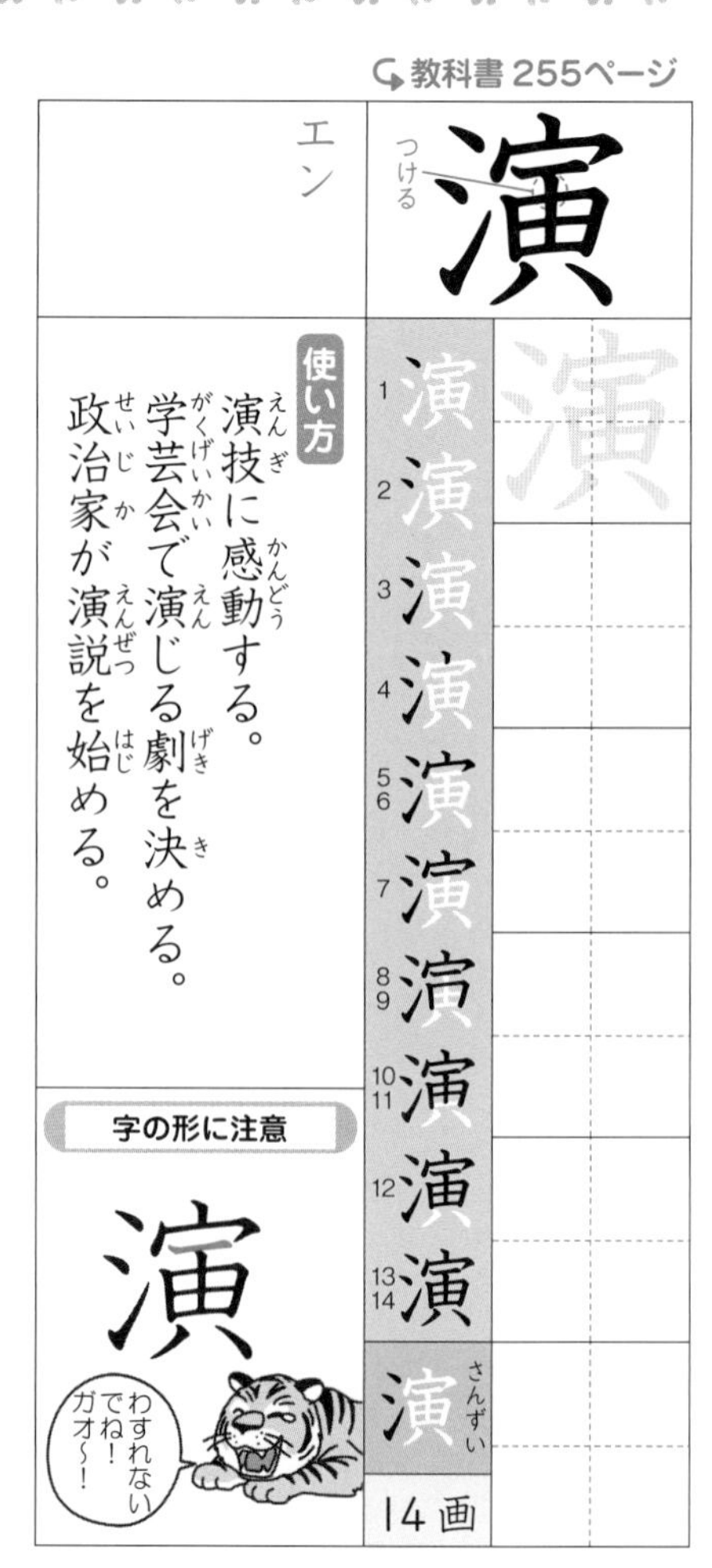

ぴったり2 練習

資料を見て考えたことを話そう 漢字を使おう9 手塚治虫（てづかおさむ）

教科書 238～262ページ
答え 12ページ

月　日

1 ――線の漢字の読みがなを書きましょう。

① 必要な費用を計算する。（　）
② 各階に消火器を設置する。（　）
③ 厚いかべにはじき返される。（　）
④ 新たな発明で特許を取得する。（　）
⑤ 支えてくれた家族に感謝する。（　）
⑥ 子どもたちに好評の小説を読む。（　）
⑦ 明日の試合に向けて準備する。（　）
⑧ テレビ番組に出演する。（　）

2 □に漢字を書きましょう。

① 学校の□□（せいせき）が上がる。
② 家族みんなで□□（どうきょ）する。
③ □□（ぼうりょく）をふるってはいけない。
④ 成功の□□□（かのうせい）がある。
⑤ 会社が新人を□□（さいよう）する。
⑥ 学校で□□（じゅぎょう）を受ける。
⑦ □□（こうしゃ）のチャイムが鳴る。
⑧ 町内会の□□（かいひ）をはらう。
⑨ 確かな□□（じっせき）を残す。
⑩ 話し合いの場を□（もう）ける。
⑪ □□□（いばしょ）が分からない。
⑫ □□（あつがみ）をカッターで切る。
⑬ □（あば）れ馬を乗りこなす。
⑭ うそをつくことは□（ゆる）されない。

ぴったり2 練習

資料を見て考えたことを話そう
漢字を使おう9
手塚治虫（てづかおさむ）

教科書 238〜262ページ
答え 13ページ

月　日

1 ――線の漢字の読みがなを書きましょう。

① 新たな法案が可決（　）される。
② 森に入ってきのこを採（　）る。
③ 授賞式（　）に出席する。
④ 宿舎（　）の部屋でくつろぐ。
⑤ 学費（　）のためにアルバイトをする。
⑥ 最新の設備（　）を導入する。
⑦ 寒いので厚着（　）して登校する。
⑧ 頭を下げて許（　）しをこう。

2 □に漢字を書きましょう。

① 英会話教室の□□（げっしゃ）をはらう。
② 仕事で高い□□（ひょうか）を得る。
③ 万一の事故に□（そな）える。
④ 王子様の役を□（えん）じる。
⑤ 会社の□□（ぎょうせき）が上向く。
⑥ 人間の□□（きょじゅう）に適さない。
⑦ □□□（ぼうふうう）がふきあれる。
⑧ 夜間の外出を□□（きょか）する。
⑨ あやまちを□□（しゃざい）する。
⑩ 病院の検査で□□（さいけつ）する。
⑪ □□（ひょうばん）の良い店をさがす。
⑫ 大学の□□（きょうじゅ）に話を聞く。
⑬ □□（よび）のペンを用意する。
⑭ 木造の□□（えきしゃ）を改築する。

月　日

ぴったり1 準備

漢字を使おう10 わたしの文章見本帳

教科書 263〜267ページ

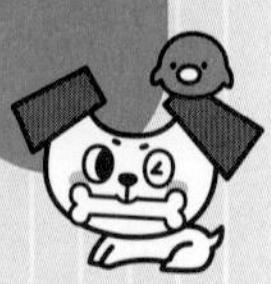

新しく学習する漢字

税　余　素　財　貯　布　告　務

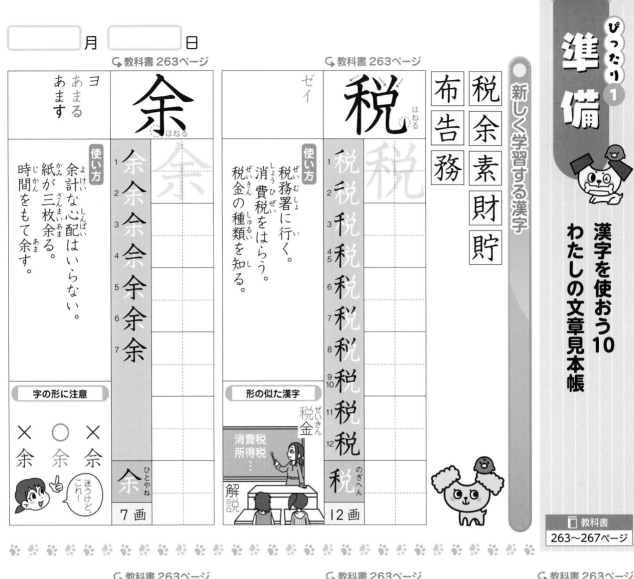

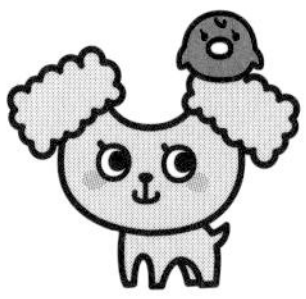

教科書263ページ

税

ゼイ

はねる

12画　のぎへん

使い方

税務署（ぜいむしょ）に行（い）く。
消費税（しょうひぜい）をはらう。
税金（ぜいきん）の種類（しゅるい）を知（し）る。

形の似た漢字

税金（ぜいきん）

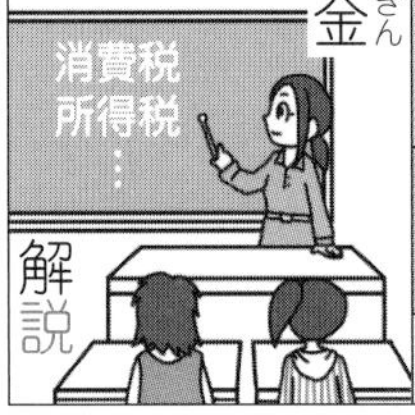

解説

教科書263ページ

余

ヨ
あまる
あます

はねる

7画　ひとやね

使い方

余計（よけい）な心配（しんぱい）はいらない。
紙（かみ）が三枚（さんまい）余（あま）る。
時間（じかん）をもて余（あま）す。

字の形に注意

× 余　○ 余　× 余

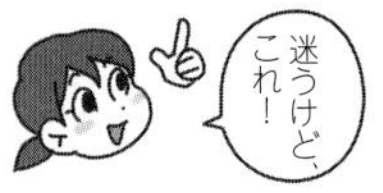

教科書263ページ

素

ソ
◆ス

長く　はねない

10画　いと

使い方

画家（がか）としての素質（そしつ）がある。
二酸化炭素（にさんかたんそ）を減（へ）らす。
興味（きょうみ）のない素（そ）ぶりをする。

部首

素

「素」の部首は、「いと」だよ。

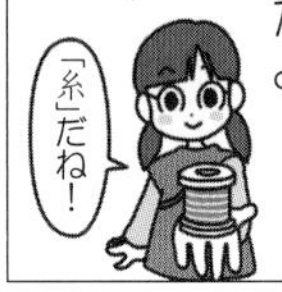

教科書263ページ

財

ザイ
◆サイ

少し出す　はねる

10画　かいへん

使い方

財産（ざいさん）が増（ふ）える。
財政（ざいせい）の立（た）て直（なお）しをはかる。
財宝（ざいほう）を発見（はっけん）する。

言葉の意味

文化財（ぶんかざい）ー昔からの文化として値打（ねう）ちのあるもの。

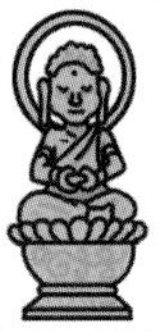

教科書263ページ

貯

チョ

つける　とめる　はねる

12画　かいへん

使い方

おこづかいを貯金（ちょきん）する。
水不足（みずぶそく）に備（そな）えてダムに貯水（ちょすい）する。
食（た）べ物（もの）を貯蔵（ちょぞう）しておく。

字の形に注意

貯

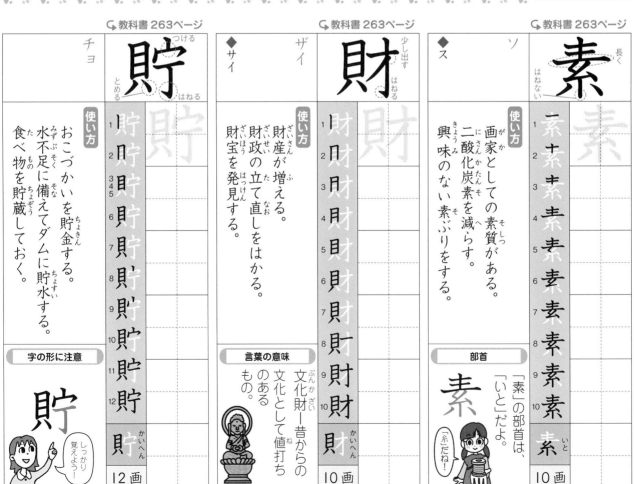

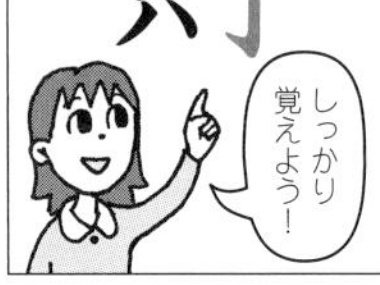

月　日

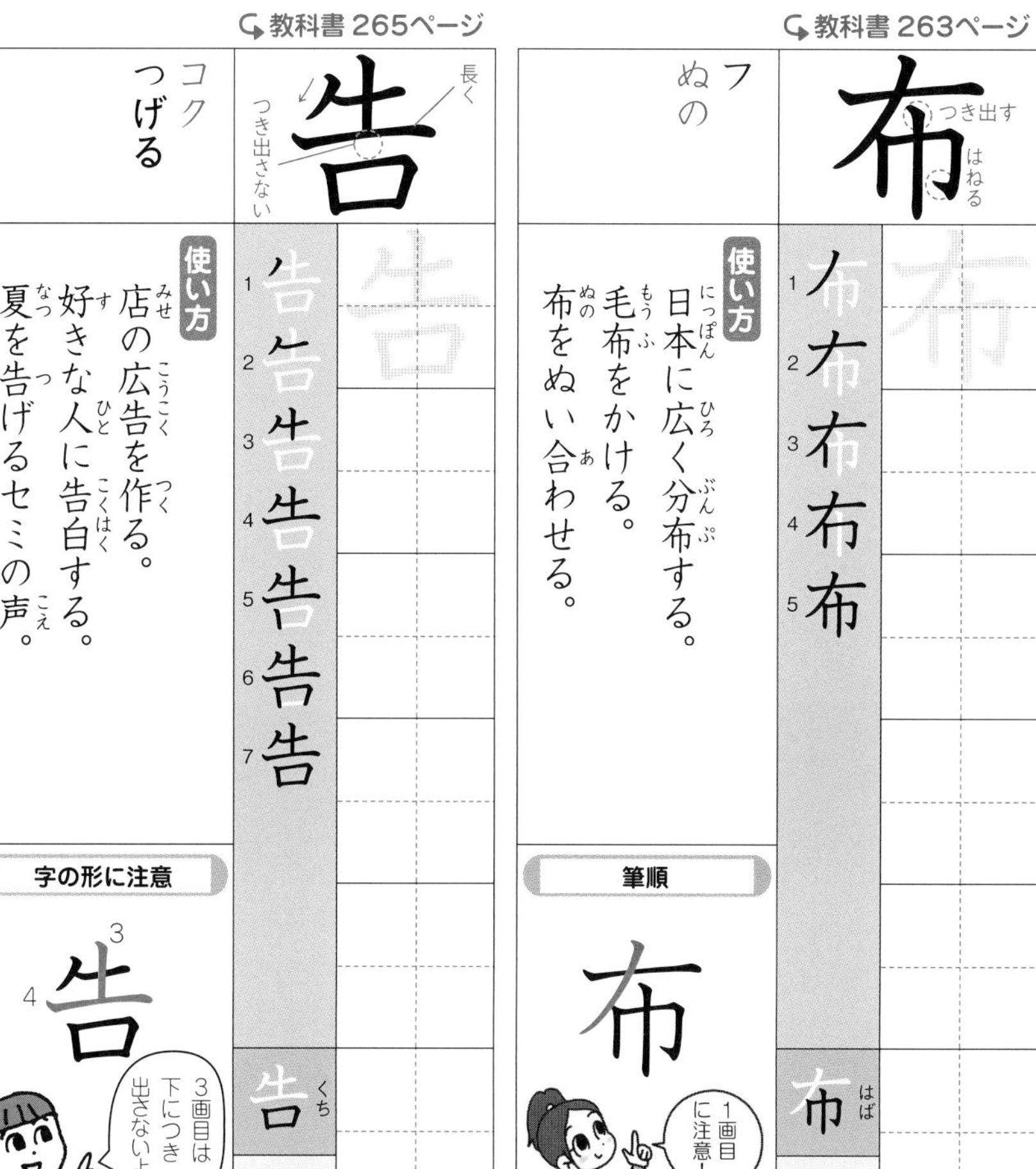

教科書263ページ
布
フ
ぬの
つき出す
はねる
使い方
日本(にっぽん)に広(ひろ)く分布(ぶんぷ)する。
毛布(もうふ)をかける。
布(ぬの)をぬい合(あ)わせる。
筆順
1画目に注意！
布 はば
5画
教科書265ページ
告
コク
つげる
長く
つき出さない
使い方
店(みせ)の広告(こうこく)を作(つく)る。
好(す)きな人(ひと)に告白(こくはく)する。
夏(なつ)を告(つ)げるセミの声(こえ)。
字の形に注意
3画目は下につき出さないよ。
告 くち
7画
教科書266ページ
務
ム
つとめる
つとまる
わすれない
はねる
使い方
母(はは)は銀行(ぎんこう)に勤務(きんむ)している。
生徒会(せいとかい)長(ちょう)を務(つと)める。
ぼくにも務(つと)まる仕事(しごと)だ。
字の形に注意
わすれないで！
務 力 ちから
11画

読み方が新しい漢字

漢字	読み方	使い方	前に出た読み方
社	やしろ	神社(じんじゃ)のお社(やしろ)	社会(しゃかい)
組	ソ	組織(そしき)の一員(いちいん)	組(く)む　組合(くみあい)

漢字クイズ10

☆ 文に合う漢字を選んで、□に書きましょう。

答え17ページ

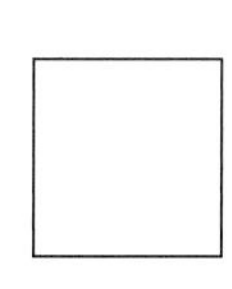

① {税・説}金をおさめる。 □

② 多くの{材・財}産。 □

③ 任{務・努}をこなす。 □

月　日

ぴったり2 練習

漢字を使おう10 わたしの文章見本帳

教科書 263〜267ページ　答え 13ページ

1 ――線の漢字の読みがなを書きましょう。

① 消費税（　）を加えた金額をはらう。
② 酸素（　）がなければ生きていけない。
③ お年玉を貯金（　）しておく。
④ 新聞の広告（　）を見る。
⑤ 会議の進行役を務（　）める。
⑥ 体の上に毛布（　）をかける。
⑦ お社（　）にお参りする。
⑧ 組織（　）の一員として働く。

2 □に漢字を書きましょう。

① わり算の□（あま）りを求める。
② 子孫に□□（ざいさん）を残す。
③ ガラスのよごれを□（ぬの）でふき取る。
④ □□（ぜいきん）には多くの種類がある。
⑤ □□□（ちょすいち）に水をたくわえる。
⑥ 思いきって□□（こくはく）する。
⑦ 法令が□□（こうふ）される。
⑧ □□（よぶん）な物を持たない。
⑨ □□（しっそ）な生活を送る。
⑩ □□□（ぶんかざい）に指定される。
⑪ 資料を□□（はいふ）する。
⑫ □□（じむ）の仕事をする。
⑬ 友人に別れを□（つ）げる。
⑭ 見事に□□（にんむ）を達成する。

春のチャレンジテスト①

時間30分　／100　合格80点

教科書 210〜267ページ　答え 13ページ

月　日

1 ――線の漢字の読みがなを書きましょう。　一つ2点（32点）

① 自分の手製（　）のマフラーとよく似（　）たものを見た。

② 豊富（　）な木材を使って囲（　）いを作る。

③ 生活の根幹（　）となる大切な慣習（　）の一つだ。

④ 炭鉱（　）の地下に豊かな水脈（　）を見つけた。

⑤ 功績（　）をたたえて新たな賞を設立（　）する。

⑥ 暴言（　）を笑って許容（　）することはできない。

⑦ 採取（　）した山菜の料理は不評（　）だった。

⑧ 童顔（　）の青年に出会うという正夢（　）を見た。

2 次の漢字の赤い部分は、何画目に書きますか。数字で答えましょう。　一つ2点（12点）

① 似　□画目

② 脈　□画目

③ 豊　□画目

④ 慣　□画目

⑤ 備　□画目

⑥ 布　□画目

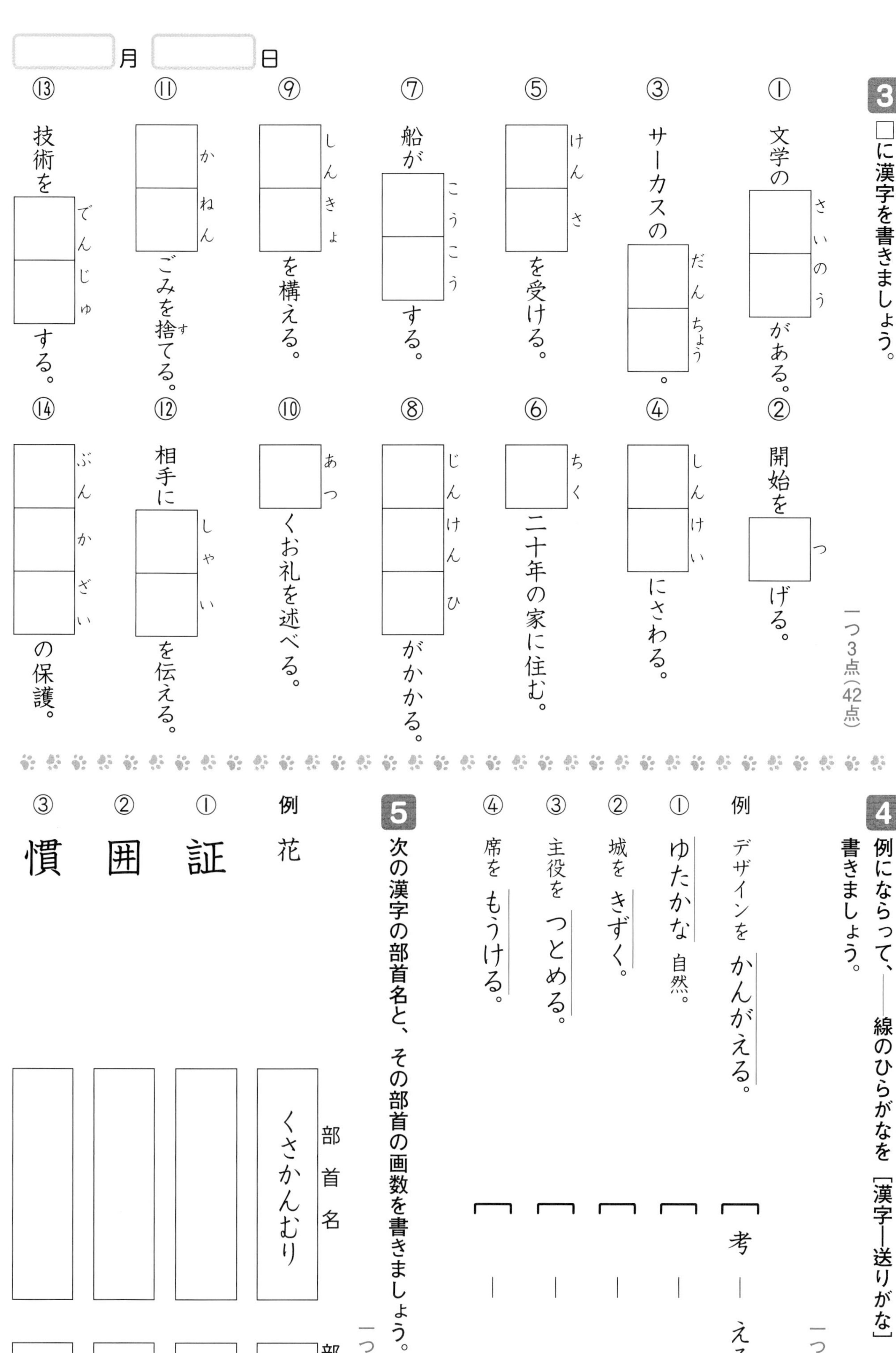

月　日

3 □に漢字を書きましょう。　一つ3点（42点）

① 文学の□□（さいのう）がある。
② 開始を□（つ）げる。
③ サーカスの□□（だんちょう）。
④ □□（しんけい）にさわる。
⑤ □□（けんさ）を受ける。
⑥ □（ちく）二十年の家に住む。
⑦ 船が□□（こうこう）する。
⑧ □□□（じんけんひ）がかかる。
⑨ □□（しんきょ）を構える。
⑩ □（あつ）くお礼を述べる。
⑪ □□（かねん）ごみを捨（す）てる。
⑫ 相手に□□（しゃい）を伝える。
⑬ 技術を□□（でんじゅ）する。
⑭ □□□（ぶんかざい）の保護。

4 例にならって、――線のひらがなを［漢字―送りがな］に分けて書きましょう。　一つ2点（8点）

例 デザインを<u>かんがえる</u>。　［考―える］
① <u>ゆたかな</u>自然。　［　―　］
② 城を<u>きずく</u>。　［　―　］
③ 主役を<u>つとめる</u>。　［　―　］
④ 席を<u>もうける</u>。　［　―　］

5 次の漢字の部首名と、その部首の画数を書きましょう。　一つ1点（6点）

	漢字	部首名	部首の画数
例	花	くさかんむり	三
①	証		
②	囲		
③	慣		

春のチャレンジテスト②

時間30分　／100　合格80点

教科書 210〜267ページ　答え 14ページ

月　日

1 ――線の漢字の読みがなを書きましょう。　一つ2点（32点）

① 兵舎（　）で大統領の演説（　）を聞く。

② 政治家として素質（　）を生かせず、財政（　）を悪化させる。

③ 毎日報告（　）することを義務（　）づけられている。

④ 証人（　）は事件の様子を能弁（　）に語った。

⑤ 楽団（　）のピアニストになって五年を経（　）た。

⑥ 検証（　）した結果、家を増築（　）することにした。

⑦ 航空（　）チケットの代金は実費（　）を支給する。

⑧ 職人の組織（　）が森の中に社（　）を建てる。

2 次の言葉と反対の意味を持つ言葉を漢字で書きましょう。　一つ1点（4点）

例 大きい ↕ 小さい

① 貧しい ↕ □か

② 木の枝 ↕ 木の□

③ 足りない ↕ □る

④ うすい本 ↕ □い本

3 次の漢字の部首名と、その部首の画数を書きましょう。　一つ2点（12点）

		部首名	部首の画数
例	花	くさかんむり	三
①	航		
②	費		
③	居		

月　日

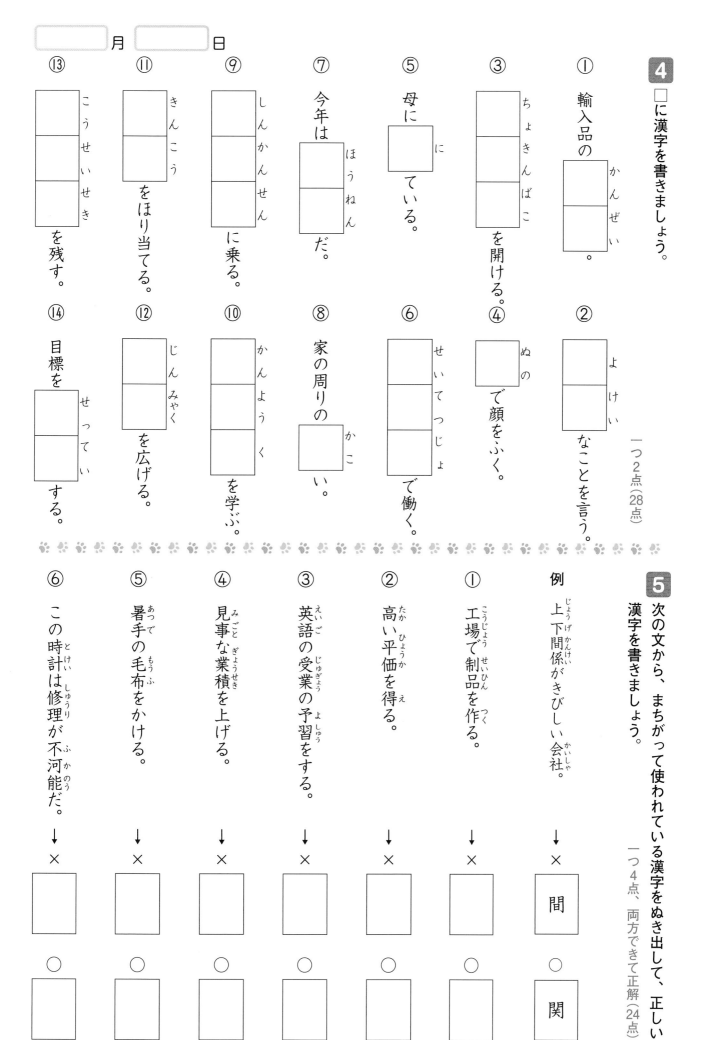

4 □に漢字を書きましょう。　一つ2点(28点)

① 輸入品の□□(かんぜい)。
② □□(よけい)なことを言う。
③ □□□□(ちょきんばこ)を開ける。
④ □(ぬの)で顔をふく。
⑤ 母に□(に)ている。
⑥ □□□(せいてつじょ)で働く。
⑦ 今年は□□(ほうねん)だ。
⑧ 家の周りの□(かこ)い。
⑨ □□□(しんかんせん)に乗る。
⑩ □□□(かんようく)を学ぶ。
⑪ □□(きんこう)をほり当てる。
⑫ □□(じんみゃく)を広げる。
⑬ □□□(こうせいせき)を残す。
⑭ 目標を□□(せってい)する。

5 次の文から、まちがって使われている漢字をぬき出して、正しい漢字を書きましょう。　一つ4点、両方できて正解(24点)

例 上下間係(じょうげかんけい)がきびしい会社(かいしゃ)。 → ×間 ○関
① 工場(こうじょう)で制品(せいひん)を作(つく)る。 → × □ ○ □
② 高(たか)い平価(ひょうか)を得(え)る。 → × □ ○ □
③ 英語(えいご)の受業(じゅぎょう)の予習(よしゅう)をする。 → × □ ○ □
④ 見事(みごと)な業積(ぎょうせき)を上げる。 → × □ ○ □
⑤ 暑手(あつで)の毛布(もうふ)をかける。 → × □ ○ □
⑥ この時計(とけい)は修理(しゅうり)が不河能(ふかのう)だ。 → × □ ○ □

読み方さくいん

❖五年生で習う漢字の読みを全部のせています。
❖かたかなは音読み、ひらがなは訓読みです。
❖＊印の読み方は、小学校では習わない読み方です。
❖数字は、この本で出てくるページです。

な

読み	漢字	番号
ながい	永	26
なさけ	情	7
ならす	慣	77
なれる	慣	77

に

読み	漢字	番号
にる	似	76
ニン	任	29

ぬ

読み	漢字	番号
ぬの	布	88

ね

読み	漢字	番号
ネン	燃	61

の

読み	漢字	番号
ノウ	能	76
のべる	述	46

は

読み	漢字	番号
ハ	破	50
はか	墓	46
はかる	測	33
*バク	暴	83
はる	張	65
ハン	判	33
ハン	版	24
ハン	犯	69
バン	判	33

ひ

読み	漢字	番号
ヒ	肥	51
ヒ	非	49
ヒ	比	24
ヒ	費	82
ビ	備	84
ひきいる	率	65
ひさしい	久	7
ひたい	額	45
ひとり	独	19
ヒョウ	評	83
*ヒン	貧	45
ビン	貧	45

ふ

読み	漢字	番号
フ	布	88
フ	婦	69
ブ	武	70
ふえる	増	10
フク	複	6
フク	復	60
ふせぐ	防	49
ふたたび	再	57
ブツ	仏	29
ふやす	増	10
フン	粉	56

へ

読み	漢字	番号
へらす	減	43
へる	経	77
へる	減	43
ヘン	編	36
ベン	弁	66

ほ

読み	漢字	番号
ホ	保	60
ボ	墓	46
ホウ	報	13
ホウ	豊	76
ボウ	防	49
ボウ	貿	64
ボウ	暴	83
*ほど	程	70
ほとけ	仏	29

ま

読み	漢字	番号
まかす	任	29
まかせる	任	29
まざる	混	17
まじる	混	17
ます	増	10
まずしい	貧	45
まぜる	混	17
*まつりごと	政	35
*まなこ	眼	11
まねく	招	29
まよう	迷	46

み

読み	漢字	番号
みき	幹	77
みちびく	導	65
ミャク	脈	78

む

読み	漢字	番号
ム	武	70
ム	夢	7
ム	務	88
*むくいる	報	13

め

読み	漢字	番号
*メイ	迷	46
メン	綿	69

も

読み	漢字	番号
もうける	設	82
もえる	燃	61
もす	燃	61
*もと	基	42
*もとい	基	42
もやす	燃	61

や

読み	漢字	番号
*ヤク	益	10
やさしい	易	64
やぶる	破	50
やぶれる	破	50

ゆ

読み	漢字	番号
ユ	輸	56
*ゆえ	故	35
ゆたか	豊	76
ゆめ	夢	7
ゆるす	許	83

よ

読み	漢字	番号
ヨ	余	87
ヨウ	容	17
よせる	寄	49
*よる	因	18
よる	寄	49
よろこぶ	喜	28

り

読み	漢字	番号
リツ	率	65
リャク	略	65
リュウ	留	69
リョウ	領	65

る

読み	漢字	番号
ル	留	69

れ

読み	漢字	番号
レキ	歴	28

わ

読み	漢字	番号
*わざ	技	56
*わざわい	災	18
わた	綿	69

5年 漢字のまとめ

学力診断テスト①

名前　　月　日

時間 30分

合格80点　　／100

答え 15ページ

1 ――線の漢字の読みがなを書きましょう。　一つ1点(25点)

① 輸入したこの薬の効能はすぐに現れる。

② 総理大臣が自ら国際会議に出席する。

③ 価値(ち)のある、古い銅像を発見する。

④ 事前に指導者にきちんと許可を得る。

⑤ 新発売の製品で売り場が混み合う。

⑥ 講堂からいっせいに大勢の人が出てくる。

⑦ 市の実情について、報道で知る。

⑧ いつもわたしを支えてくれる母に感謝する。

⑨ たった独りで太平洋を航海する。

⑩ やさしい性格の男を演じる。

⑪ 停車したバスは旧式だ。

⑫ 暴動が起こった後の周囲の様子が新聞にのる。

2 □に漢字を書きましょう。　一つ1点(25点)

① □□(りえき)が出るかどうかの□□(きょうかい)線上だ。

② その行動は□□(きそく)で□□(きんし)されている。

③ □□(そしき)の□□(せきにん)者を指名する。

④ □□(がんたい)をつけて、目を□□(ほご)する。

⑤ 広い庭で□(か)い犬が□□(むちゅう)で遊ぶ。

⑥ □□(きんぞく)を、倉庫に□□(いどう)する。

⑦ □□(けんさ)についていろいろと□□(しつもん)する。

⑧ □□(そせん)から伝わる□□(りょうど)を守る。

⑨ □□(さんそ)は、□□(けつえき)によって運ばれる。

⑩ 今日の□□(きしょう)は、□(まさ)に□□(かいせい)だ。

⑪ 俳(はい)□(く)は、五、七、五の十七音で□□(こうせい)される。

⑫ 先生の□□(はんが)は、□□(ひょうばん)がよい。

うらにも問題があります。

(切り取り線)

3 次の——線のひらがなを［漢字―送りがな］に分けて書きましょう。 一つ2点（12点）

例 デザインを かんがえる。 ［考 ― える］

① 生徒を ひきいる。 ［ ― ］

② いなかぐらしに なれる。 ［ ― ］

③ 人通りが たえる。 ［ ― ］

④ 正答を たしかめる。 ［ ― ］

⑤ 畑の土が こえる。 ［ ― ］

⑥ 今後の課題を しめす。 ［ ― ］

4 次にしめすのは、ある漢字の一部です。共通する部首名を書きましょう。 一つ1点（5点）

例 早 化 采 →（くさかんむり）

① 艮 方 祭 →（ ）

② 屰 咼 啇 米 →（ ）

③ 員 妾 召 →（ ）

④ 可 夜 則 →（ ）

⑤ 殳 午 正 冓 →（ ）

5 次の漢字の赤い部分は、何画目に書きますか。数字で答えましょう。 一つ1点（4点）

① 状 □画目

② 非 □画目

③ 布 □画目

④ 武 □画目

（切り取り線）

6 次の漢字には、いくつかの読み方があります。——線の漢字の読みがなを書きましょう。 一つ1点（15点）

① 易 易者（ ） 易しい（ ） 平易（ ）

② 留 留まる（ ） 留守（ ） 留意（ ）

③ 志 高い志（ ） 志す（ ） 意志（ ）

④ 増 増加（ ） 増える（ ） 増す（ ）

⑤ 再 再来年（ ） 再開（ ） 再び会う（ ）

7 次の①～⑦の中に漢字を入れ、漢字のしりとりを完成させます。当てはまる漢字を□の中から選び、書きましょう。 一つ2点（14点）

○ 長 ① → ① 集 → 集 ② → ② 結

○ 球 ③ → ③ 能 → 花 ④ → ④ 当

○ 金 ⑤ → ⑤ 面 → 面 ⑥ → ⑥ 着 →

着 水 → 水 ⑦ → ⑦ 力

額	技	団	弁
圧	接	編	識

① □ ② □ ③ □ ④ □ ⑤ □ ⑥ □ ⑦ □

（切り取り線）

5年 漢字のまとめ

学力診断テスト②

名前　　　月　日

時間 30分　　合格80点　　／100

答え 16ページ

1 ――線の漢字の読みがなを書きましょう。　一つ1点（25点）

① 期限（　　）をしばらく過（　）ぎてから本を返した。

② 今日の授業（　　）は、とても興味（　　）深かった。

③ 海外に永住（　　）したおじは、農耕（　　）で成功した。

④ かれが走破（　　）したことを証明（　　）します。

⑤ 受賞（　　）できたことの喜（　）びを十分間で述（　）べる。

⑥ 鉱山（　　）から、多くの資（　）源(げん)がもたらされる。

⑦ 被(ひ)害の程度（　　）が大きいので保険金（　　）が下りる。

⑧ 費用（　　）をおさえるため、三つの方法を比（　）べる。

⑨ 精力的（　　）に絵の制作（　　）活動を行う。

⑩ 父は、ドイツで建築（　　）の最新の技術（　　）を学んだ。

⑪ 二つの容器（　　）におかずを均等（　　）に入れる。

⑫ 祖父（　　）は、おかげさまで健在（　　）です。

2 □に漢字を書きましょう。　一つ1点（25点）

① □□□(ひじょうしき)な□□(たいど)だ。

② □(さくら)の花のもようがある皿を□□(にこ)もらう。

③ □(あま)った□□(せいよう)の□(ぬの)で手さげを作る。

④ □□(かめん)をかぶった客を□(まね)き入れる。

⑤ □□(いし)には、いくつかの□□(ぎむ)がある。

⑥ ドラマで□□(ぶし)の□□(れきし)を学ぶ。

⑦ きびしい建築□□(きじゅん)を□□(せってい)する。

⑧ 妹に、□□□(べんとうばこ)を□(か)す。

⑨ □□(じこ)についての書類を□□(ていじ)する。

⑩ 母は□□□(ふじんふく)の店を□□(けいえい)する。

⑪ □(えだ)にとまっているこん虫を□□(さいしゅう)する。

⑫ □□(きあつ)の急な変化にも□□(てきおう)できる。

うらにも問題があります。

（切り取り線）

3 次の漢字の部首名を書きましょう。　一つ1点(6点)

例 寒（うかんむり）

① 衛（　　）
② 居（　　）
③ 雑（　　）
④ 独（　　）
⑤ 酸（　　）
⑥ 禁（　　）

4 次の、特別な読み方をする漢字の読みがなを書きましょう。　一つ1点(4点)

① 博士（　　）
② 眼鏡（　　）
③ 河原（　　）
④ 迷子（　　）

5 次の意味をもつ熟語を、□の漢字を組み合わせて作りましょう。　一つ2点(12点)

① 二つ以上のものを一つにまとめること。
② あることが成立するのに必要なことがら。
③ 外国との間で商品を売買すること。
④ 外敵などをふせぐ、そなえをすること。
⑤ 不注意から起こるあやまち。
⑥ 続いてきたものがとだえること。

件　過　合　断　易　条　失　防　絶　備　貿　統

6 次の漢字の、総画数を答えましょう。　一つ1点(8点)

① 比（　）画
② 潔（　）画
③ 興（　）画
④ 似（　）画
⑤ 述（　）画
⑥ 貿（　）画
⑦ 護（　）画
⑧ 脈（　）画

7 次の上と下の言葉が反対の意味になるように、□に漢字を書きましょう。　一つ2点(20点)

① 薄着 ↕ □着（あつぎ）
② 損 ↕ □（とく）
③ 集合 ↕ □散（かいさん）
④ 増加 ↕ □少（げんしょう）
⑤ 単数 ↕ □数（ふくすう）
⑥ 往路 ↕ □路（ふくろ）
⑦ 反対 ↕ □成（さんせい）
⑧ 新作 ↕ □作（きゅうさく）
⑨ 結果 ↕ 原□（げんいん）
⑩ 理想 ↕ □実（げんじつ）

付録 とりはずしてお使いください。

漢字おさらいドリル

前学年で習った漢字

4年生で習った漢字を復習しましょう！

もくじ

5年　　組

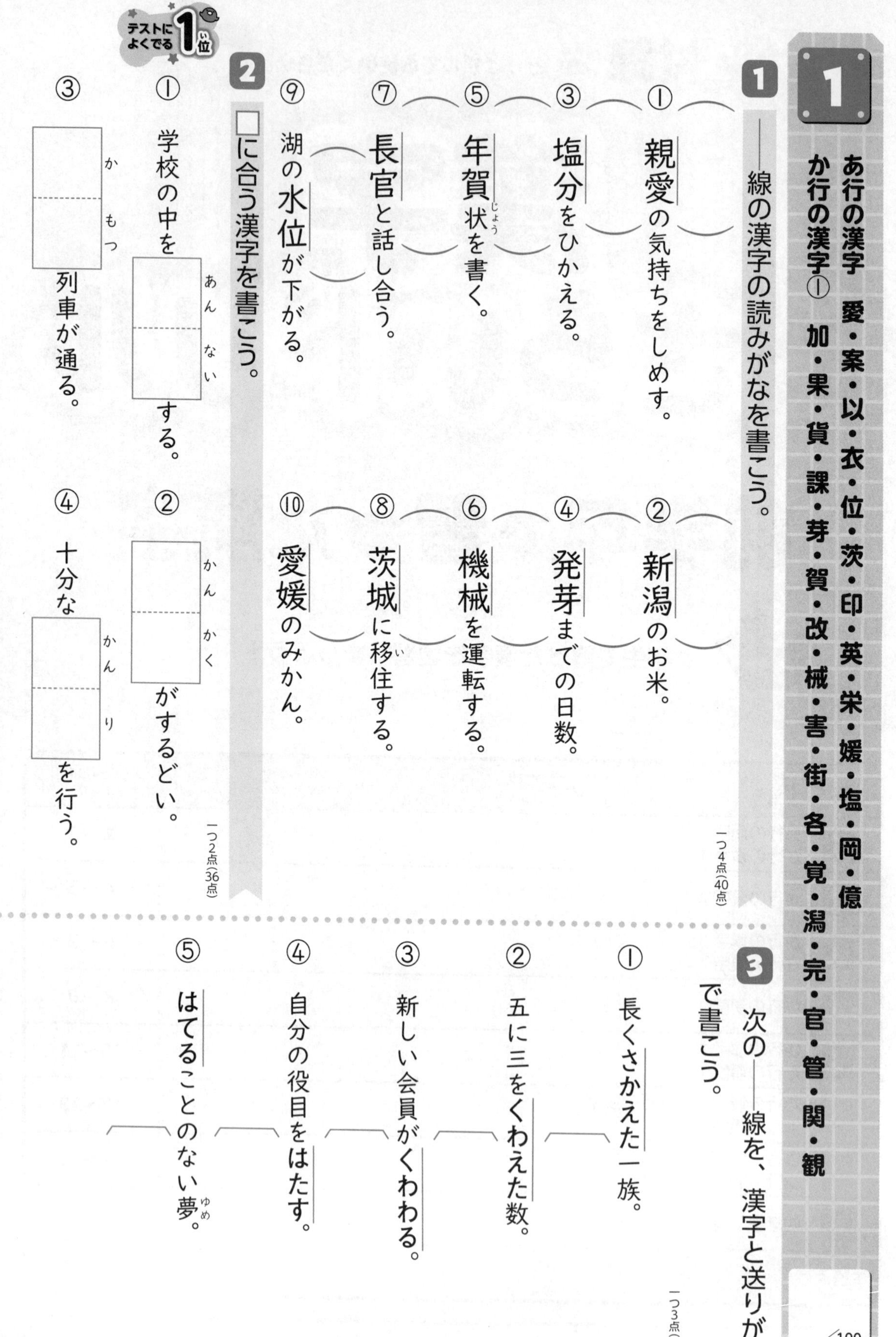

1 あ行の漢字 か行の漢字①

愛・案・以・衣・位・茨・印・英・栄・媛・塩・岡・億・加・果・貨・課・芽・賀・改・械・害・街・各・覚・潟・完・官・管・関・観

／100

1 ——線の漢字の読みがなを書こう。 一つ4点（40点）

① 親愛の気持ちをしめす。（　）
② 新潟のお米。（　）
③ 塩分をひかえる。（　）
④ 発芽までの日数。（　）
⑤ 年賀状（じょう）を書く。（　）
⑥ 機械を運転する。（　）
⑦ 長官と話し合う。（　）
⑧ 茨城に移（い）住する。（　）
⑨ 湖の水位が下がる。（　）
⑩ 愛媛のみかん。（　）

テストによくでる1位（い）

2 □に合う漢字を書こう。 一つ2点（36点）

① 学校の中を［あんない］する。
② ［かんかく］がするどい。
③ ［かもつ］列車が通る。
④ 十分な［かんり］を行う。

3 次の——線を、漢字と送りがなで書こう。 一つ3点（24点）

① 長くさかえた一族。（　）
② 五に三をくわえた数。（　）
③ 新しい会員がくわわる。（　）
④ 自分の役目をはたす。（　）
⑤ はてることのない夢（ゆめ）。（　）

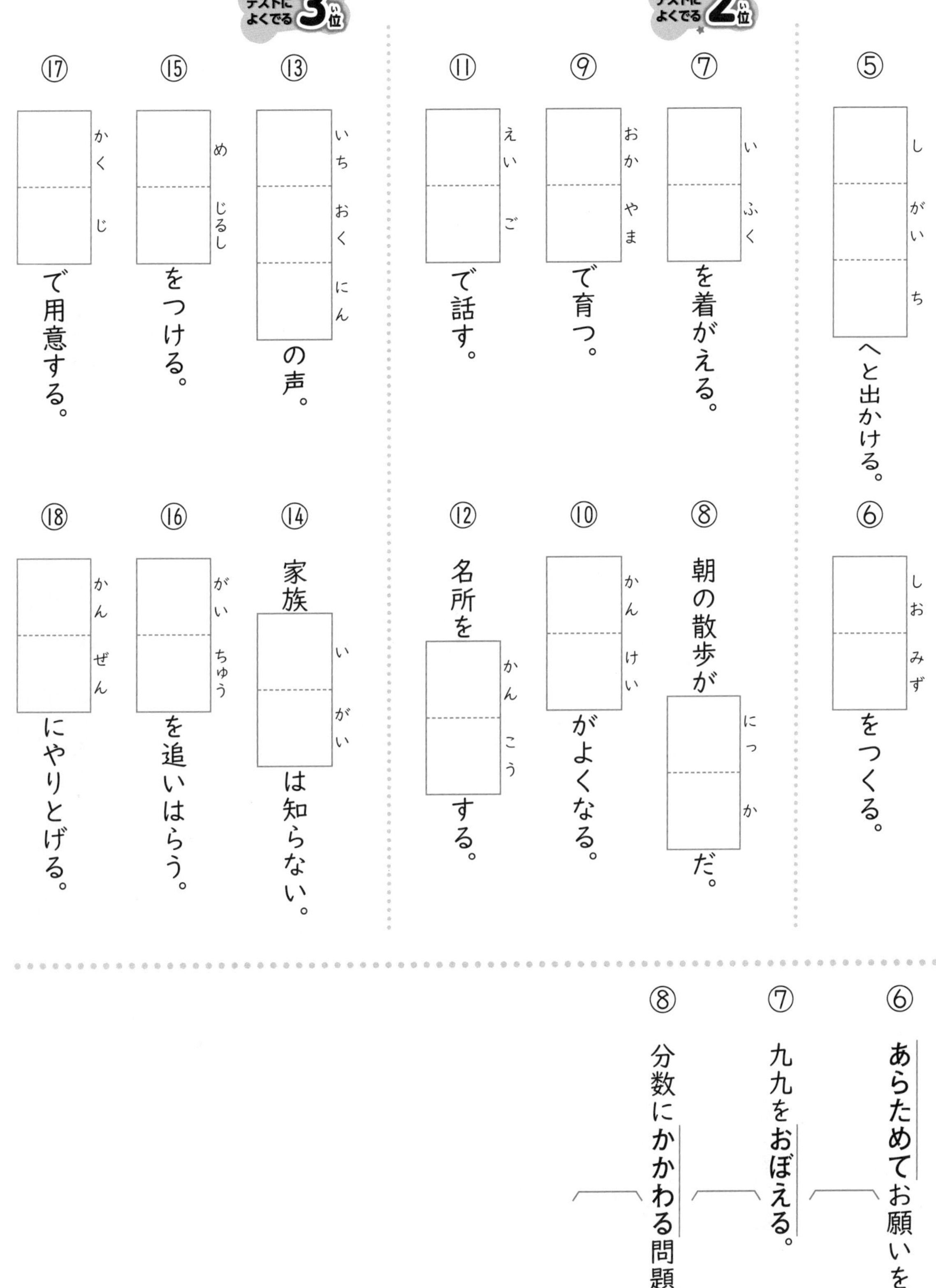

⑤ □（しがいち）へと出かける。

⑥ □（しおみず）をつくる。

テストによくでる2位

⑦ □（いふく）を着がえる。

⑧ 朝の散歩が□（にっか）だ。

⑨ □（おかやま）で育つ。

⑩ □（かんけい）がよくなる。

⑪ □（えいご）で話す。

⑫ 名所を□（かんこう）する。

テストによくでる3位

⑬ □（いちおくにん）の声。

⑭ 家族□（いがい）は知らない。

⑮ □（めじるし）をつける。

⑯ □（がいちゅう）を追いはらう。

⑰ □（かくじ）で用意する。

⑱ □（かんぜん）にやりとげる。

⑥ あらためてお願いをする。（　　）

⑦ 九九をおぼえる。（　　）

⑧ 分数にかかわる問題。（　　）

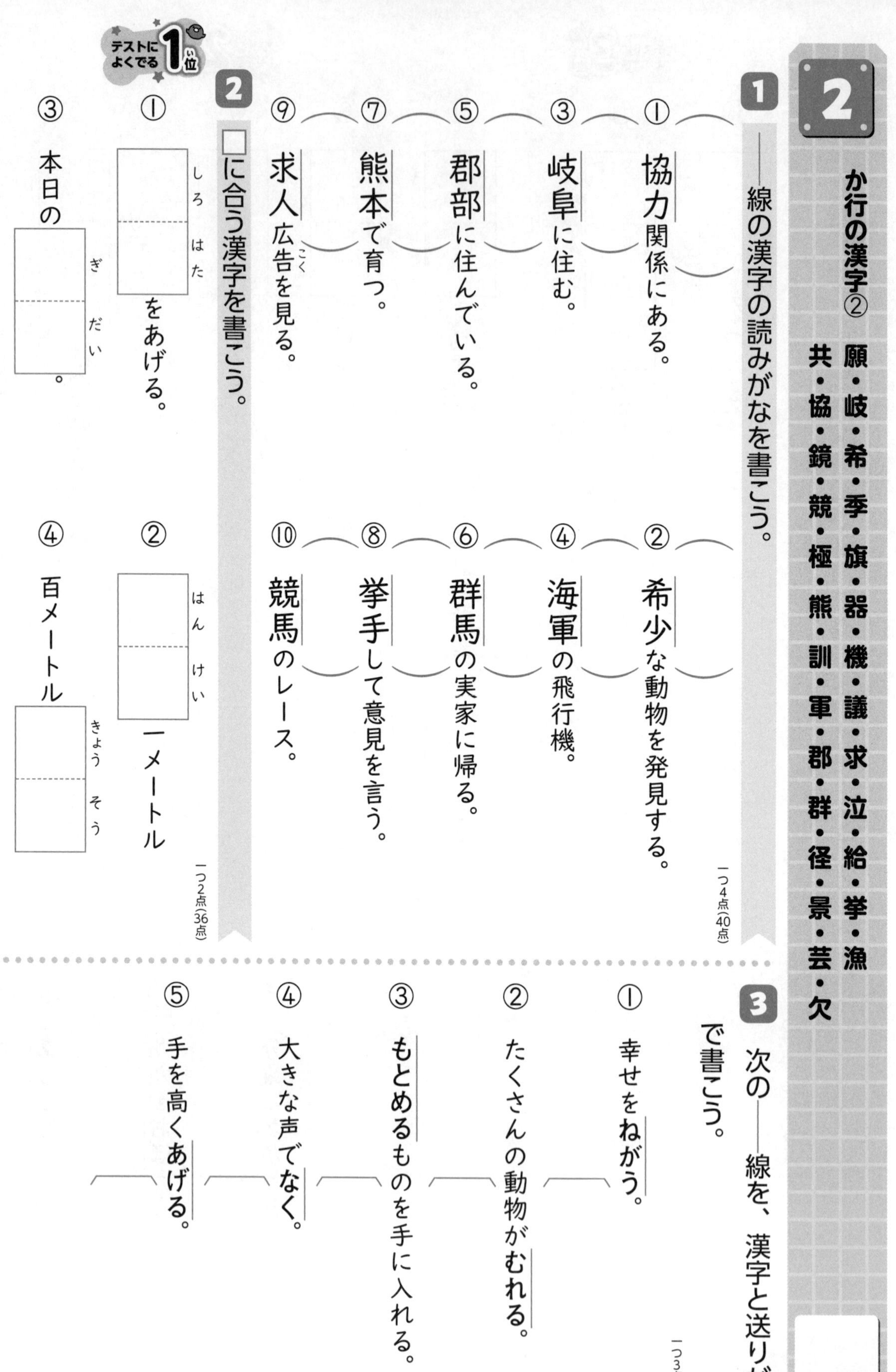

2 か行の漢字②

原・岐・希・季・旗・器・機・議・求・泣・給・挙・漁・共・協・鏡・競・極・熊・訓・軍・郡・群・径・景・芸・欠

／100

1 ――線の漢字の読みがなを書こう。 一つ4点(40点)

① 協力関係にある。（　　）
② 希少な動物を発見する。（　　）
③ 岐阜に住む。（　　）
④ 海軍の飛行機。（　　）
⑤ 郡部に住んでいる。（　　）
⑥ 群馬の実家に帰る。（　　）
⑦ 熊本で育つ。（　　）
⑧ 挙手して意見を言う。（　　）
⑨ 求人広告（こく）を見る。（　　）
⑩ 競馬のレース。（　　）

2 □に合う漢字を書こう。 一つ2点(36点)

テストによくでる1位

① □□（しろ はた）をあげる。
② □□（はん けい）一メートル
③ 本日の□□（ぎ だい）。
④ 百メートル□□（きょう そう）

3 次の――線を、漢字と送りがなで書こう。 一つ3点(24点)

① 幸せをねがう。（　　）
② たくさんの動物がむれる。（　　）
③ もとめるものを手に入れる。（　　）
④ 大きな声でなく。（　　）
⑤ 手を高くあげる。（　　）

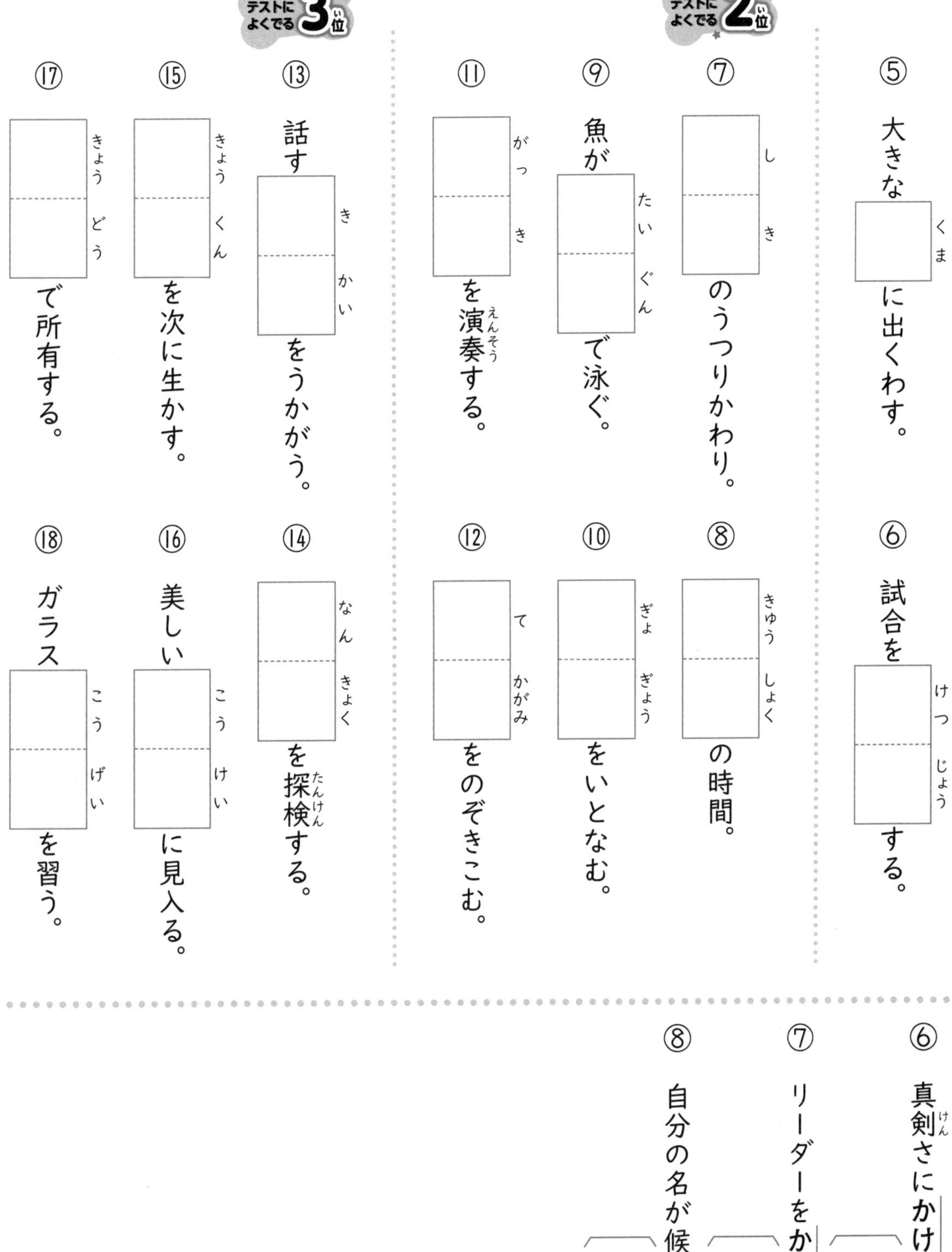

⑤ 大きな［くま］に出くわす。

⑥ 試合を［けつじょう］する。

テストによくでる2位

⑦ ［しき］のうつりかわり。

⑧ ［きゅうしょく］の時間。

⑨ 魚が［たいぐん］で泳ぐ。

⑩ ［ぎょぎょう］をいとなむ。

⑪ ［がっき］を演奏（えんそう）する。

⑫ ［てかがみ］をのぞきこむ。

テストによくでる3位

⑬ 話す［きかい］をうかがう。

⑭ ［なんきょく］を探検（たんけん）する。

⑮ ［きょうくん］を次に生かす。

⑯ 美しい［こうけい］に見入る。

⑰ ［きょうどう］で所有する。

⑱ ガラス［こうげい］を習う。

⑥ 真剣（けん）さにかける。（　　）

⑦ リーダーをかく。（　　）

⑧ 自分の名が候補（ほ）にあがる。（　　）

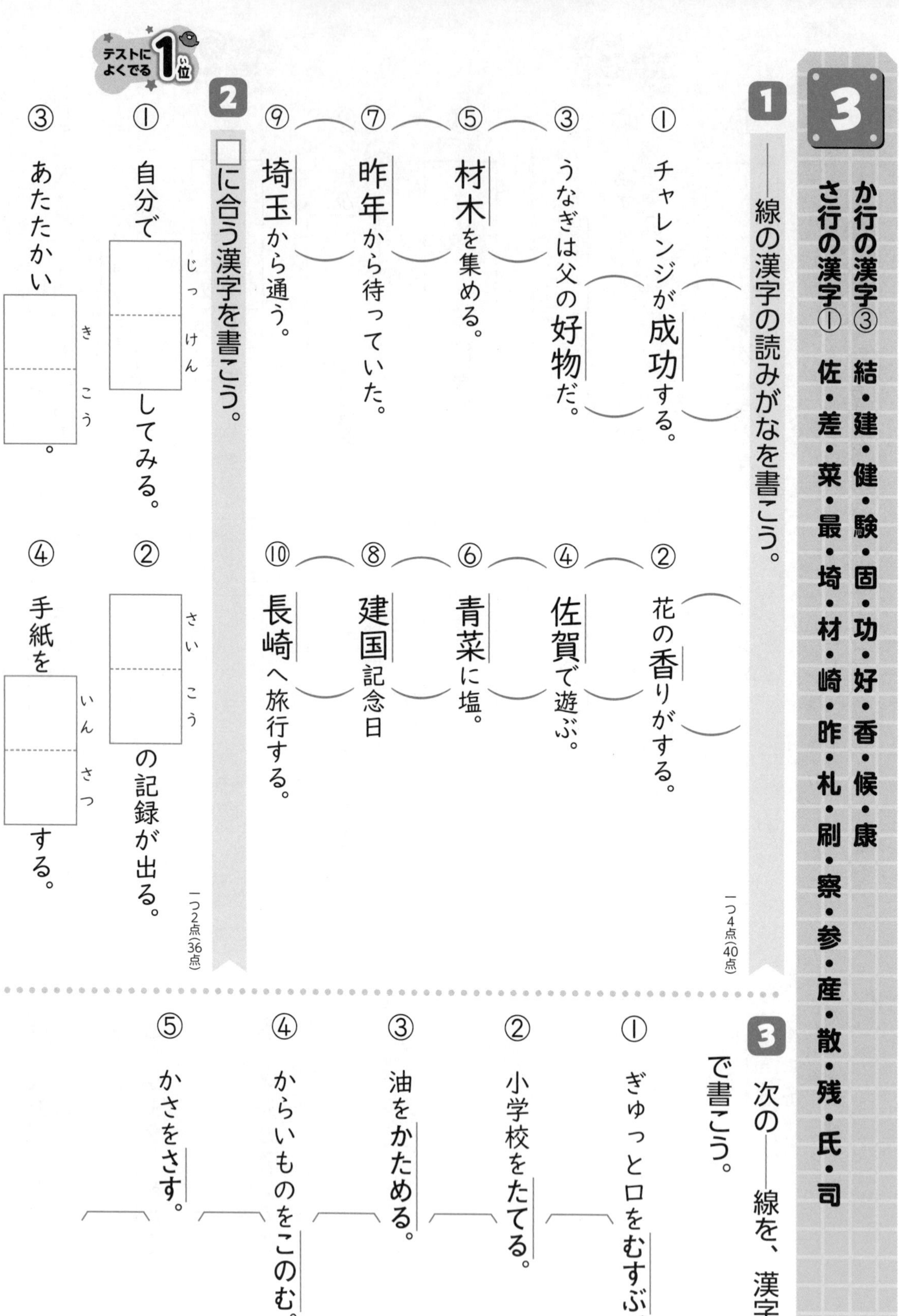

3 か行の漢字③ さ行の漢字①

結・建・健・験・固・功・好・香・候・康
佐・差・菜・最・埼・材・崎・昨・札・刷・察・参・産・散・残・氏・司

/100

テストによくでる1位

1 ――線の漢字の読みがなを書こう。 一つ4点(40点)

① チャレンジが成功する。（　）
② 花の香りがする。（　）
③ うなぎは父の好物だ。（　）
④ 佐賀で遊ぶ。（　）
⑤ 材木を集める。（　）
⑥ 青菜に塩。（　）
⑦ 昨年から待っていた。（　）
⑧ 建国記念日（　）
⑨ 埼玉から通う。（　）
⑩ 長崎へ旅行する。（　）

2 □に合う漢字を書こう。 一つ2点(36点)

① 自分で□□(じっけん)してみる。
② □□(さいこう)の記録が出る。
③ あたたかい□□(きこう)。
④ 手紙を□□(いんさつ)する。

3 次の――線を、漢字と送りがなで書こう。 一つ3点(24点)

① ぎゅっと口をむすぶ。（　）
② 小学校をたてる。（　）
③ 油をかためる。（　）
④ からいものをこのむ。（　）
⑤ かさをさす。（　）

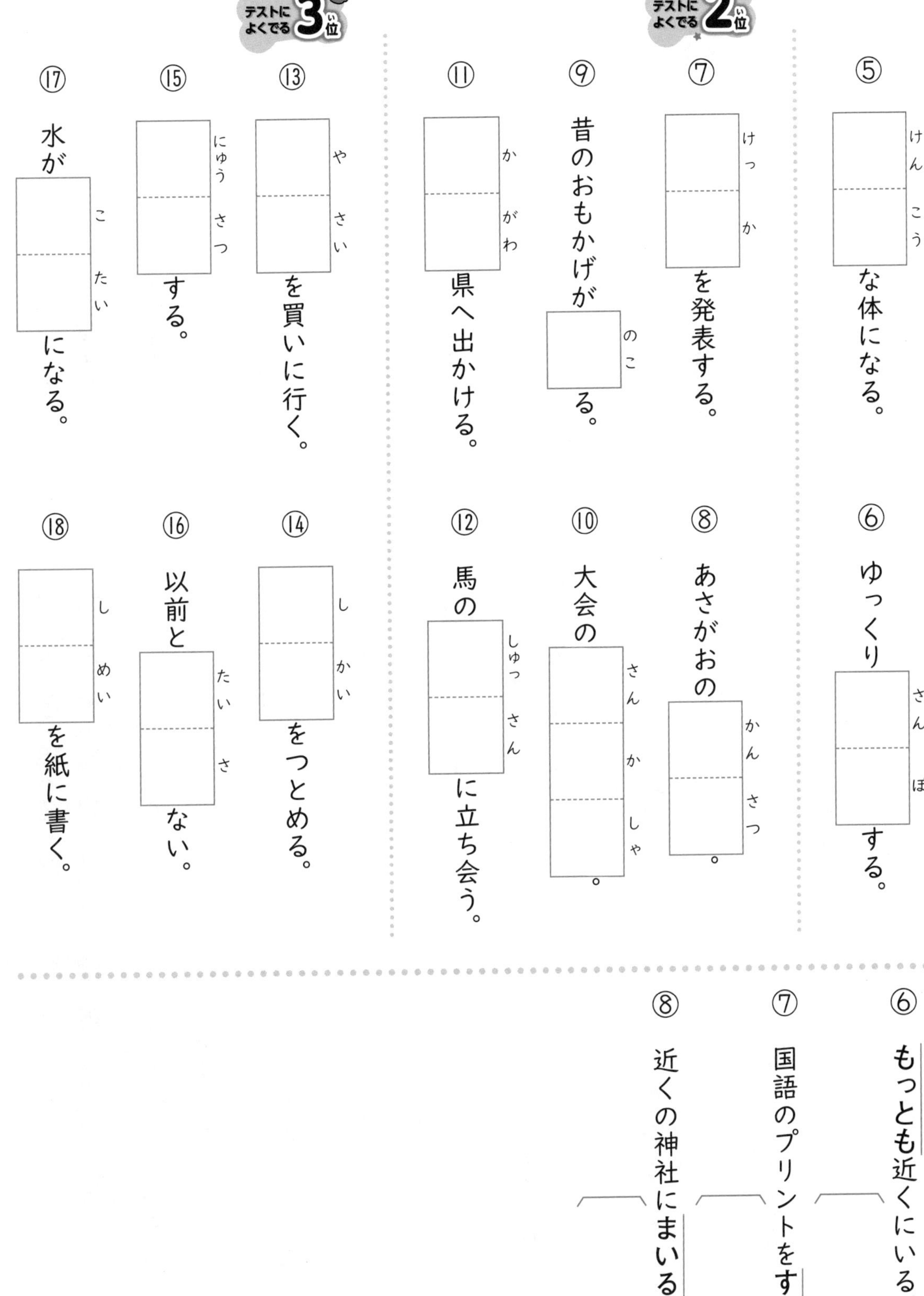

テストによくでる2位

⑤ [けんこう]な体になる。

⑥ ゆっくり[さんぽ]する。

⑦ [けっか]を発表する。

⑧ あさがおの[かんさつ]。

⑨ 昔のおもかげが[のこ]る。

⑩ 大会の[さんかしゃ]。

⑪ [かがわ]県へ出かける。

⑫ 馬の[しゅっさん]に立ち会う。

テストによくでる3位

⑬ [やさい]を買いに行く。

⑭ [しかい]をつとめる。

⑮ [にゅうさつ]する。

⑯ 以前と[たいさ]ない。

⑰ 水が[こたい]になる。

⑱ [しめい]を紙に書く。

⑥ もっとも近くにいる。〔　　〕

⑦ 国語のプリントをする。〔　　〕

⑧ 近くの神社にまいる。〔　　〕

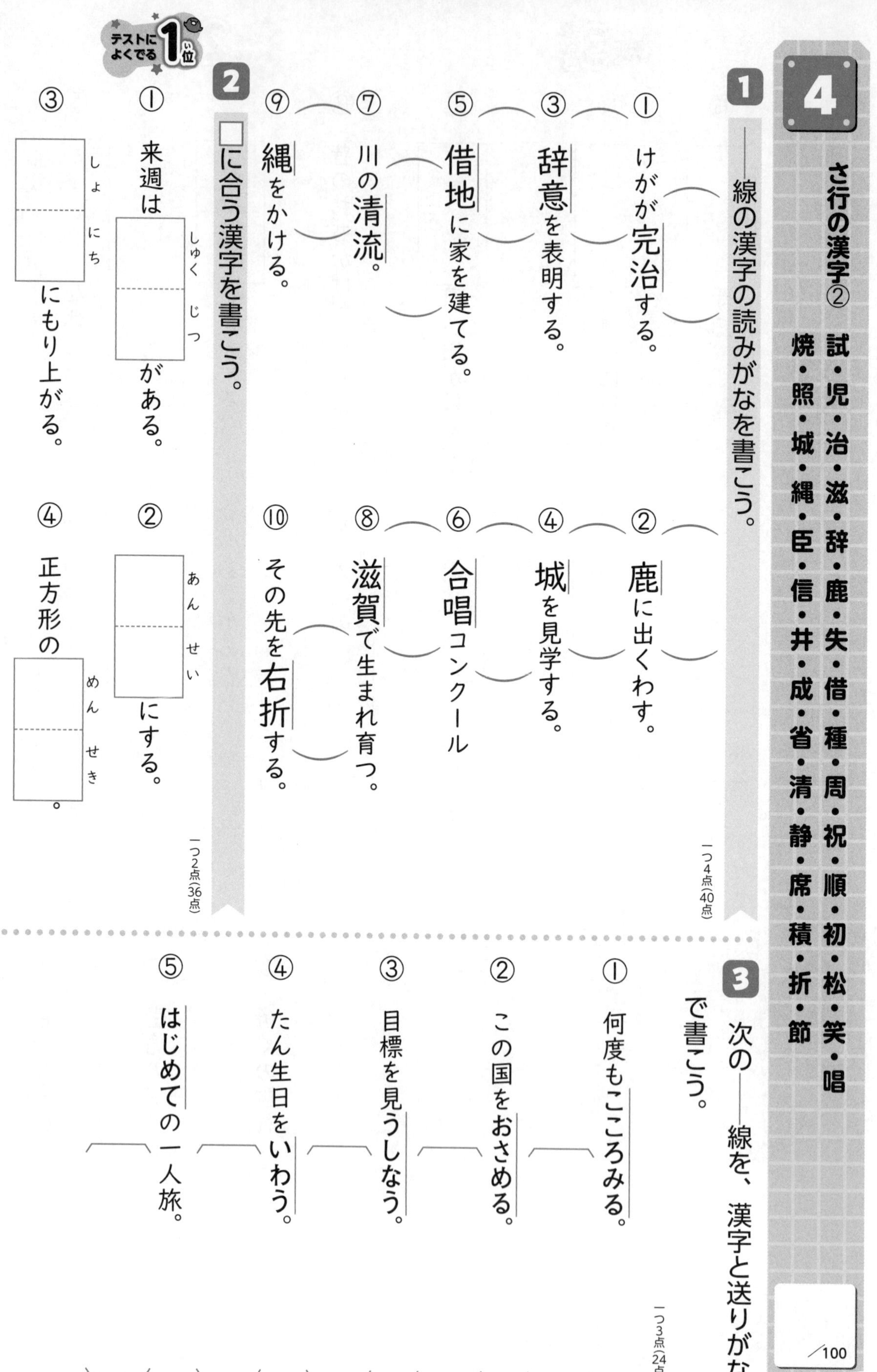

テストによくでる1位

4 さ行の漢字②

試・児・治・滋・辞・鹿・失・借・種・周・祝・順・初・松・笑・唱
焼・照・城・縄・臣・信・井・成・省・清・静・席・積・折・節

/100

1 ――線の漢字の読みがなを書こう。 一つ4点(40点)

① けがが完治する。（　　）
② 鹿に出くわす。（　　）
③ 辞意を表明する。（　　）
④ 城を見学する。（　　）
⑤ 借地に家を建てる。（　　）
⑥ 合唱コンクール（　　）
⑦ 川の清流。（　　）
⑧ 滋賀で生まれ育つ。（　　）
⑨ 縄をかける。（　　）
⑩ その先を右折する。（　　）

2 □に合う漢字を書こう。 一つ2点(36点)

① 来週は［しゅく｜じつ］がある。
② ［あん｜せい］にする。
③ ［しょ｜にち］にもり上がる。
④ 正方形の［めん｜せき］。

3 次の――線を、漢字と送りがなで書こう。 一つ3点(24点)

① 何度もこころみる。（　　）
② この国をおさめる。（　　）
③ 目標を見うしなう。（　　）
④ たん生日をいわう。（　　）
⑤ はじめての一人旅。（　　）

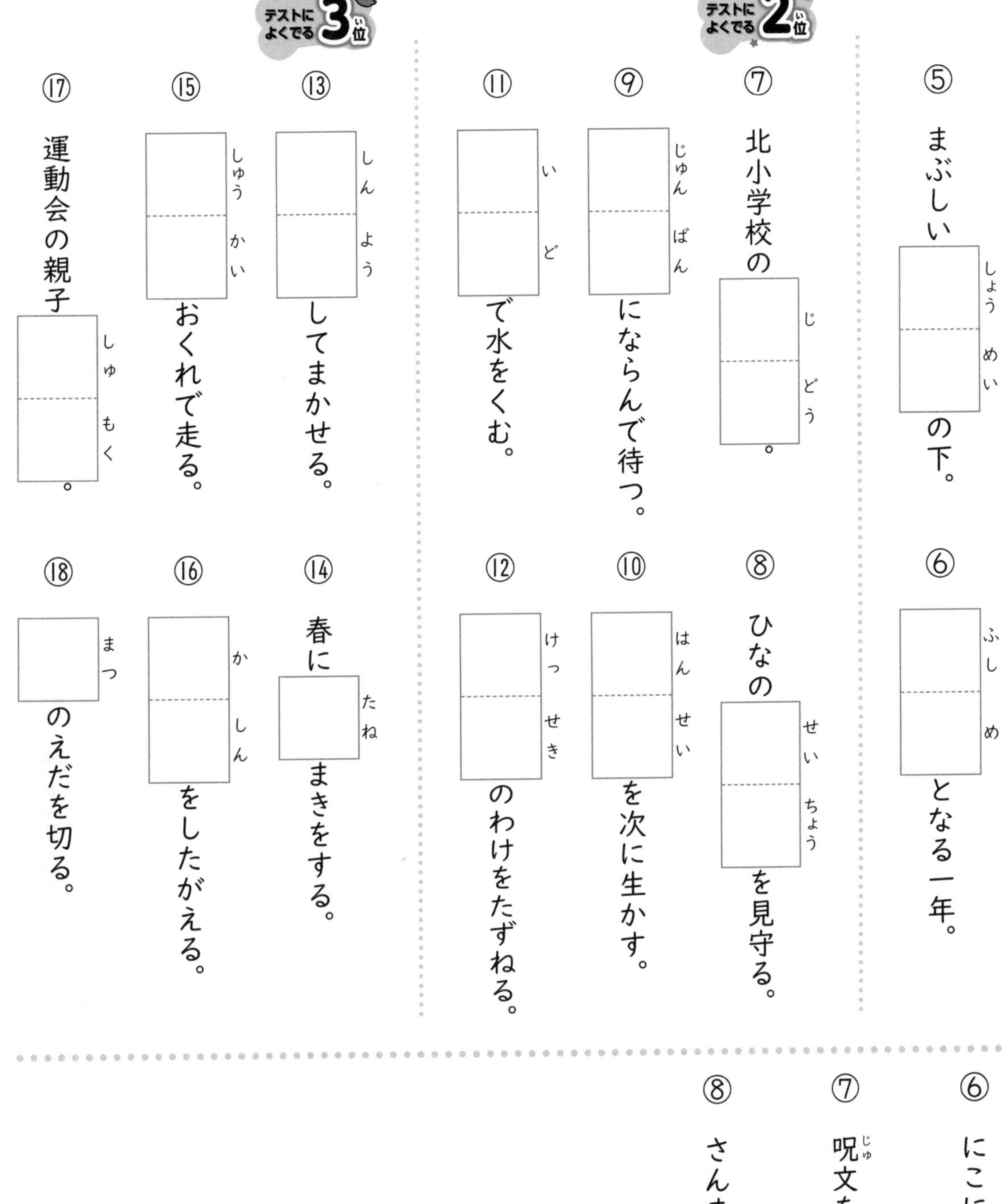

テストによくでる2位

⑤ まぶしい［しょうめい］の下。

⑥［ふしめ］となる一年。

⑦ 北小学校の［じどう］。

⑧ ひなの［せいちょう］を見守る。

⑨［じゅんばん］にならんで待つ。

⑩［はんせい］を次に生かす。

⑪［いど］で水をくむ。

⑫［けっせき］のわけをたずねる。

テストによくでる3位

⑬［しんよう］してまかせる。

⑭ 春に［たね］まきをする。

⑮［しゅうかい］おくれで走る。

⑯［かしん］をしたがえる。

⑰ 運動会の親子［しゅもく］。

⑱［まつ］のえだを切る。

⑥ にこにこわらう。（　　）

⑦ 呪(じゅ)文をとなえる。（　　）

⑧ さんまをやく。（　　）

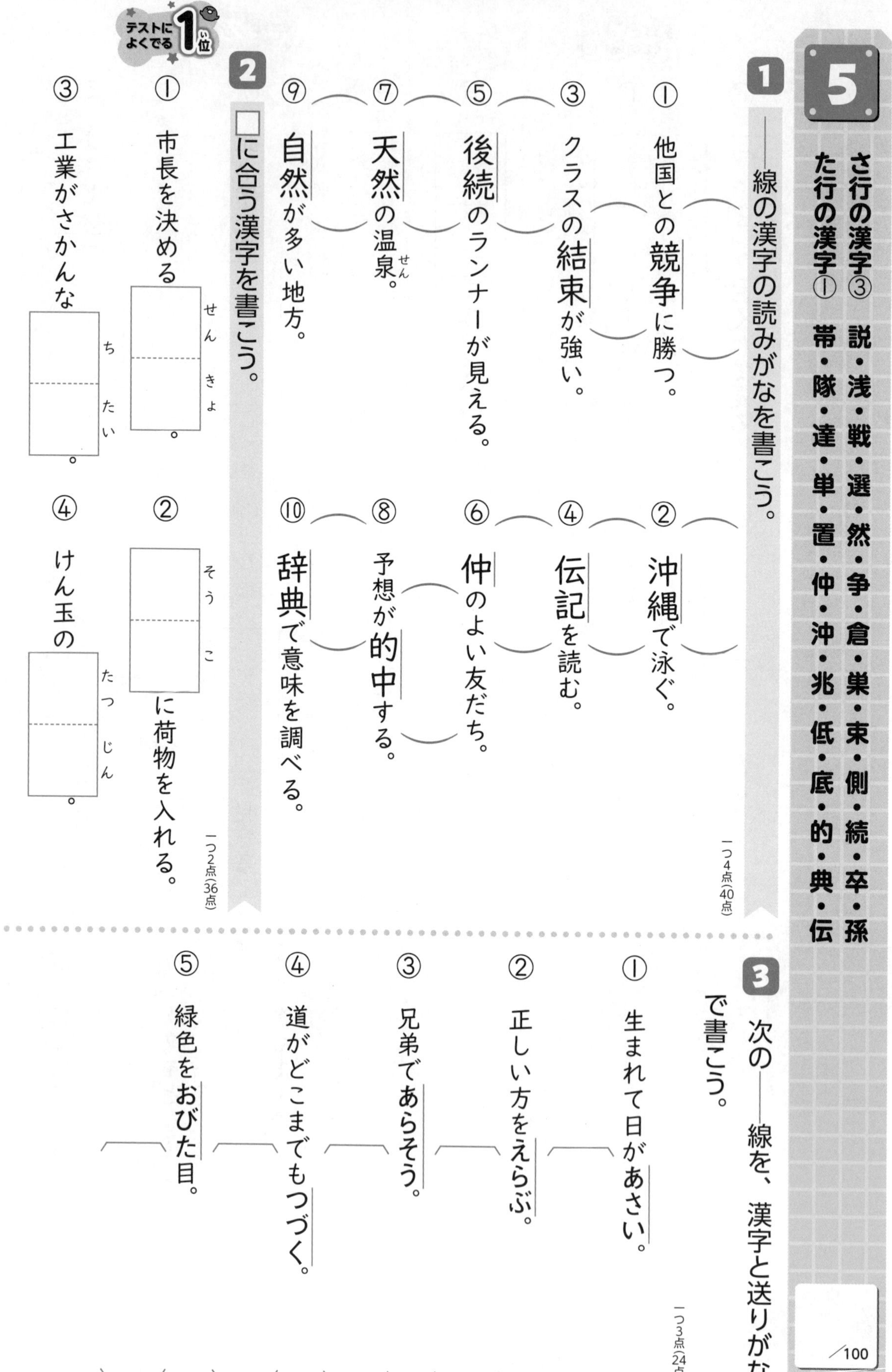

5 さ行の漢字③ た行の漢字①

説・浅・戦・選・然・争・倉・巣・束・側・続・卒・孫
帯・隊・達・単・置・仲・沖・兆・低・底・的・典・伝

／100

1 ――線の漢字の読みがなを書こう。 一つ4点（40点）

① 他国との競争に勝つ。（　　）
② 沖縄で泳ぐ。（　　）
③ クラスの結束が強い。（　　）
④ 伝記を読む。（　　）
⑤ 後続のランナーが見える。（　　）
⑥ 仲のよい友だち。（　　）
⑦ 天然の温泉。（　　）
⑧ 予想が的中する。（　　）
⑨ 自然が多い地方。（　　）
⑩ 辞典で意味を調べる。（　　）

2 □に合う漢字を書こう。 一つ2点（36点）

① 市長を決める□□（せんきょ）。
② □□（そうこ）に荷物を入れる。
③ 工業がさかんな□□（ちたい）。
④ けん玉の□□（たつじん）。

3 次の――線を、漢字と送りがなで書こう。 一つ3点（24点）

① 生まれて日があさい。（　　）
② 正しい方をえらぶ。（　　）
③ 兄弟であらそう。（　　）
④ 道がどこまでもつづく。（　　）
⑤ 緑色をおびた目。（　　）

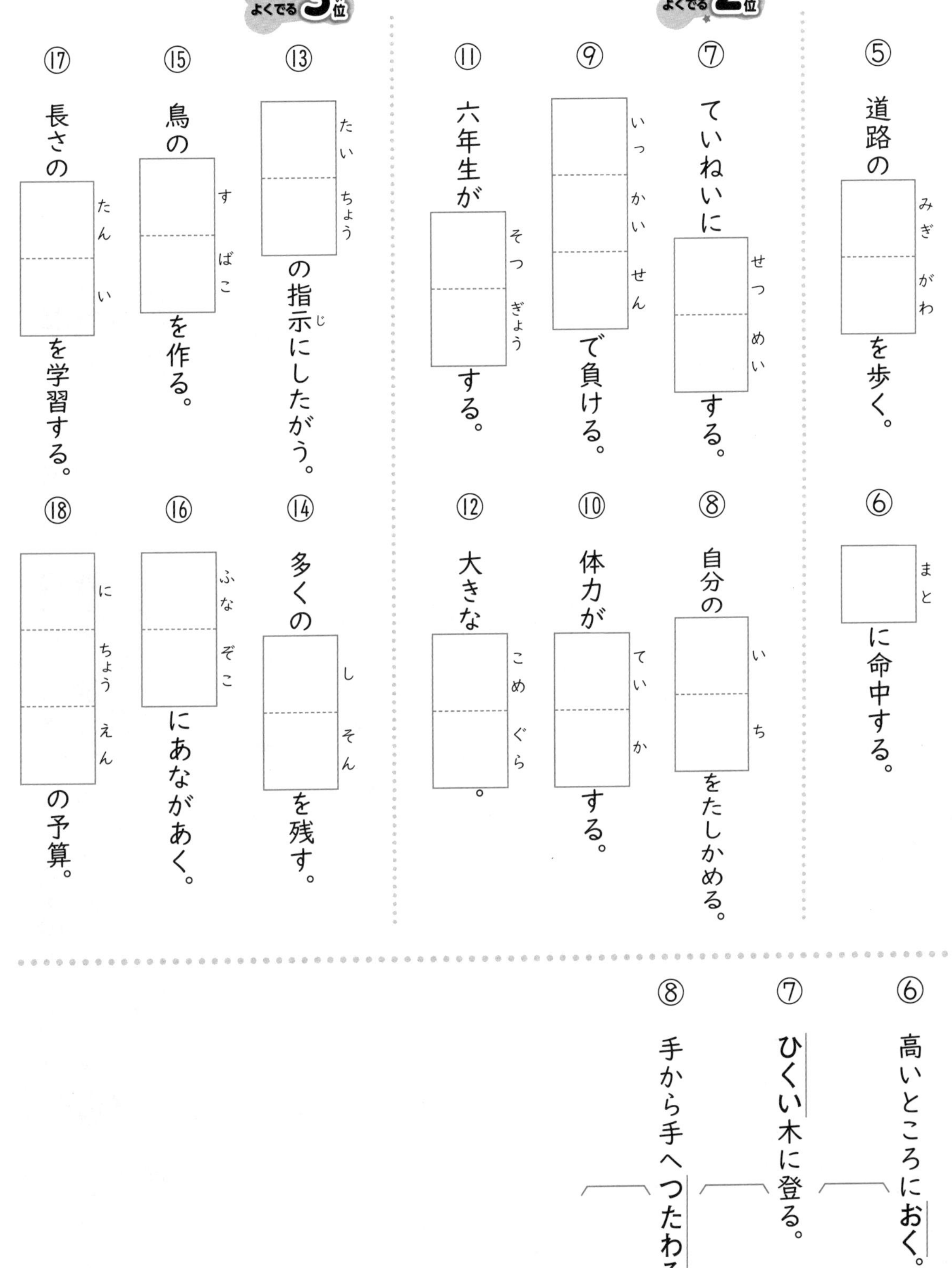

⑤ 道路の［　　（みぎがわ）］を歩く。

⑥ ［　（まと）］に命中する。

テストによくでる2位

⑦ ていねいに［　　（せつめい）］する。

⑧ 自分の［　　（いち）］をたしかめる。

⑨ ［　　　（いっかいせん）］で負ける。

⑩ 体力が［　　（ていか）］する。

⑪ 六年生が［　　（そつぎょう）］する。

⑫ 大きな［　　（こめぐら）］。

テストによくでる3位

⑬ ［　　（たいちょう）］の指示（じ）にしたがう。

⑭ 多くの［　　（しそん）］を残す。

⑮ 鳥の［　　（すばこ）］を作る。

⑯ ［　　（ふなぞこ）］にあながあく。

⑰ 長さの［　　（たんい）］を学習する。

⑱ ［　　　（にちょうえん）］の予算。

⑥ 高いところに<u>おく</u>。（　　　）

⑦ <u>ひくい</u>木に登る。（　　　）

⑧ 手から手へ<u>つたわる</u>。（　　　）

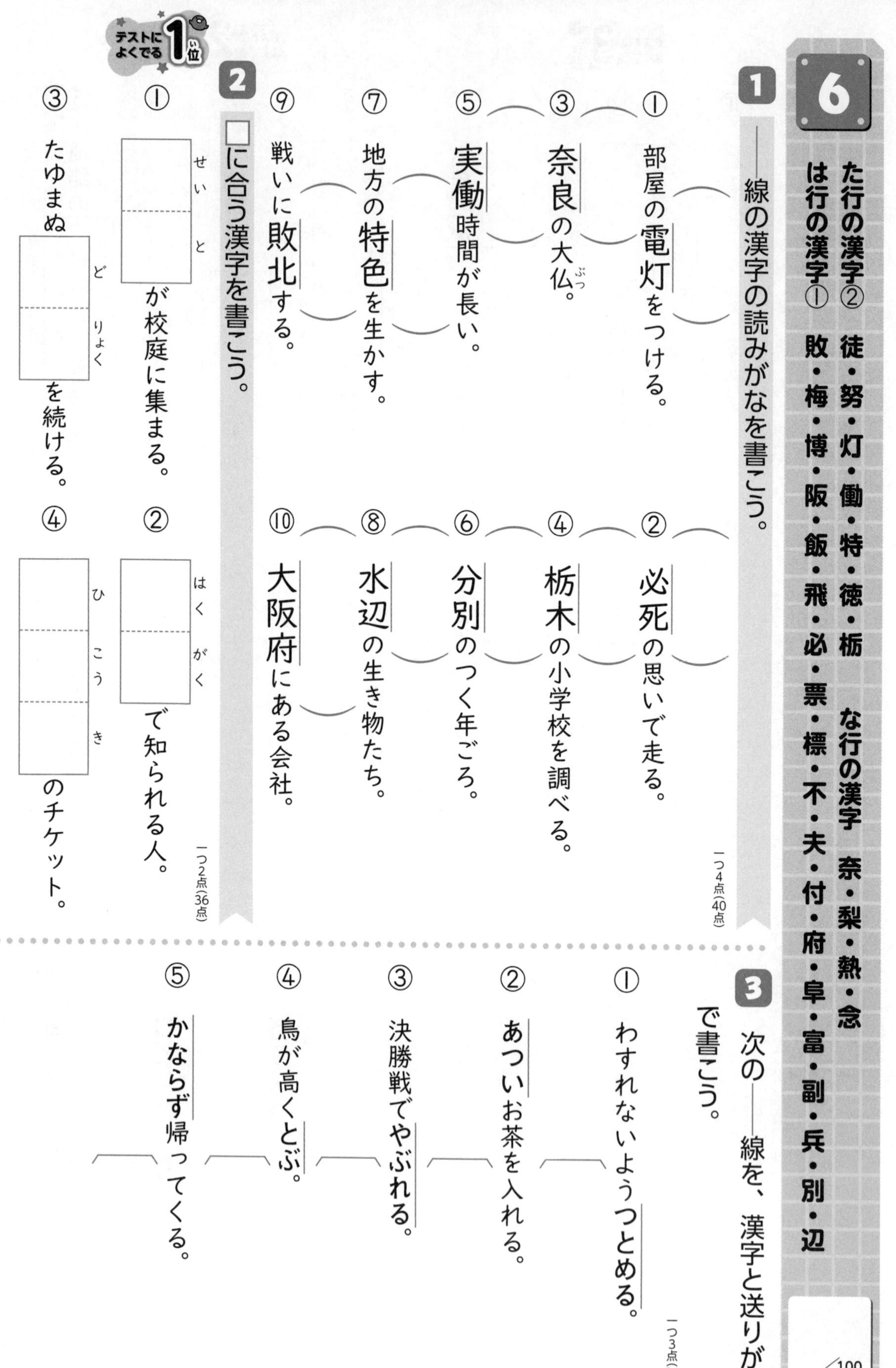

6 た行の漢字② 徒・努・灯・働・特・徳・栃　な行の漢字　奈・梨・熱・念　は行の漢字① 敗・梅・博・阪・飯・飛・必・票・標・不・夫・付・府・阜・富・副・兵・別・辺

／100

テストによくでる1位

1 ――線の漢字の読みがなを書こう。　一つ4点(40点)

① 部屋の電灯をつける。（　）
② 必死の思いで走る。（　）
③ 奈良の大仏。（　）
④ 栃木の小学校を調べる。（　）
⑤ 実働時間が長い。（　）
⑥ 分別のつく年ごろ。（　）
⑦ 地方の特色を生かす。（　）
⑧ 水辺の生き物たち。（　）
⑨ 戦いに敗北する。（　）
⑩ 大阪府にある会社。（　）

2 □に合う漢字を書こう。　一つ2点(36点)

① □□(せいと)が校庭に集まる。
② □□(はくがく)で知られる人。
③ たゆまぬ□□(どりょく)を続ける。
④ □□□(ひこうき)のチケット。

3 次の――線を、漢字と送りがなで書こう。　一つ3点(24点)

① わすれないようつとめる。（　）
② あついお茶を入れる。（　）
③ 決勝戦でやぶれる。（　）
④ 鳥が高くとぶ。（　）
⑤ かならず帰ってくる。（　）

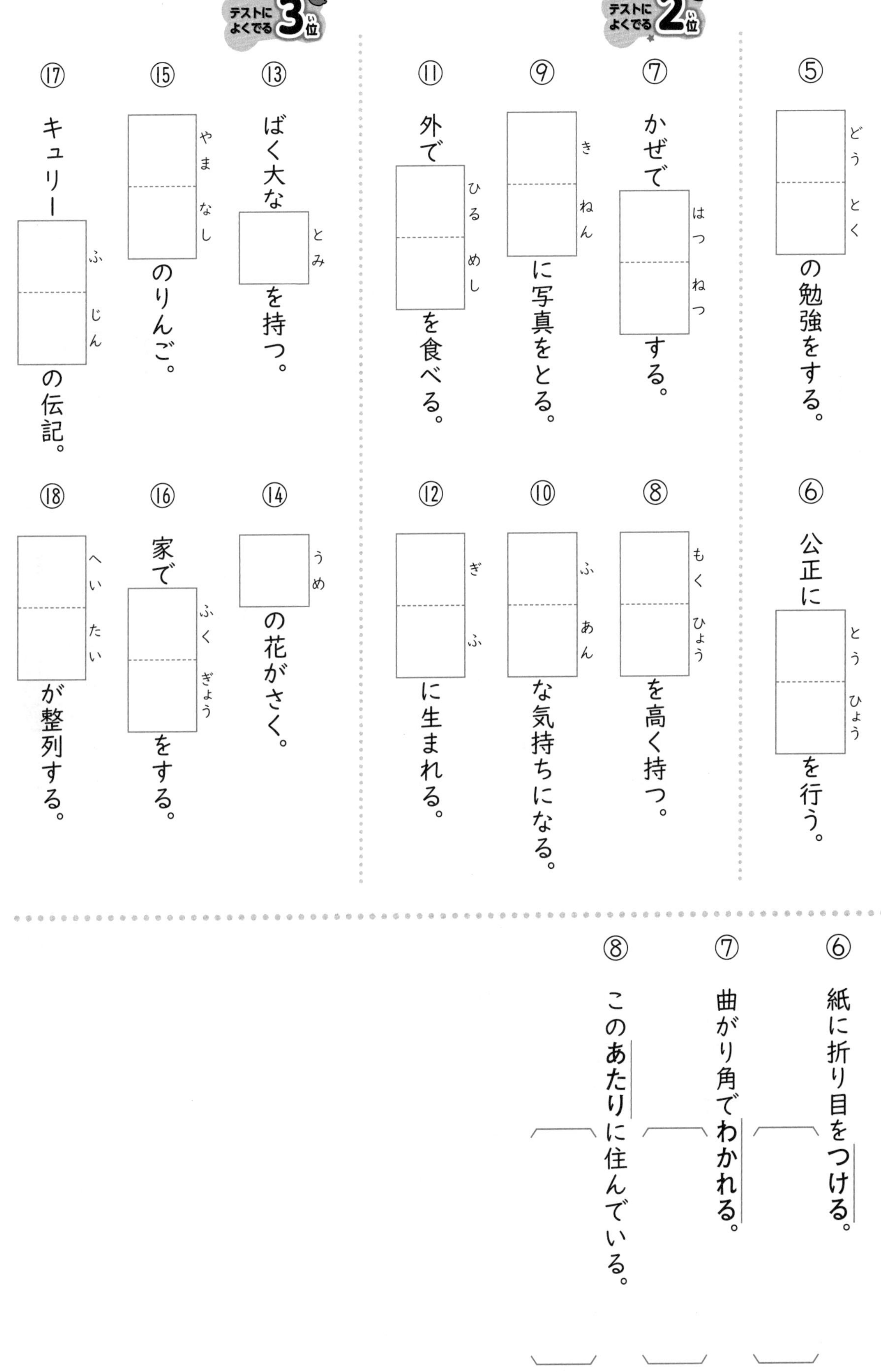

⑤ ［どうとく］の勉強をする。

⑥ 公正に［とうひょう］を行う。

テストによくでる2位

⑦ かぜで［はつねつ］する。

⑧ ［もくひょう］を高く持つ。

⑨ ［きねん］に写真をとる。

⑩ ［ふあん］な気持ちになる。

⑪ 外で［ひるめし］を食べる。

⑫ ［ぎふ］に生まれる。

テストによくでる3位

⑬ ばく大な［とみ］を持つ。

⑭ ［うめ］の花がさく。

⑮ ［やまなし］のりんご。

⑯ 家で［ふくぎょう］をする。

⑰ キュリー［ふじん］の伝記。

⑱ ［へいたい］が整列する。

---

⑥ 紙に折り目をつける。　（　　　）

⑦ 曲がり角でわかれる。　（　　　）

⑧ このあたりに住んでいる。　（　　　）

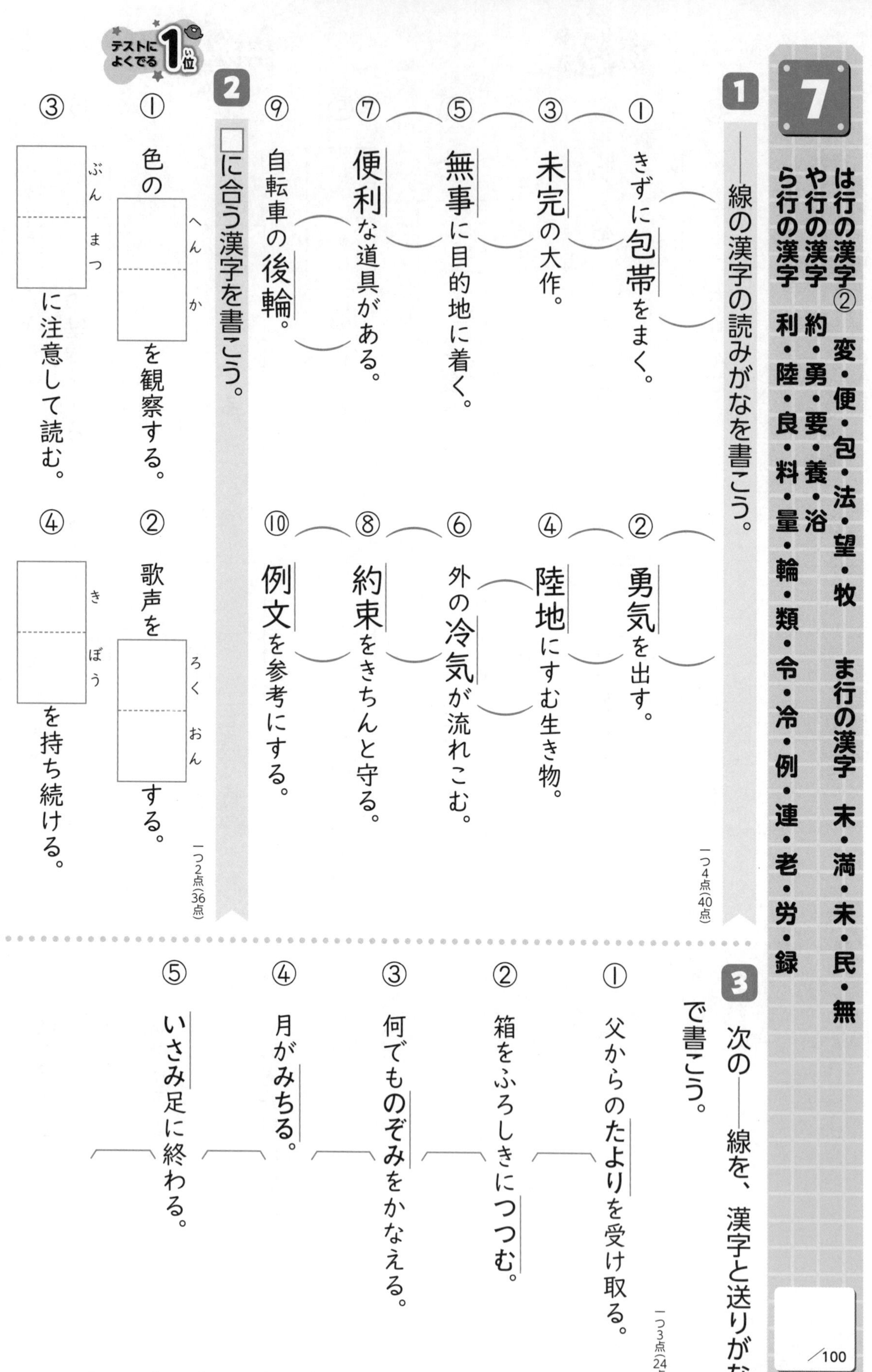

7 は行の漢字② 変・便・包・法・望・牧 ま行の漢字 末・満・未・民・無 や行の漢字 約・勇・要・養・浴 ら行の漢字 利・陸・良・料・量・輪・類・令・冷・例・連・老・労・録

／100

テストによくでる1位

1 ――線の漢字の読みがなを書こう。 一つ4点(40点)

①きずに包帯をまく。（　　）
②勇気を出す。（　　）
③未完の大作。（　　）
④陸地にすむ生き物。（　　）
⑤無事に目的地に着く。（　　）
⑥外の冷気が流れこむ。（　　）
⑦便利な道具がある。（　　）
⑧約束をきちんと守る。（　　）
⑨自転車の後輪。（　　）
⑩例文を参考にする。（　　）

2 □に合う漢字を書こう。 一つ2点(36点)

①色の□□（へんか）を観察する。
②歌声を□□（ろくおん）する。
③□□（ぶんまつ）に注意して読む。
④□□（きぼう）を持ち続ける。

3 次の――線を、漢字と送りがなで書こう。 一つ3点(24点)

①父からのたよりを受け取る。（　　）
②箱をふろしきにつつむ。（　　）
③何でものぞみをかなえる。（　　）
④月がみちる。（　　）
⑤いさみ足に終わる。（　　）

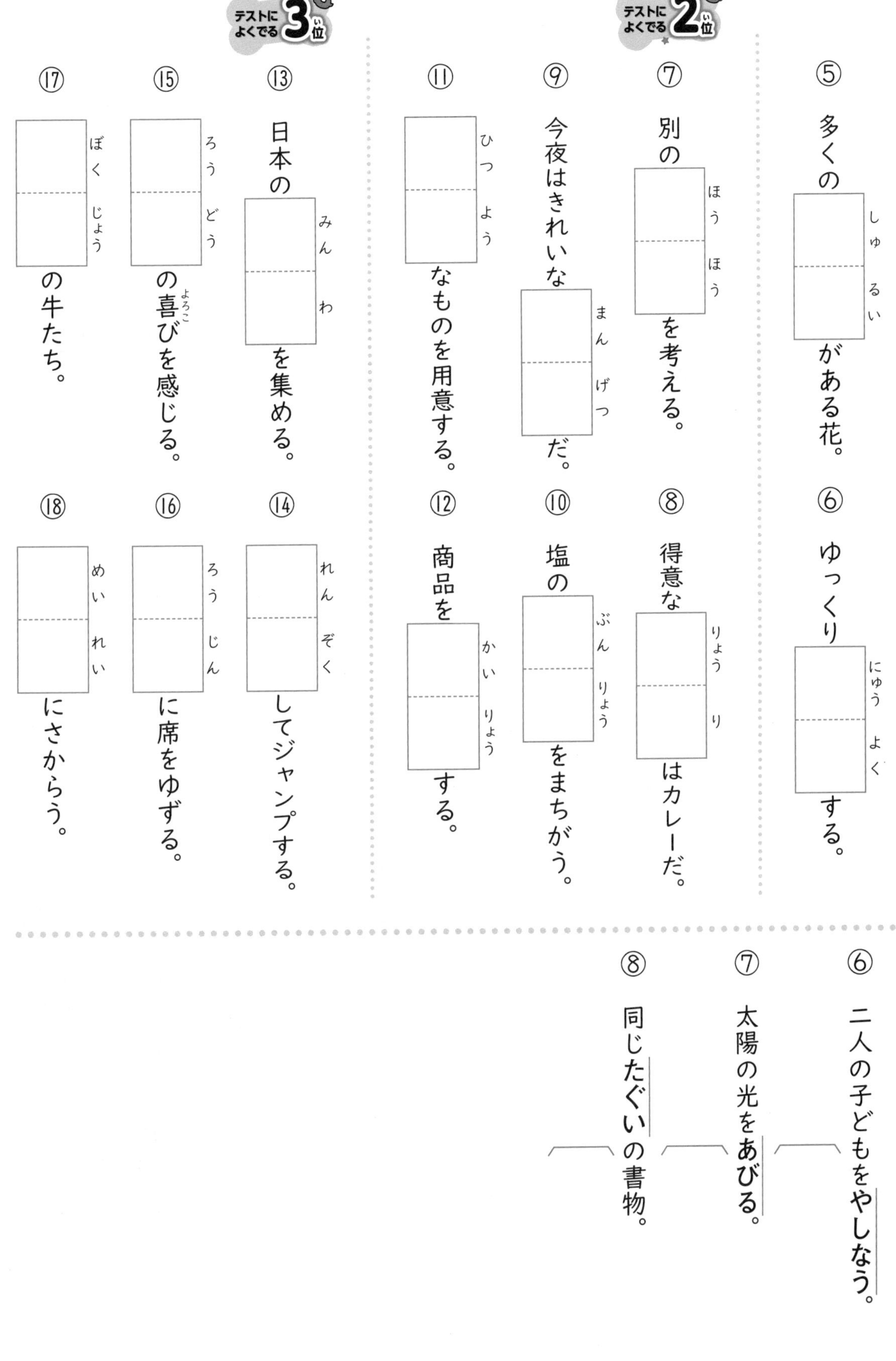

テストによくでる2位

⑤ 多くの［しゅるい］がある花。

⑥ ゆっくり［にゅうよく］する。

⑦ 別の［ほうほう］を考える。

⑧ 得意な［りょうり］はカレーだ。

⑨ 今夜はきれいな［まんげつ］だ。

⑩ 塩の［ぶんりょう］をまちがう。

⑪ ［ひつよう］なものを用意する。

⑫ 商品を［かいりょう］する。

テストによくでる3位

⑬ 日本の［みんわ］を集める。

⑭ ［れんぞく］してジャンプする。

⑮ ［ろうどう］の喜（よろこ）びを感じる。

⑯ ［ろうじん］に席をゆずる。

⑰ ［ぼくじょう］の牛たち。

⑱ ［めいれい］にさからう。

⑥ 二人の子どもをやしなう。（　　）

⑦ 太陽の光をあびる。（　　）

⑧ 同じたぐいの書物。（　　）

8 四年生で習った漢字

/100

1 ――線の漢字の読みがなを書こう。 一つ2点(16点)

① 成功をおさめる。（　　）

② 最高の記録が出る。（　　）

③ 祝日は友達と遊ぶ。（　　）

④ 安静にしてください。（　　）

⑤ 白旗をあげる。（　　）

⑥ 四季のうつり変わり。（　　）

⑦ 美しい光景。（　　）

⑧ 衣服をせんたくする。（　　）

2 □に合う漢字を書こう。 一つ3点(24点)

① □□（しんあい）の気持ちを手紙にする。

② □□（えんぶん）が多い。

4 次の都道府県の読みを書こう。 一つ4点(40点)

① 茨城（　　）

② 栃木（　　）

③ 愛媛（　　）

④ 滋賀（　　）

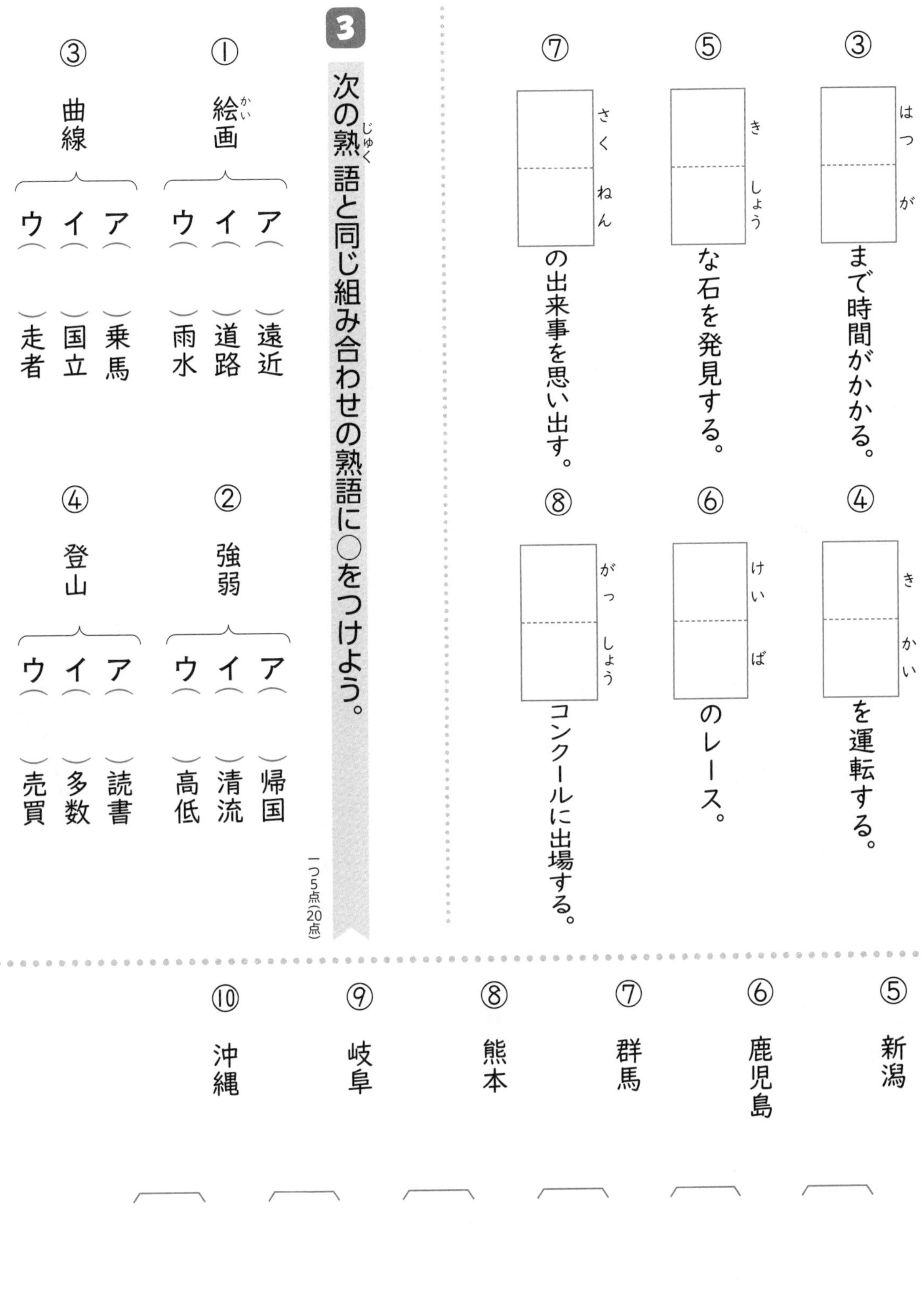

③ [　　　（はつが）　　　]まで時間がかかる。

④ [　　　（きかい）　　　]を運転する。

⑤ [　　　（きしょう）　　　]な石を発見する。

⑥ [　　　（けいば）　　　]のレース。

⑦ [　　　（さくねん）　　　]の出来事を思い出す。

⑧ [　　　（がっしょう）　　　]コンクールに出場する。

3 次の熟語(じゅくご)と同じ組み合わせの熟語に○をつけよう。

一つ5点(20点)

① 絵画(かいが)
- ア（　）遠近
- イ（　）道路
- ウ（　）雨水

② 強弱
- ア（　）帰国
- イ（　）清流
- ウ（　）高低

③ 曲線
- ア（　）乗馬
- イ（　）国立
- ウ（　）走者

④ 登山
- ア（　）読書
- イ（　）多数
- ウ（　）売買

⑤ 新潟（　　　）

⑥ 鹿児島（　　　）

⑦ 群馬（　　　）

⑧ 熊本（　　　）

⑨ 岐阜（　　　）

⑩ 沖縄（　　　）

答え

1 （2・3ページ）

1

①しんあい　②にいがた
③えんぶん　④はつが
⑤ねんが　⑥きかい
⑦ちょうかん　⑧いばらき
⑨すいい　⑩えひめ

2

①案内　②感覚　③貨物　④管理
⑤市街地　⑥塩水　⑦衣服　⑧日課
⑨岡山　⑩関係　⑪英語　⑫観光
⑬一億人　⑭以外　⑮目印　⑯害虫
⑰各自　⑱完全

3

①栄えた　②加えた　③加わる　④果たす
⑤果てる　⑥改めて　⑦覚える　⑧関わる

2 （4・5ページ）

1

①きょうりょく　②きしょう
③ぎふ　④かいぐん
⑤ぐんぶ　⑥ぐんま
⑦くまもと　⑧きょしゅ
⑨きゅうじん　⑩けいば

2

①白旗　②半径　③議題　④競走
⑤熊　⑥欠場　⑦四季　⑧給食
⑨大群　⑩漁業　⑪楽器　⑫手鏡
⑬機会　⑭南極　⑮教訓　⑯光景
⑰共同　⑱工芸

3

①願う　②群れる　③求める　④泣く
⑤挙げる　⑥欠ける　⑦欠く　⑧挙がる

3 （6・7ページ）

1

①せいこう　②かお
③こうぶつ　④さが
⑤ざいもく　⑥あおな
⑦さくねん　⑧けんこく
⑨さいたま　⑩ながさき

2

①実験　②最高　③気候　④印刷
⑤健康　⑥散歩　⑦結果　⑧観察
⑨残　⑩参加者　⑪香川　⑫出産
⑬野菜　⑭司会　⑮入札　⑯大差
⑰固体　⑱氏名

3

①結ぶ　②建てる　③固める　④好む
⑤差す　⑥最も　⑦刷る　⑧参る

4 （8・9ページ）

1

①かんち　②しか
③じい　④しろ
⑤しゃくち　⑥がっしょう
⑦せいりゅう　⑧しが
⑨なわ　⑩うせつ

2

①祝日　②安静　③初日　④面積
⑤照明　⑥節目　⑦児童　⑧成長
⑨順番　⑩反省　⑪井戸　⑫欠席
⑬信用　⑭種　⑮周回　⑯家臣
⑰種目　⑱松

3

①試みる　②治める　③失う　④祝う
⑤初めて　⑥笑う　⑦唱える　⑧焼く

5 （10・11ページ）

1

①きょうそう　②おきなわ
③けっそく　④でんき
⑤こうぞく　⑥なか
⑦てんねん　⑧てきちゅう
⑨しぜん　⑩じてん

2

①選挙　②倉庫　③地帯　④達人
⑤右側　⑥的　⑦説明　⑧位置
⑨一回戦　⑩低下　⑪卒業　⑫米倉
⑬隊長　⑭子孫　⑮巣箱　⑯船底
⑰単位　⑱二兆円

3

①浅い　②選ぶ　③争う　④続く

⑤帯びた ⑥置く ⑦低い ⑧伝わる

6 12・13ページ

1
①でんとう ②ひっし
③なら ④とちぎ
⑤じつどう ⑥ふんべつ
⑦とくしょく ⑧みずべ
⑨はいぼく ⑩おおさかふ

2
①生徒 ②博学 ③努力 ④飛行機
⑤道徳 ⑥投票 ⑦発熱 ⑧目標
⑨記念 ⑩不安 ⑪昼飯 ⑫岐阜
⑬富 ⑭梅 ⑮山梨 ⑯副業
⑰夫人 ⑱兵隊

3
①努める ②熱い ③敗れる ④飛ぶ
⑤必ず ⑥付ける ⑦別れる ⑧辺り

7 14・15ページ

1
①ほうたい ②ゆうき
③みかん ④りくち
⑤ぶじ ⑥れいき
⑦べんり ⑧やくそく
⑨こうりん ⑩れいぶん

2
①変化 ②録音 ③文末 ④希望
⑤種類 ⑥入浴 ⑦方法 ⑧料理
⑨満月 ⑩分量 ⑪必要 ⑫改良
⑬民話 ⑭連続 ⑮労働 ⑯老人
⑰牧場 ⑱命令

3
①便り ②包む ③望み ④満ちる
⑤勇み ⑥養う ⑦浴びる ⑧類い

8 16・17ページ

1
①せいこう ②さいこう
③しゅくじつ ④あんせい
⑤しろはた ⑥しき
⑦こうけい ⑧いふく

2
①親愛 ②塩分 ③発芽 ④機械
⑤希少 ⑥競馬 ⑦昨年 ⑧合唱

3
①イ ②ウ ③ウ ④ア

4
①いばらき ②とちぎ
③えひめ ④しが
⑤にいがた ⑥かごしま
⑦ぐんま ⑧くまもと
⑨ぎふ ⑩おきなわ

この「丸つけラクラク解答」はとりはずしてお使いください。

教科書ぴったりトレーニング

丸つけラクラク解答

東京書籍版 漢字5年

「丸つけラクラク解答」では問題と同じ紙面に、赤字で答えを書いています。
①問題がとけたら、まずは答え合わせをしましょう。
②まちがえた問題やわからなかった問題は、ぴったり1にもどったり、教科書を見返したりして、もう一度見直しましょう。

見やすい答え

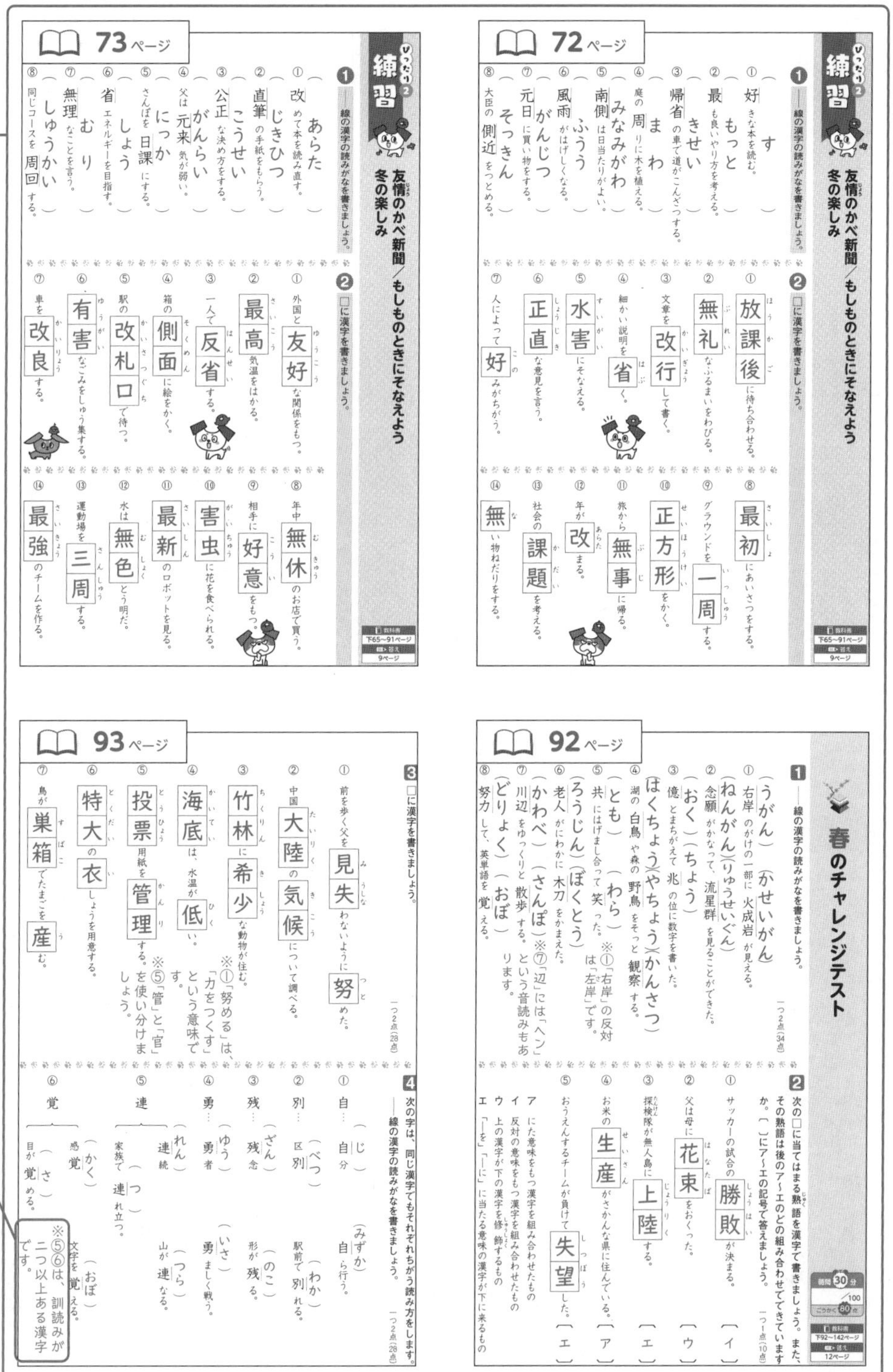

72ページ

ぴったり2 練習 友情のかべ新聞／もしものときにそなえよう 冬の楽しみ

1 ―線の漢字の読みがなを書きましょう。

① 好きな本を読む。（す）
② 最も良いやり方を考える。（もっと）
③ 帰省の車で道がこんざつする。（きせい）
④ 庭の周りに木を植える。（まわ）
⑤ 南側は日当たりがよい。（みなみがわ）
⑥ 風雨がはげしくなる。（ふうう）
⑦ 元日に買い物をする。（がんじつ）
⑧ 大臣の側近をつとめる。（そっきん）

2 □に漢字を書きましょう。

① 放課後に待ち合わせる。
② 無礼なふるまいをわびる。
③ 文章を改行して書く。
④ 細かい説明を省く。
⑤ 水害にそなえる。
⑥ 正直な意見を言う。
⑦ 人によって好みがちがう。
⑧ 最初にあいさつをする。
⑨ グラウンドを一周する。
⑩ 正方形をかく。
⑪ 旅から無事に帰る。
⑫ 年が改まる。
⑬ 社会の課題を考える。
⑭ 無い物ねだりをする。

73ページ

1 ―線の漢字の読みがなを書きましょう。

① 改めて本を読み直す。（あらた）
② 直筆の手紙をもらう。（じきひつ）
③ 公正な決め方をする。（こうせい）
④ 父は元来気が弱い。（がんらい）
⑤ さんぽを日課にする。（にっか）
⑥ 省エネルギーを目指す。（しょう）
⑦ 無理なことを言う。（むり）
⑧ 同じコースを周回する。（しゅうかい）

2 □に漢字を書きましょう。

① 外国と友好な関係をもつ。
② 最高気温をはかる。
③ 一人で反省する。
④ 箱の側面に絵をかく。
⑤ 駅の改札口で待つ。
⑥ 有害なごみをしゅう集する。
⑦ 車を改良する。
⑧ 年中無休のお店で買う。
⑨ 相手に好意をもつ。
⑩ 害虫に花を食べられる。
⑪ 最新のロボットを見る。
⑫ 水は無色とう明だ。
⑬ 運動場を三周する。
⑭ 最強のチームを作る。

てびき

92ページ

春のチャレンジテスト

時間30分 /100 ごうかく80点

1 ―線の漢字の読みがなを書きましょう。（一つ2点／34点）

① 右岸のがけの一部に火成岩が見える。（うがん）（かせいがん）
② 念願がかなって、流星群を見ることができた。（ねんがん）（りゅうせいぐん）
③ 億とまちがえて兆の位に数字を書いた。（おく）（ちょう）
④ 湖の白鳥や森の野鳥をそっと観察する。（はくちょう）（やちょう）（かんさつ）
⑤ 共にはげし合って笑った。（とも）（わら）
⑥ 老人がにわかに木刀をかまえた。（ろうじん）（ぼくとう）
⑦ 川辺をゆっくりと散歩する。（かわべ）（さんぽ）
⑧ 努力して、英単語を覚える。（どりょく）（おぼ）

※①「右岸」の反対は「左岸」です。
※⑦「辺」には「ヘン」という音読みもあります。

2 次の□に当てはまる熟語を漢字で書きましょう。また、その熟語は後のア〜エのどの組み合わせでできていますか。（ ）にア〜エの記号で答えましょう。（一つ1点／10点）

① サッカーの試合の勝敗が決まる。（イ）
② 父は母に花束をおくった。（ウ）
③ 探検隊が無人島に上陸する。（エ）
④ お米の生産がさかんな県に住んでいる。（ア）
⑤ おうえんするチームが負けて失望した。（エ）

ア 似た意味をもつ漢字を組み合わせたもの
イ 反対の意味をもつ漢字を組み合わせたもの
ウ 上の漢字が下の漢字を修飾するもの
エ 「を」「に」に当たる意味の漢字が下に来るもの

93ページ

3 □に漢字を書きましょう。（一つ2点／28点）

① 前を歩く父を見失わないように努める。
② 中国大陸の気候について調べる。
③ 竹林に希少な動物がすむ。
④ 海底は、水温が低い。
⑤ 投票用紙を管理する。
⑥ 特大の衣しょうを用意する。
⑦ 鳥が巣箱でたまごを産む。

※①「努める」は、「力をつくす」という意味です。
※⑤「管」と「官」を使い分けましょう。

4 次の字は、同じ漢字でもそれぞれちがう読み方をします。―線の漢字の読みがなを書きましょう。（一つ2点／28点）

① 自…自分（じ） 自ら行う。（みずか）
② 別…区別（べつ） 駅前で別れる。（わか）
③ 残…残念（ざん） 形が残る。（のこ）
④ 勇…勇者（ゆう） 勇ましく戦う。（いさ）
⑤ 連…連続（れん） 家族で連れ立つ。（つ） 山が連なる。（つら）
⑥ 覚…感覚（かく） 目が覚める。（さ） 文字を覚える。（おぼ）

※⑤⑥は、訓読みが二つ以上ある漢字です。

※紙面はイメージです。

2ページ

復習　四年生で習った漢字①

1 ―線の漢字の読みがなを書きましょう。

① 試合で大差をつけられ失望する。（しつぼう）
② 実家から便りを受け取る。（たよ）
③ 病気を治して元気になる。（なお）
④ 弟はエビフライが大好物だ。（だいこうぶつ）
⑤ 下書きをもとに清書をする。（せいしょ）
⑥ 朝早くから漁業に出る。（ぎょぎょう）
⑦ 家を建てる木材を運び出す。（もくざい）
⑧ このクラスは人数が最も多い。（もっと）

2 □に漢字を書きましょう。

① パレードで楽器（がっき）をかなでる。
② 小道具を倉庫（そうこ）にしまう。
③ 相手に負けじと努力（どりょく）する。
④ 成長の記録（きろく）をつける。
⑤ 動物の行動を観察（かんさつ）する。
⑥ 小鳥が春の空を飛（と）んでいった。
⑦ 結果（けっか）にこだわらずに取り組む。
⑧ 初めて機内（きない）食を食べる。
⑨ 日光で地面が熱（あつ）くなる。
⑩ 有害（ゆうがい）な物質から体を守る。
⑪ 人気商品が完売（かんばい）した。
⑫ 別れぎわに花束（はなたば）をおくる。
⑬ チャイムを聞いて席（せき）につく。
⑭ 母は昔からよく笑（わら）う人だ。

答え 2ページ

3ページ

復習　四年生で習った漢字②

1 ―線の漢字の読みがなを書きましょう。

① 父は空手の達人だ。（たつじん）
② 物語の登場人物に共感する。（きょうかん）
③ 強い風がふいてかさが折れる。（お）
④ ダーツで的の中心をねらう。（まと）
⑤ 紙に文字を印刷する。（いんさつ）
⑥ 好きなものを選んで取る。（えら）
⑦ コーチに特訓を願い出る。（ねが）
⑧ 道ばたに一輪の花がさく。（いちりん）

2 □に漢字を書きましょう。

① 旗（はた）をふっておうえんする。
② 早起きをして健康（けんこう）にすごす。
③ 海外で英語（えいご）の勉強をする。
④ 年末（ねんまつ）に友達と会う予定だ。
⑤ 午後から急に天候（てんこう）がくずれた。
⑥ このチームなら必（かなら）ず勝てるはずだ。
⑦ 皿によごれが付着（ふちゃく）する。
⑧ みんなに協力（きょうりょく）を求めたい。
⑨ 外では雪が積（つ）もっている。
⑩ 魚の群集（ぐんしゅう）が見える。
⑪ さまざまな経験に富（と）んでいる。
⑫ 家から駅まで徒歩（とほ）五分だ。
⑬ 街灯（がいとう）が夜道を照らす。
⑭ 戦争（せんそう）には強く反対する。

答え 2ページ

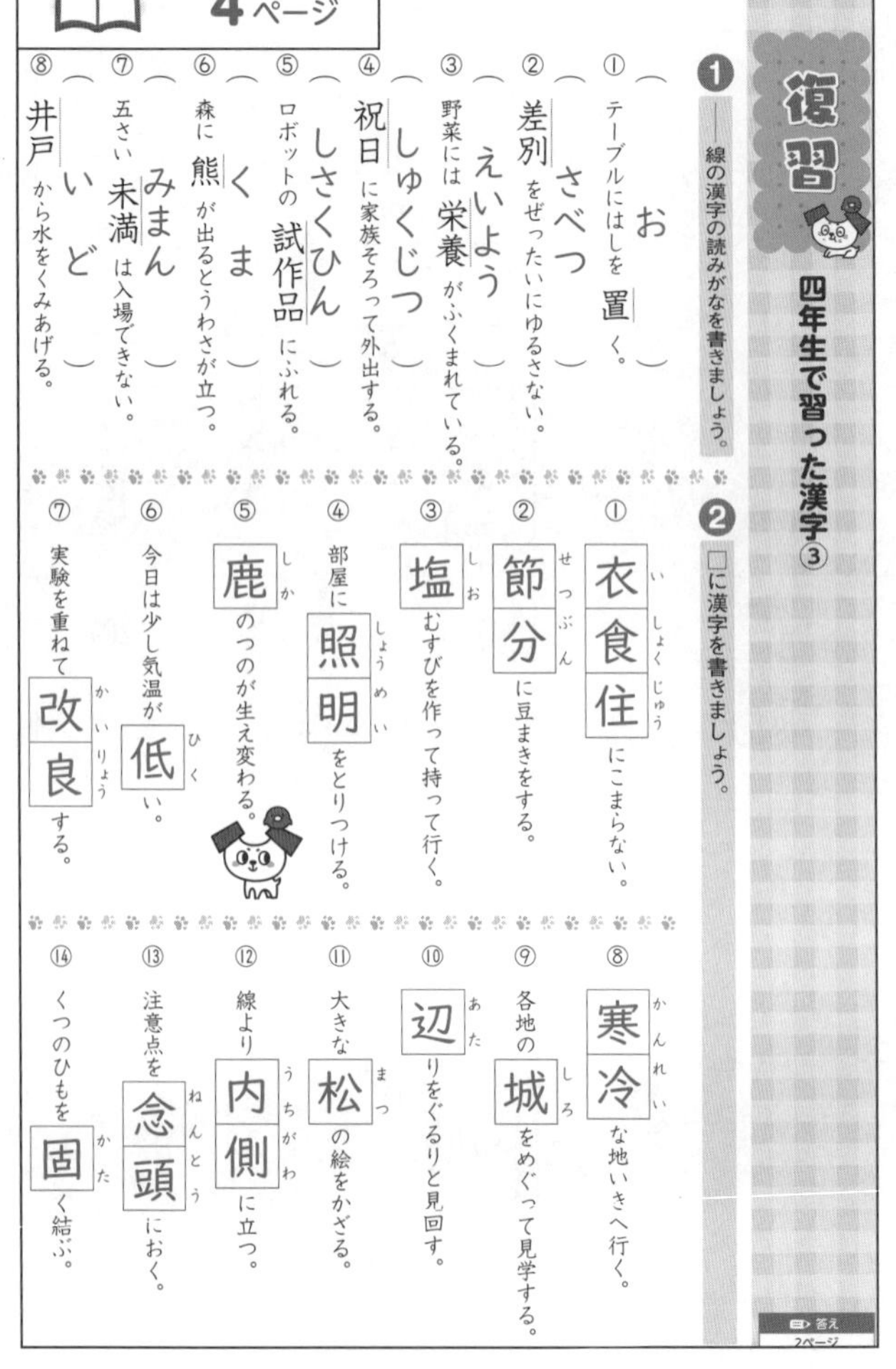

4ページ

復習　四年生で習った漢字③

1 ―線の漢字の読みがなを書きましょう。

① テーブルにはしを置く。（お）
② 差別をぜったいにゆるさない。（さべつ）
③ 野菜には栄養がふくまれている。（えいよう）
④ 祝日に家族そろって外出する。（しゅくじつ）
⑤ ロボットの試作品にふれる。（しさくひん）
⑥ 森に熊が出るとうわさが立つ。（くま）
⑦ 五さい未満は入場できない。（みまん）
⑧ 井戸から水をくみあげる。（いど）

2 □に漢字を書きましょう。

① 衣食住（いしょくじゅう）にこまらない。
② 節分（せつぶん）に豆まきをする。
③ 塩（しお）むすびを作って持って行く。
④ 部屋に照明（しょうめい）をとりつける。
⑤ 鹿（しか）のつのが生え変わる。
⑥ 今日は少し気温が低（ひく）い。
⑦ 実験を重ねて改良（かいりょう）する。
⑧ 寒冷（かんれい）な地いきへ行く。
⑨ 各地の城（しろ）をめぐって見学する。
⑩ 辺（あた）りをぐるりと見回す。
⑪ 大きな松（まつ）の絵をかざる。
⑫ 線より内側（うちがわ）に立つ。
⑬ 注意点を念頭（ねんとう）におく。
⑭ くつのひもを固（かた）く結ぶ。

答え 2ページ

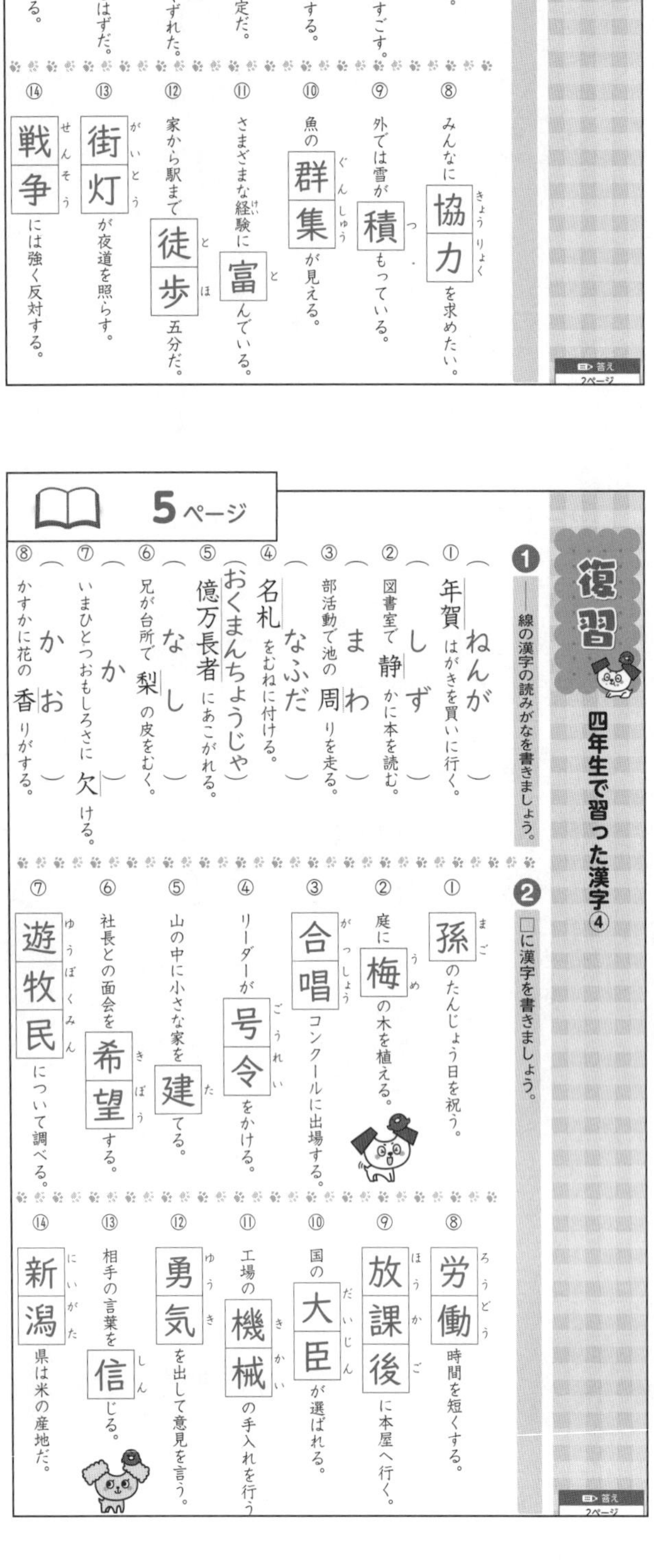

5ページ

復習　四年生で習った漢字④

1 ―線の漢字の読みがなを書きましょう。

① 年賀はがきを買いに行く。（ねんが）
② 図書室で静かに本を読む。（しず）
③ 部活動で池の周りを走る。（まわ）
④ 名札をむねに付ける。（なふだ）
⑤ 億万長者にあこがれる。（おくまんちょうじゃ）
⑥ 兄が台所で梨の皮をむく。（なし）
⑦ いまひとつおもしろさに欠ける。（か）
⑧ かすかに花の香りがする。（かお）

2 □に漢字を書きましょう。

① 孫（まご）のたんじょう日を祝う。
② 庭に梅（うめ）の木を植える。
③ 合唱（がっしょう）コンクールに出場する。
④ リーダーが号令（ごうれい）をかける。
⑤ 山の中に小さな家を建（た）てる。
⑥ 社長との面会を希望（きぼう）する。
⑦ 遊牧民（ゆうぼくみん）について調べる。
⑧ 労働（ろうどう）時間を短くする。
⑨ 放課後（ほうかご）に本屋へ行く。
⑩ 国の大臣（だいじん）が選ばれる。
⑪ 工場の機械（きかい）の手入れを行う。
⑫ 勇気（ゆうき）を出して意見を言う。
⑬ 相手の言葉を信（しん）じる。
⑭ 新潟（にいがた）県は米の産地だ。

答え 2ページ

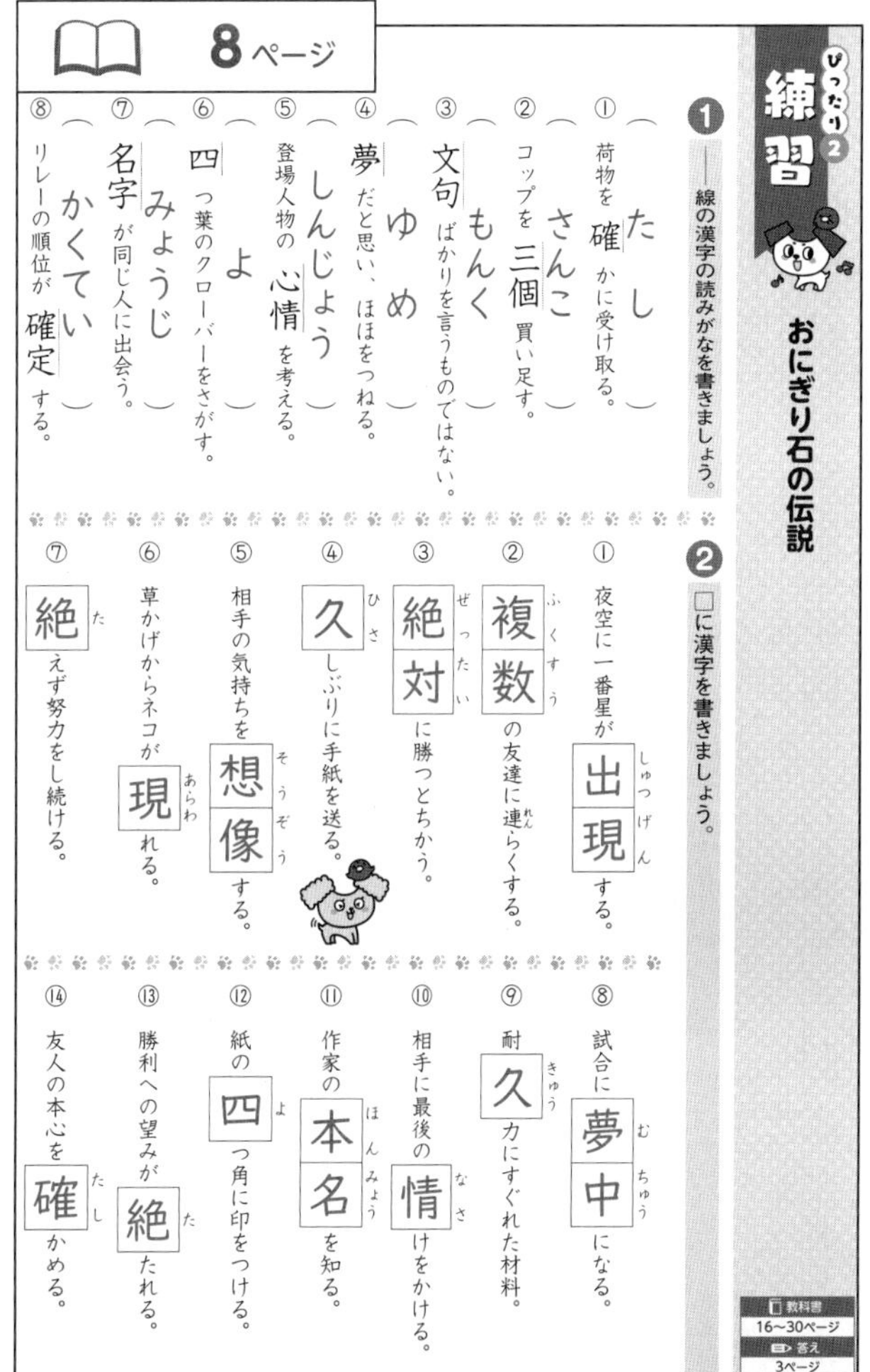

8ページ

ぴったり2 練習

おにぎり石の伝説

1 ——線の漢字の読みがなを書きましょう。

① 荷物を確かに受け取る。（たし）
② コップを三個買い足す。（さんこ）
③ 文句ばかりを言うものではない。（もんく）
④ 夢だと思い、ほほをつねる。（ゆめ）
⑤ 登場人物の心情を考える。（しんじょう）
⑥ 四つ葉のクローバーをさがす。（よ）
⑦ 名字が同じ人に出会う。（みょうじ）
⑧ リレーの順位が確定する。（かくてい）

2 □に漢字を書きましょう。

① 夜空に一番星が出現する。
② 複数の友達に連らくする。
③ 絶対に勝つとちかう。
④ 久しぶりに手紙を送る。
⑤ 相手の気持ちを想像する。
⑥ 草かげからネコが現れる。
⑦ 絶えず努力をし続ける。
⑧ 試合に夢中になる。
⑨ 耐久力にすぐれた材料。
⑩ 相手に最後の情けをかける。
⑪ 作家の本名を知る。
⑫ 紙の四つ角に印をつける。
⑬ 勝利への望みが絶たれる。
⑭ 友人の本心を確かめる。

教科書 16~30ページ 答え 3ページ

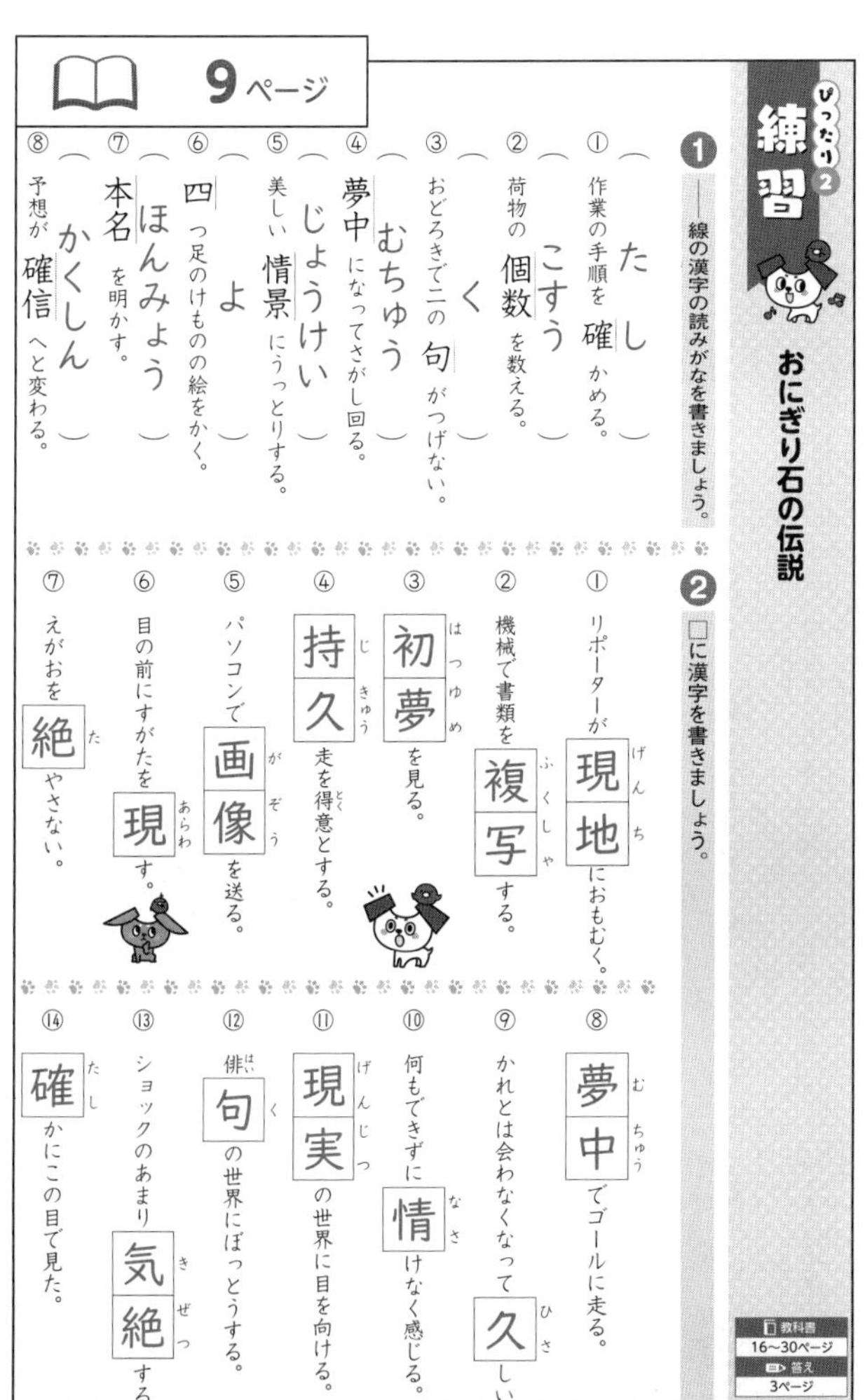

9ページ

ぴったり2 練習

おにぎり石の伝説

1 ——線の漢字の読みがなを書きましょう。

① 作業の手順を確かめる。（たし）
② 荷物の個数を数える。（こすう）
③ おどろきで二の句がつげない。（く）
④ 夢中になってさがし回る。（むちゅう）
⑤ 美しい情景にうっとりする。（じょうけい）
⑥ 四つ足のけものの絵をかく。（よ）
⑦ 本名を明かす。（ほんみょう）
⑧ 予想が確信へと変わる。（かくしん）

2 □に漢字を書きましょう。

① リポーターが現地におもむく。
② 機械で書類を複写する。
③ 初夢を見る。
④ 持久走を得意とする。
⑤ パソコンで画像を送る。
⑥ 目の前にすがたを現す。
⑦ えがおを絶やさない。
⑧ 夢中でゴールに走る。
⑨ かれとは会わなくなって久しい
⑩ 何もできずに情けなく感じる。
⑪ 現実の世界に目を向ける。
⑫ 俳句の世界にぼっとうする。
⑬ ショックのあまり気絶する
⑭ 確かにこの目で見た。

教科書 16~30ページ 答え 3ページ

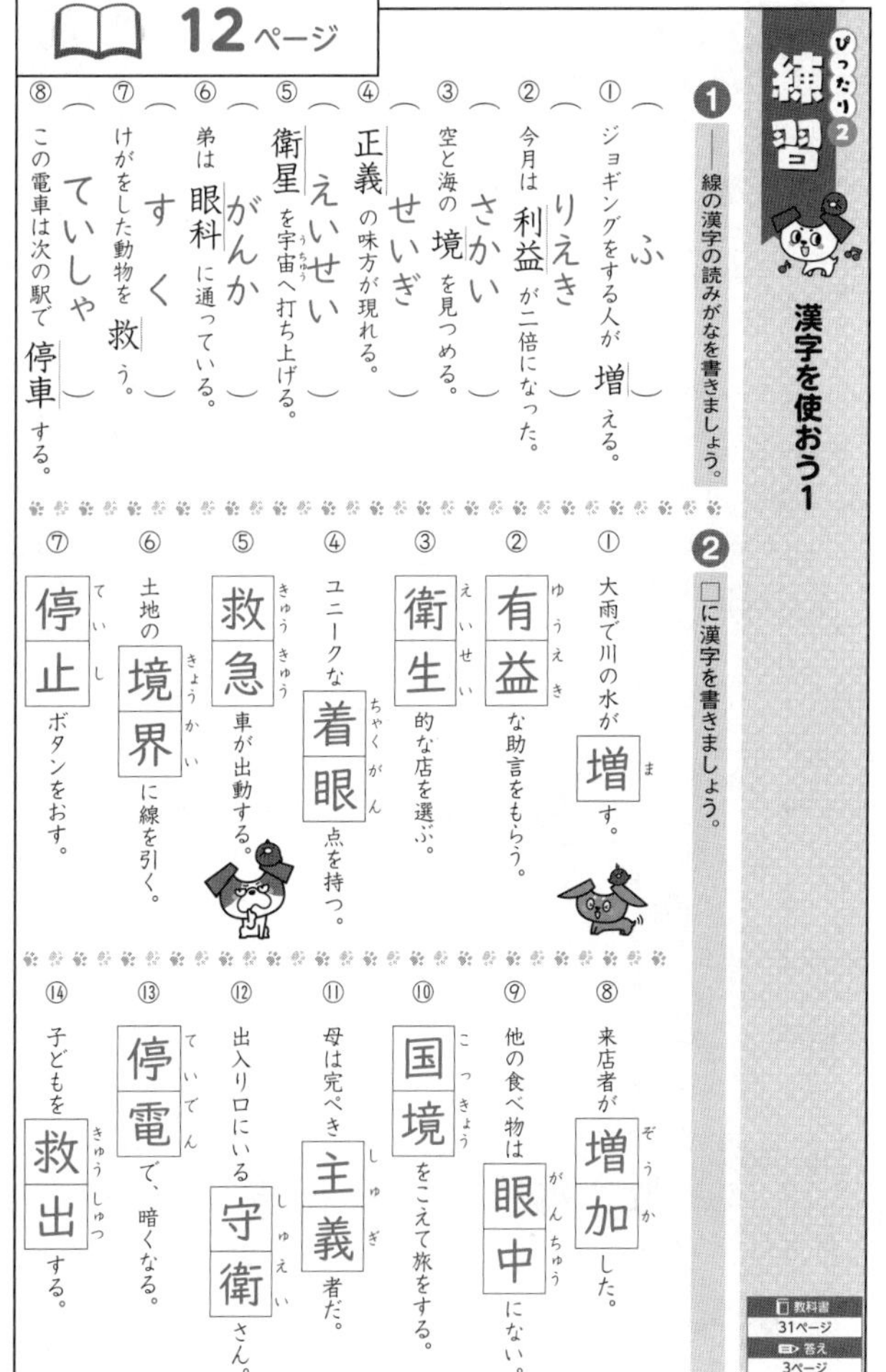

12ページ

ぴったり2 練習

漢字を使おう1

1 ——線の漢字の読みがなを書きましょう。

① ジョギングをする人が増える。（ふ）
② 今月は利益が二倍になった。（りえき）
③ 空と海の境を見つめる。（さかい）
④ 正義の味方が現れる。（せいぎ）
⑤ 衛星を宇宙へ打ち上げる。（えいせい）
⑥ 弟は眼科に通っている。（がんか）
⑦ けがをした動物を救う。（すく）
⑧ この電車は次の駅で停車する。（ていしゃ）

2 □に漢字を書きましょう。

① 大雨で川の水が増す。
② 有益な助言をもらう。
③ 衛生的な店を選ぶ。
④ ユニークな着眼点を持つ。
⑤ 救急車が出動する。
⑥ 土地の境界に線を引く。
⑦ 停止ボタンをおす。
⑧ 来店者が増加した。
⑨ 他の食べ物は眼中にない。
⑩ 国境をこえて旅をする。
⑪ 母は完ぺき主義者だ。
⑫ 出入り口にいる守衛さん。
⑬ 停電で、暗くなる。
⑭ 子どもを救出する。

教科書 31ページ 答え 3ページ

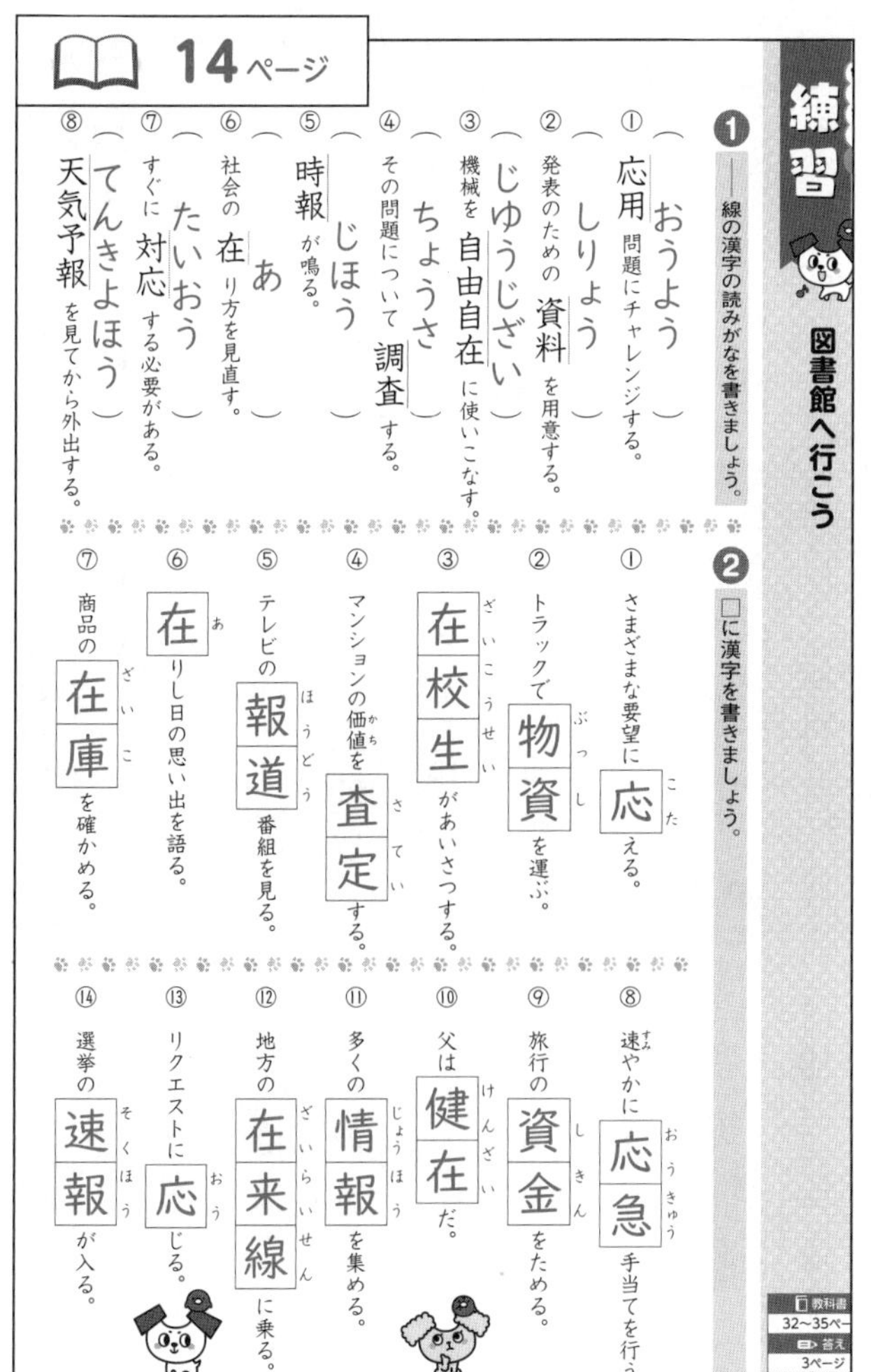

14ページ

練習

図書館へ行こう

1 ——線の漢字の読みがなを書きましょう。

① 応用問題にチャレンジする。（おうよう）
② 発表のための資料を用意する。（しりょう）
③ 機械を自由自在に使いこなす。（じゆうじざい）
④ その問題について調査する。（ちょうさ）
⑤ 時報が鳴る。（じほう）
⑥ 社会の在り方を見直す。（あ）
⑦ すぐに対応する必要がある。（たいおう）
⑧ 天気予報を見てから外出する。（てんきよほう）

2 □に漢字を書きましょう。

① さまざまな要望に応える。
② トラックで物資を運ぶ。
③ 在校生があいさつする。
④ マンションの価値を査定する。
⑤ テレビの報道番組を見る。
⑥ 在りし日の思い出を語る。
⑦ 商品の在庫を確かめる。
⑧ 速やかに応急手当てを行う
⑨ 旅行の資金をためる。
⑩ 父は健在だ。
⑪ 多くの情報を集める。
⑫ 地方の在来線に乗る。
⑬ リクエストに応じる。
⑭ 選挙の速報が入る。

教科書 32~35ペー 答え 3ページ

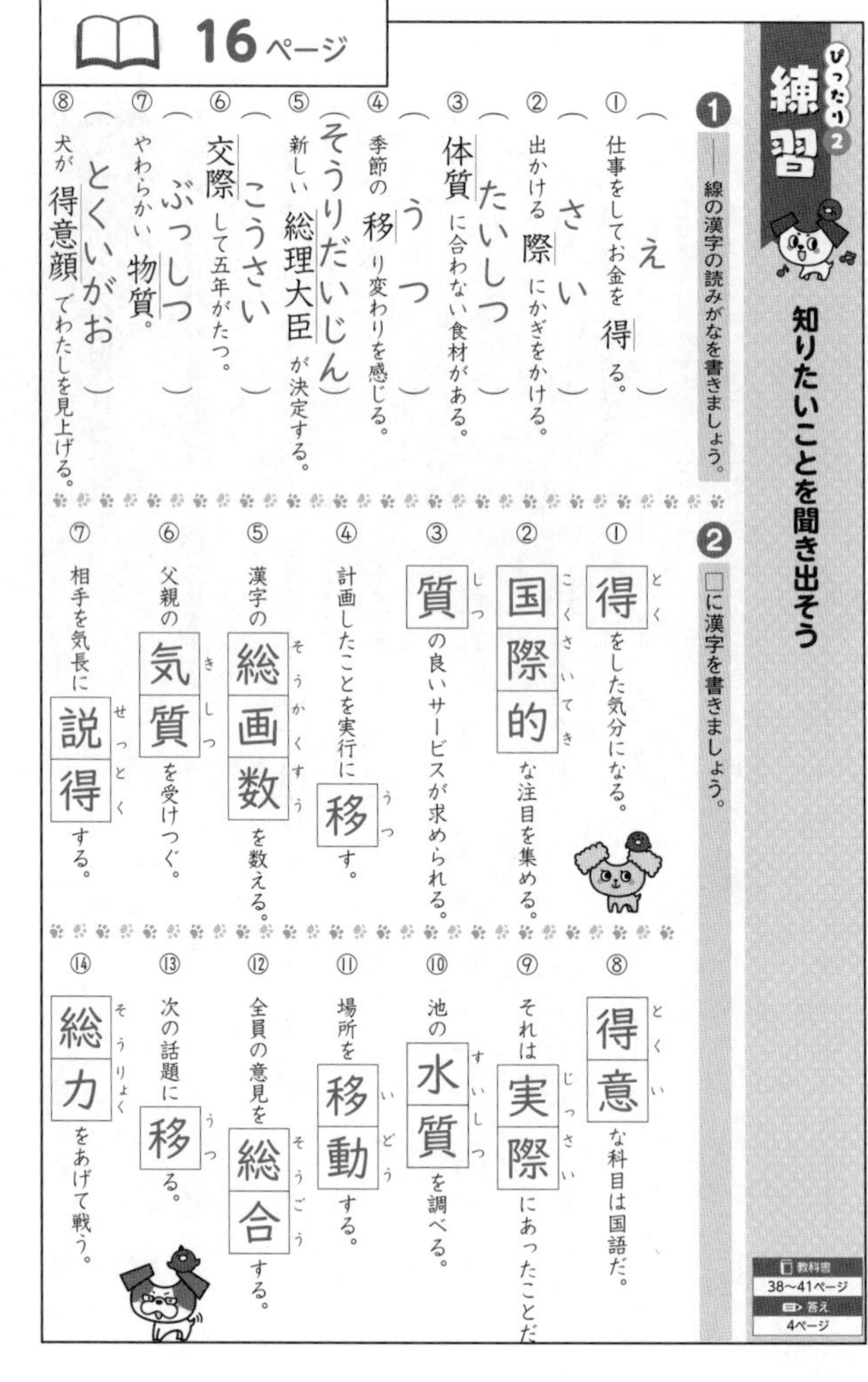

16ページ

練習 ぴったり2

知りたいことを聞き出そう

教科書 38～41ページ　答え 4ページ

1 ——線の漢字の読みがなを書きましょう。

① 仕事をしてお金を得る。（え）
② 出かける際にかぎをかける。（さい）
③ 体質に合わない食材がある。（たいしつ）
④ 季節の移り変わりを感じる。（うつ）
⑤ 新しい総理大臣が決定する。（そうりだいじん）
⑥ 交際して五年がたつ。（こうさい）
⑦ やわらかい物質。（ぶっしつ）
⑧ 犬が得意顔でわたしを見上げる。（とくいがお）

2 □に漢字を書きましょう。

① 得をした気分になる。
② 国際的な注目を集める。
③ 質の良いサービスが求められる。
④ 計画したことを実行に移す。
⑤ 漢字の総画数を数える。
⑥ 父親の気質を受けつぐ。
⑦ 相手を気長に説得する。
⑧ 得意な科目は国語だ。
⑨ それは実際にあったことだ。
⑩ 池の水質を調べる。
⑪ 場所を移動する。
⑫ 全員の意見を総合する。
⑬ 次の話題に移る。
⑭ 総力をあげて戦う。

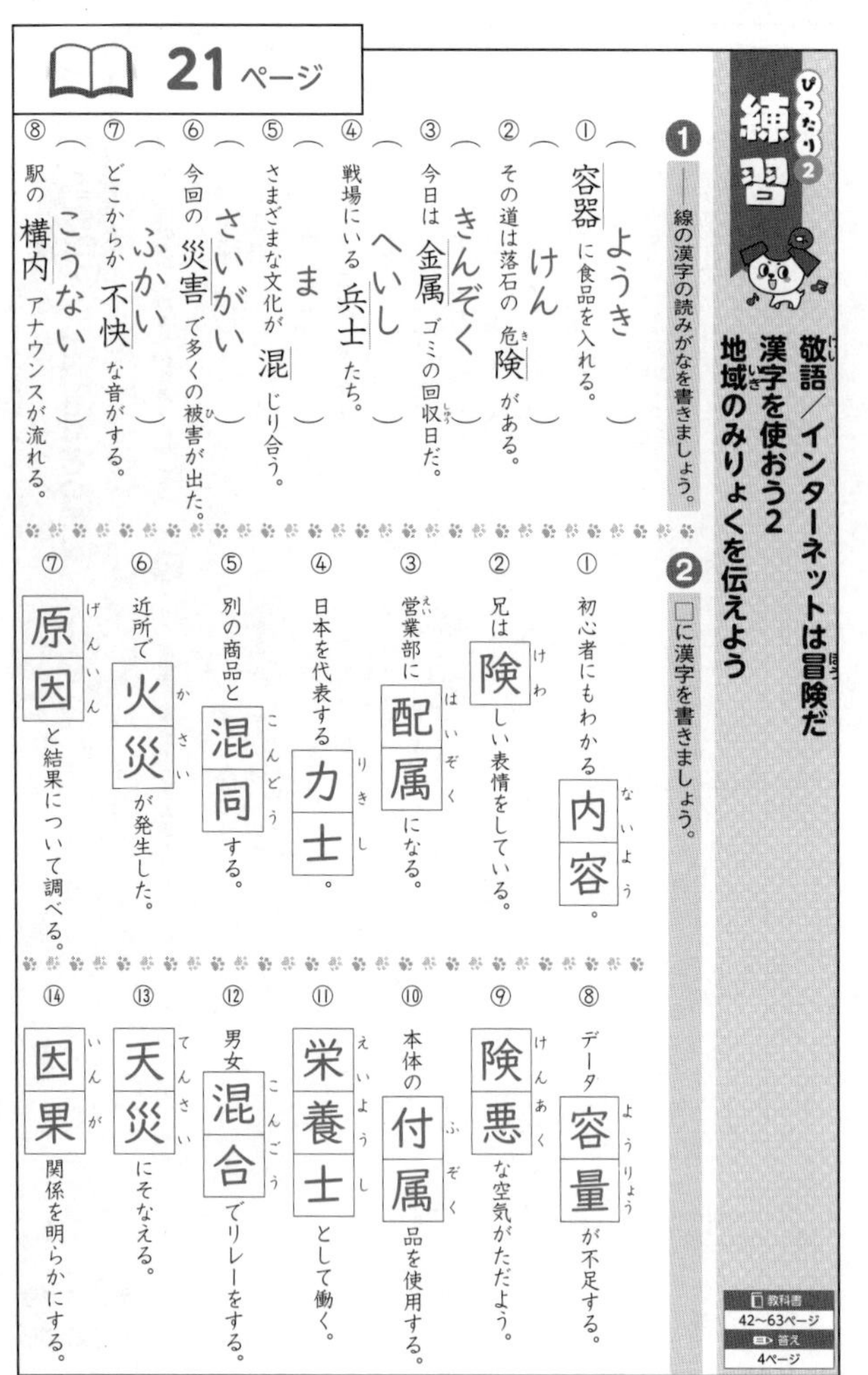

21ページ

練習 ぴったり2

敬語／インターネットは冒険だ
漢字を使おう2
地域のみりょくを伝えよう

教科書 42～63ページ　答え 4ページ

1 ——線の漢字の読みがなを書きましょう。

① 容器に食品を入れる。（ようき）
② その道は落石の危険がある。（けん）
③ 今日は金属ゴミの回収日だ。（きんぞく）
④ 戦場にいる兵士たち。（へいし）
⑤ さまざまな文化が混じり合う。（ま）
⑥ 今回の災害で多くの被害が出た。（さいがい）
⑦ どこからか不快な音がする。（ふかい）
⑧ 駅の構内アナウンスが流れる。（こうない）

2 □に漢字を書きましょう。

① 初心者にもわかる内容。
② 兄は険しい表情をしている。
③ 営業部に配属になる。
④ 日本を代表する力士。
⑤ 別の商品と混同する。
⑥ 近所で火災が発生した。
⑦ 原因と結果について調べる。
⑧ データ容量が不足する。
⑨ 険悪な空気がただよう。
⑩ 本体の付属品を使用する。
⑪ 栄養士として働く。
⑫ 男女混合でリレーをする。
⑬ 天災にそなえる。
⑭ 因果関係を明らかにする。

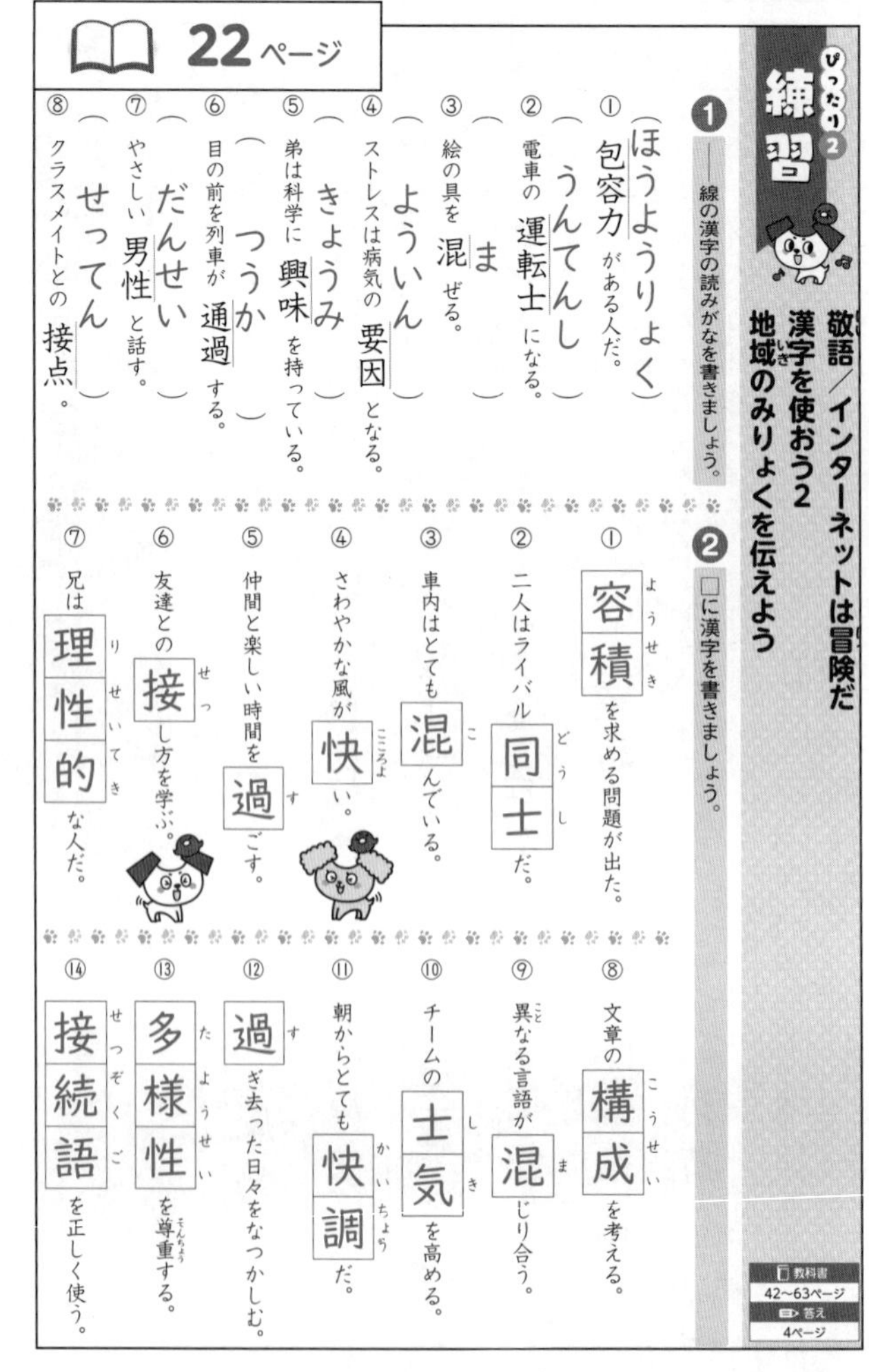

22ページ

練習 ぴったり2

敬語／インターネットは冒険だ
漢字を使おう2
地域のみりょくを伝えよう

教科書 42～63ページ　答え 4ページ

1 ——線の漢字の読みがなを書きましょう。

① 包容力がある人だ。（ほうようりょく）
② 電車の運転士になる。（うんてんし）
③ 絵の具を混ぜる。（ま）
④ ストレスは病気の要因となる。（よういん）
⑤ 弟は科学に興味を持っている。（きょうみ）
⑥ 目の前を列車が通過する。（つうか）
⑦ やさしい男性と話す。（だんせい）
⑧ クラスメイトとの接点。（せってん）

2 □に漢字を書きましょう。

① 容積を求める問題が出た。
② 二人はライバル同士だ。
③ 車内はとても混んでいる。
④ さわやかな風が快い。
⑤ 仲間と楽しい時間を過ごす。
⑥ 友達との接し方を学ぶ。
⑦ 兄は理性的な人だ。
⑧ 文章の構成を考える。
⑨ 異なる言語が混じり合う。
⑩ チームの士気を高める。
⑪ 朝からとても快調だ。
⑫ 過ぎ去った日々をなつかしむ。
⑬ 多様性を尊重する。
⑭ 接続語を正しく使う。

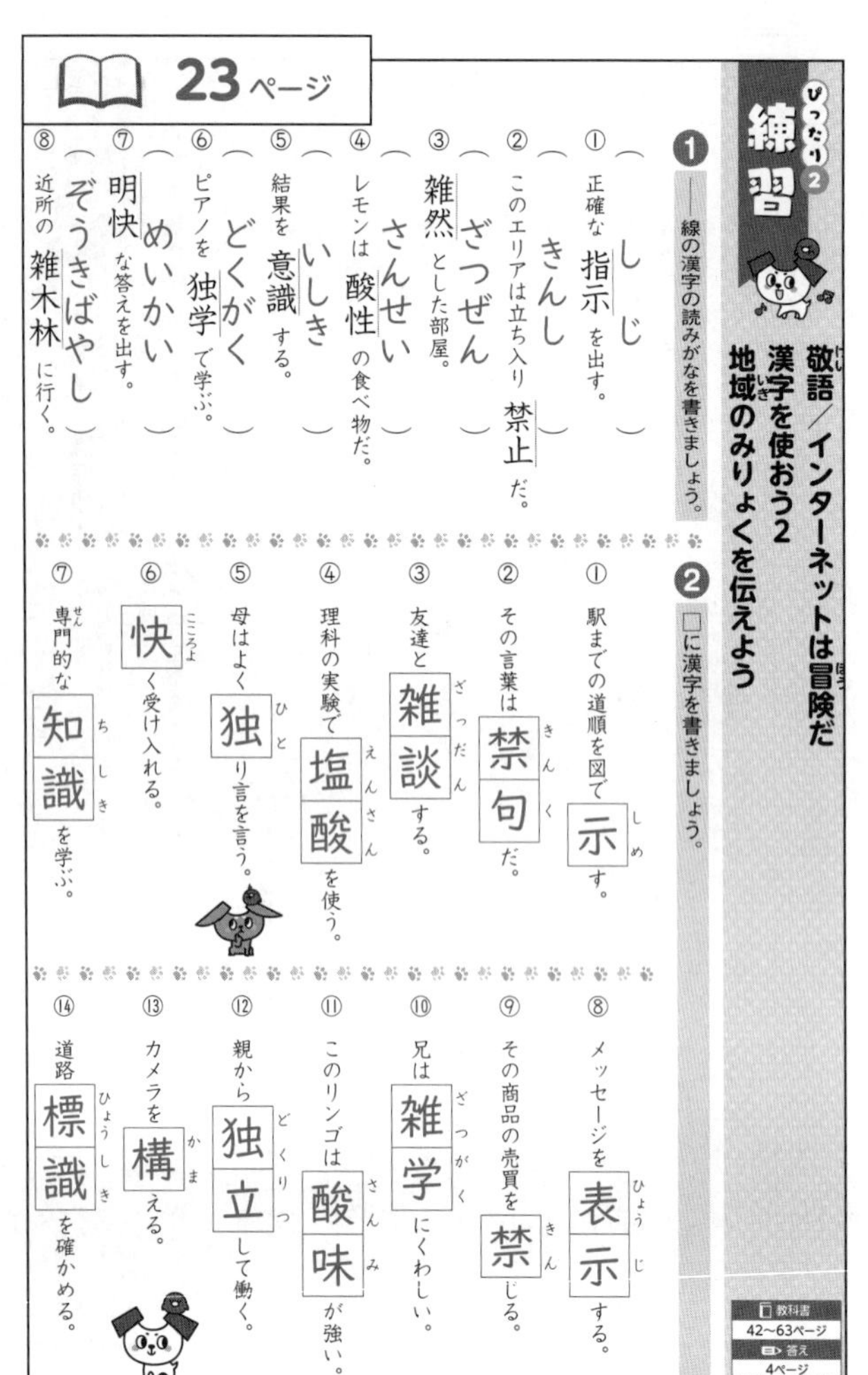

23ページ

練習 ぴったり2

敬語／インターネットは冒険だ
漢字を使おう2
地域のみりょくを伝えよう

教科書 42～63ページ　答え 4ページ

1 ——線の漢字の読みがなを書きましょう。

① 正確な指示を出す。（しじ）
② このエリアは立ち入り禁止だ。（きんし）
③ 雑然とした部屋。（ざつぜん）
④ レモンは酸性の食べ物だ。（さんせい）
⑤ 結果を意識する。（いしき）
⑥ ピアノを独学で学ぶ。（どくがく）
⑦ 明快な答えを出す。（めいかい）
⑧ 近所の雑木林に行く。（ぞうきばやし）

2 □に漢字を書きましょう。

① 駅までの道順を図で示す。
② その言葉は禁句だ。
③ 友達と雑談する。
④ 理科の実験で塩酸を使う。
⑤ 母はよく独り言を言う。
⑥ 快く受け入れる。
⑦ 専門的な知識を学ぶ。
⑧ メッセージを表示する。
⑨ その商品の売買を禁じる。
⑩ 兄は雑学にくわしい。
⑪ このリンゴは酸味が強い。
⑫ 親から独立して働く。
⑬ カメラを構える。
⑭ 道路標識を確かめる。

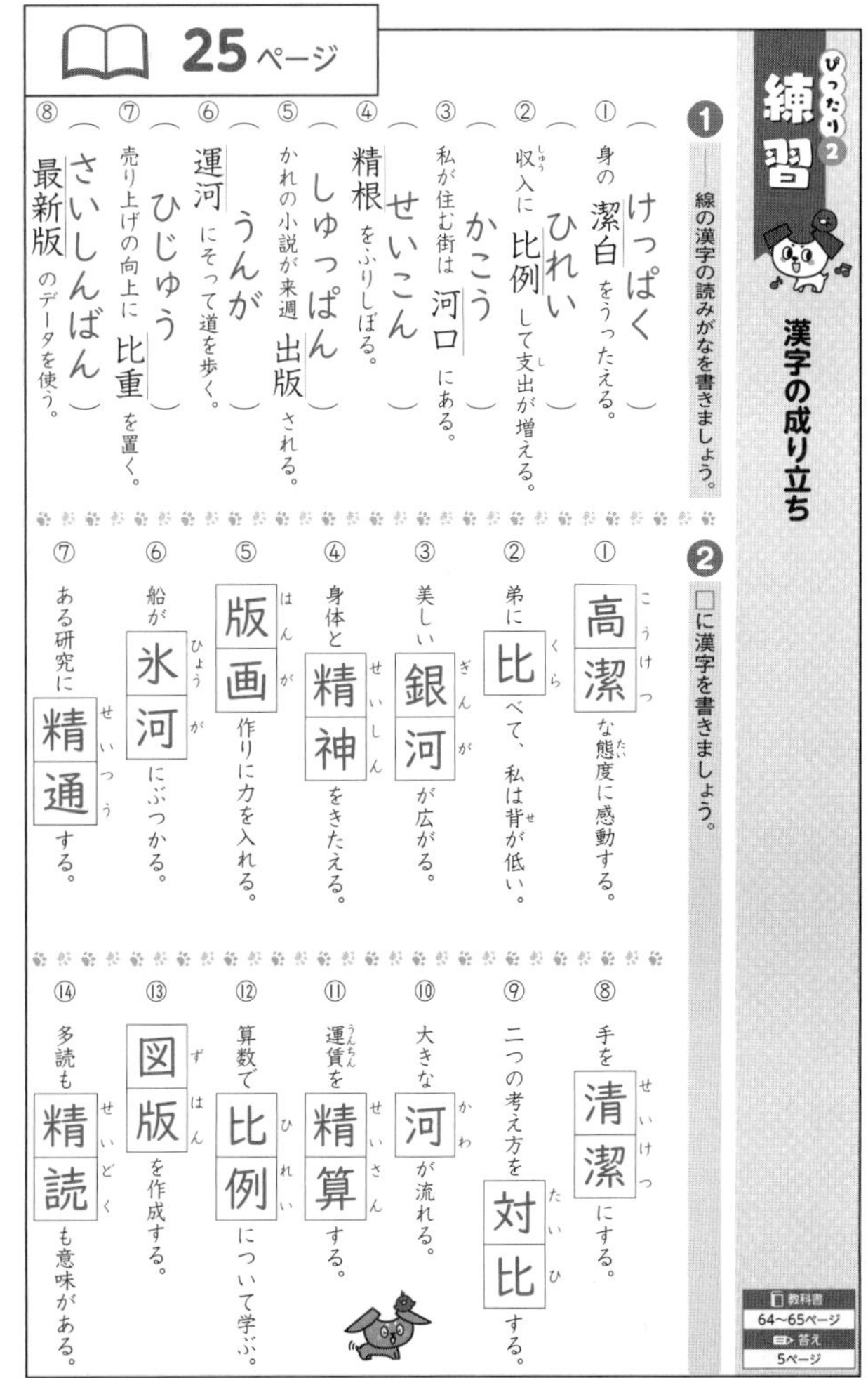
25ページ

練習 ぴったり2

漢字の成り立ち

1 ―線の漢字の読みがなを書きましょう。

① 身の潔白をうったえる。（けっぱく）
② 収入に比例して支出が増える。（ひれい）
③ 私が住む街は河口にある。（かこう）
④ 精根をふりしぼる。（せいこん）
⑤ かれの小説が来週出版される。（しゅっぱん）
⑥ 運河にそって道を歩く。（うんが）
⑦ 売り上げの向上に比重を置く。（ひじゅう）
⑧ 最新版のデータを使う。（さいしんばん）

2 □に漢字を書きましょう。

① 高潔な態度に感動する。
② 弟に比べて、私は背が低い。
③ 美しい銀河が広がる。
④ 身体と精神をきたえる。
⑤ 版画作りに力を入れる。
⑥ 船が氷河にぶつかる。
⑦ ある研究に精通する。
⑧ 手を清潔にする。
⑨ 二つの考え方を対比する。
⑩ 大きな河が流れる。
⑪ 運賃を精算する。
⑫ 算数で比例について学ぶ。
⑬ 図版を作成する。
⑭ 多読も精読も意味がある。

教科書 64～65ページ 答え 5ページ

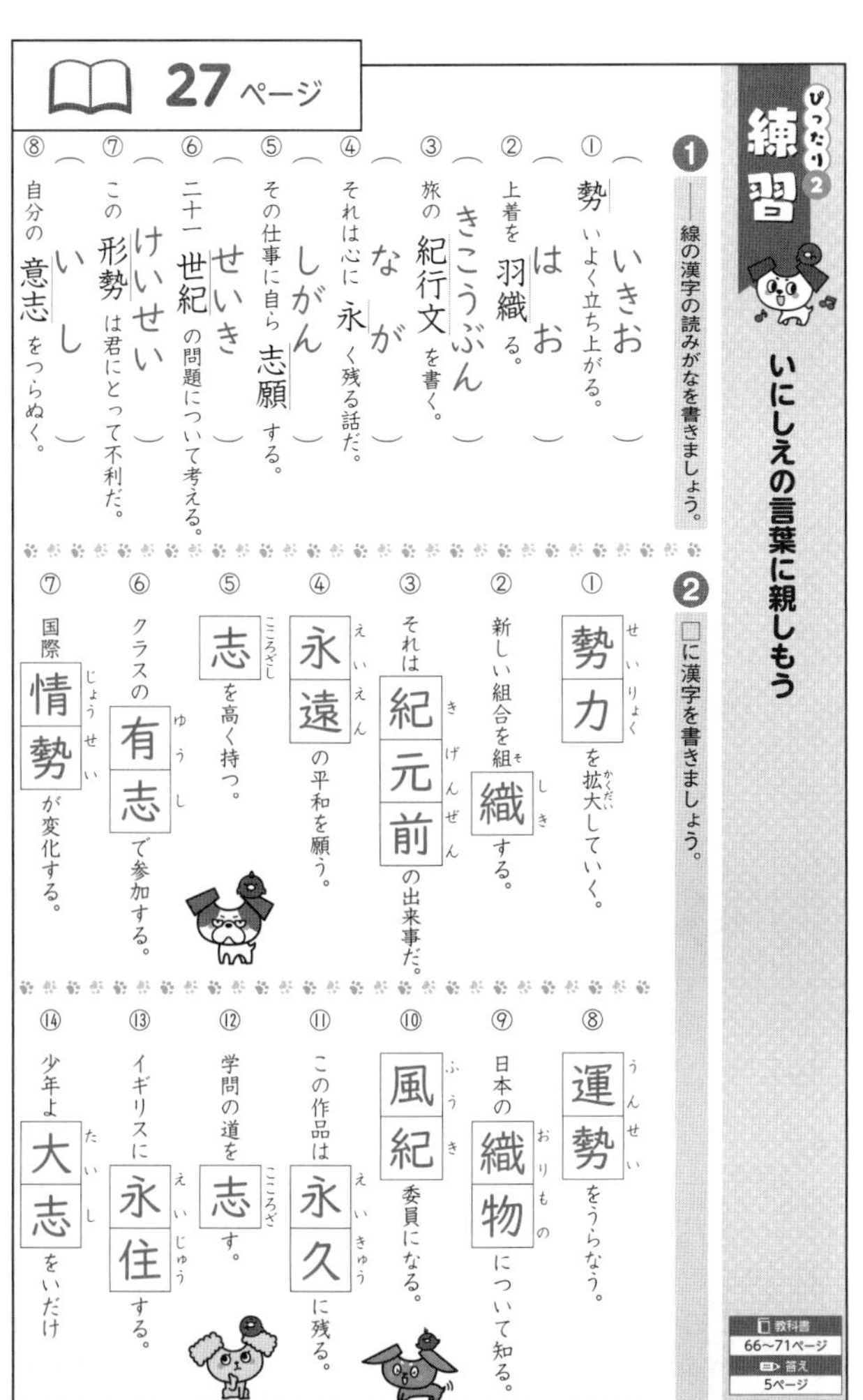
27ページ

練習 ぴったり2

いにしえの言葉に親しもう

1 ―線の漢字の読みがなを書きましょう。

① 勢いよく立ち上がる。（いきお）
② 上着を羽織る。（はお）
③ 旅の紀行文を書く。（きこうぶん）
④ それは心に永く残る話だ。（なが）
⑤ その仕事に自ら志願する。（しがん）
⑥ 二十一世紀の問題について考える。（せいき）
⑦ この形勢は君にとって不利だ。（けいせい）
⑧ 自分の意志をつらぬく。（いし）

2 □に漢字を書きましょう。

① 勢力を拡大していく。
② 新しい組合を組織する。
③ それは紀元前の出来事だ。
④ 永遠の平和を願う。
⑤ 志を高く持つ。
⑥ クラスの有志で参加する。
⑦ 国際情勢が変化する。
⑧ 運勢をうらなう。
⑨ 日本の織物について知る。
⑩ 風紀委員になる。
⑪ この作品は永久に残る。
⑫ 学問の道を志す。
⑬ イギリスに永住する。
⑭ 少年よ大志をいだけ。

教科書 66～71ページ 答え 5ページ

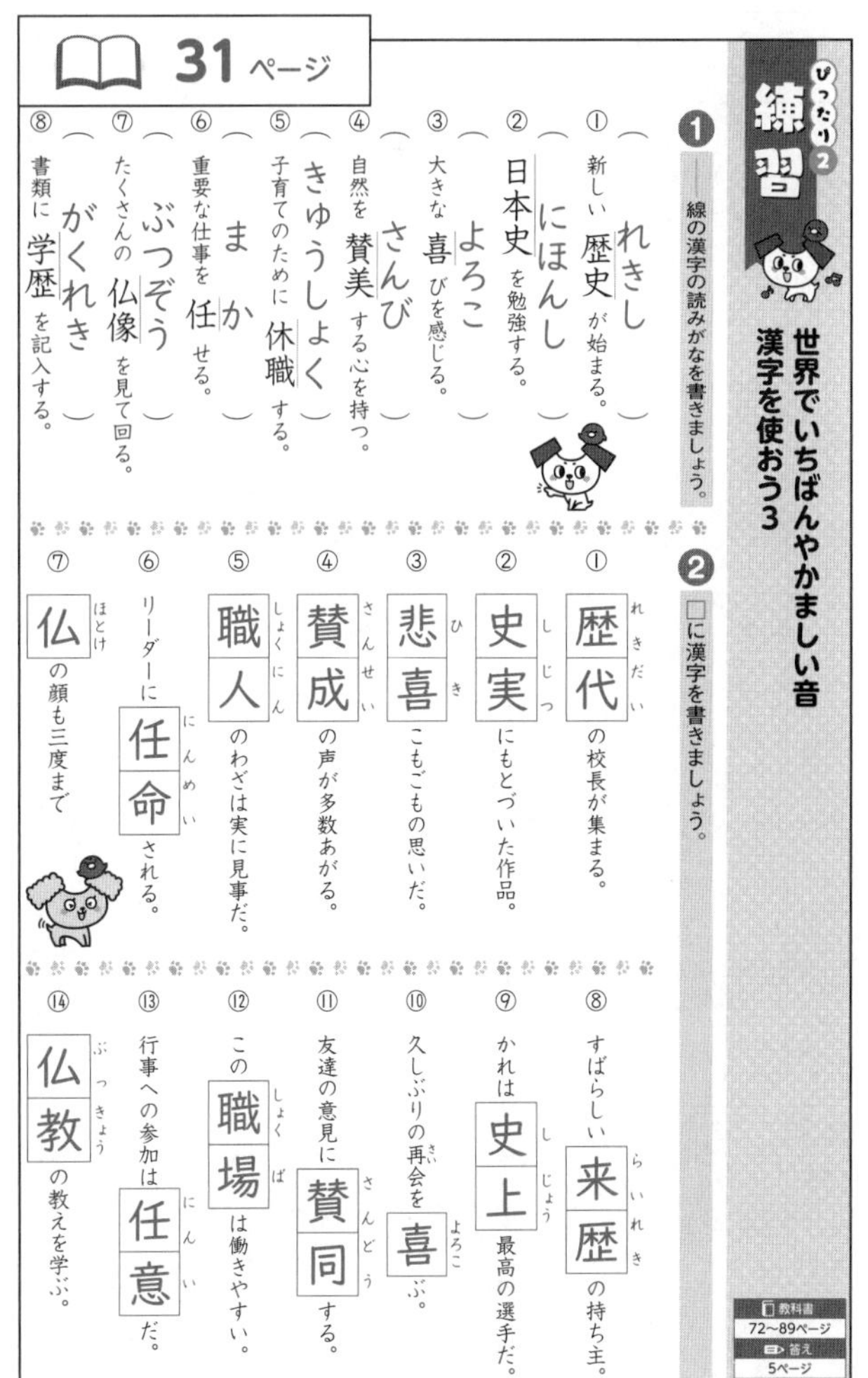
31ページ

練習 ぴったり2

世界でいちばんやかましい音 漢字を使おう3

1 ―線の漢字の読みがなを書きましょう。

① 新しい歴史が始まる。（れきし）
② 日本史を勉強する。（にほんし）
③ 大きな喜びを感じる。（よろこ）
④ 自然を賛美する心を持つ。（さんび）
⑤ 子育てのために休職する。（きゅうしょく）
⑥ 重要な仕事を任せる。（まか）
⑦ たくさんの仏像を見て回る。（ぶつぞう）
⑧ 書類に学歴を記入する。（がくれき）

2 □に漢字を書きましょう。

① 歴代の校長が集まる。
② 史実にもとづいた作品。
③ 悲喜こもごもの思いだ。
④ 賛成の声が多数あがる。
⑤ 職人のわざは実に見事だ。
⑥ リーダーに任命される。
⑦ 仏の顔も三度まで
⑧ すばらしい来歴の持ち主。
⑨ かれは史上最高の選手だ。
⑩ 久しぶりの再会を喜ぶ。
⑪ 友達の意見に賛同する。
⑫ この職場は働きやすい。
⑬ 行事への参加は任意だ。
⑭ 仏教の教えを学ぶ。

教科書 72～89ページ 答え 5ページ

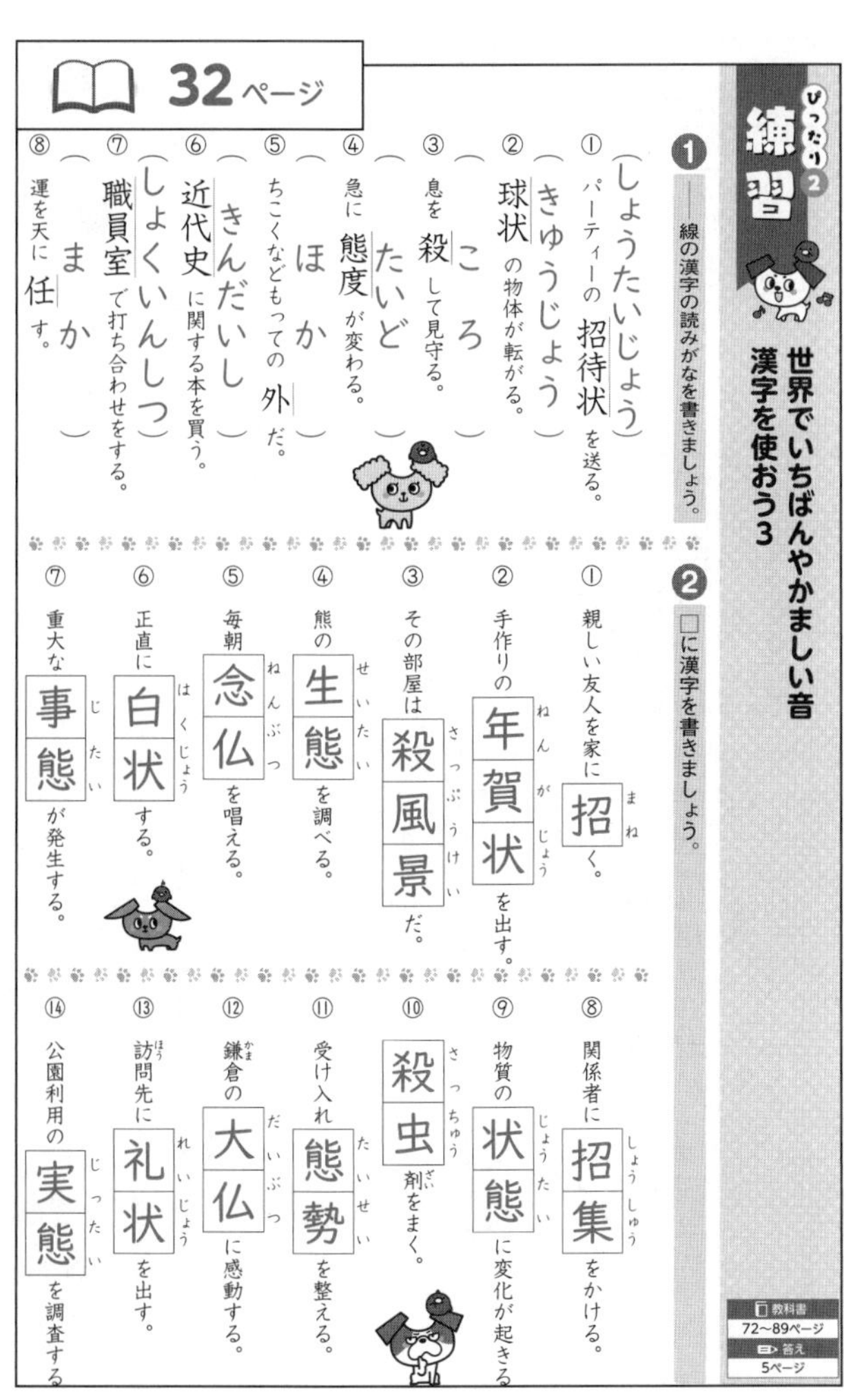
32ページ

練習 ぴったり2

世界でいちばんやかましい音 漢字を使おう3

1 ―線の漢字の読みがなを書きましょう。

① パーティーの招待状を送る。（しょうたいじょう）
② 球状の物体が転がる。（きゅうじょう）
③ 息を殺して見守る。（ころ）
④ 急に態度が変わる。（たいど）
⑤ ちこくなどもっての外だ。（ほか）
⑥ 近代史に関する本を買う。（きんだいし）
⑦ 職員室で打ち合わせをする。（しょくいんしつ）
⑧ 運を天に任す。（まか）

2 □に漢字を書きましょう。

① 親しい友人を家に招く。
② 手作りの年賀状を出す。
③ その部屋は殺風景だ。
④ 熊の生態を調べる。
⑤ 毎朝念仏を唱える。
⑥ 正直に白状する。
⑦ 重大な事態が発生する。
⑧ 関係者に招集をかける。
⑨ 物質の状態に変化が起きる。
⑩ 殺虫剤をまく。
⑪ 受け入れ態勢を整える。
⑫ 鎌倉の大仏に感動する。
⑬ 訪問先に礼状を出す。
⑭ 公園利用の実態を調査する。

教科書 72～89ページ 答え 5ページ

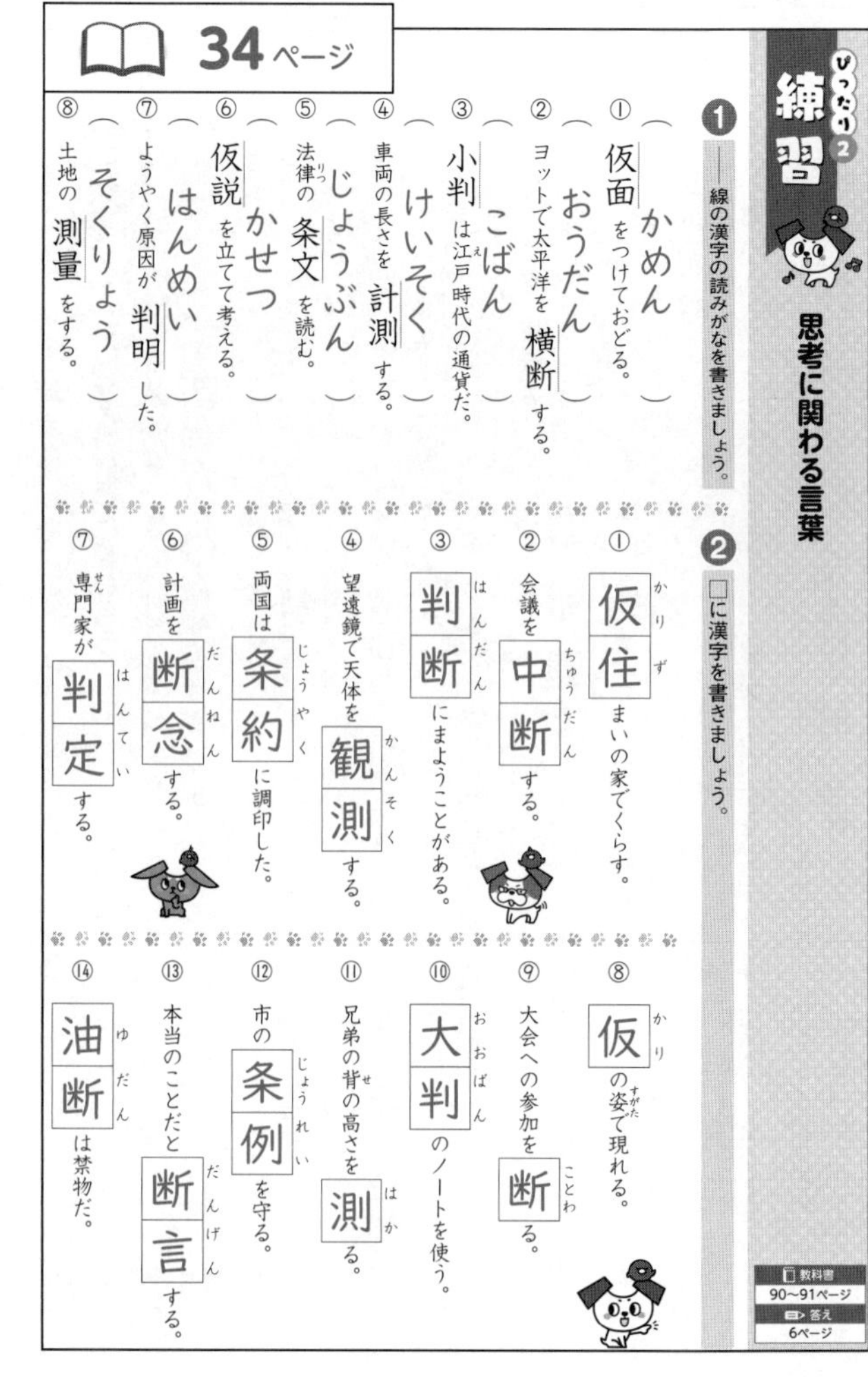

34ページ

ぴったり2 練習

思考に関わる言葉

1 ——線の漢字の読みがなを書きましょう。

① 仮面（かめん）をつけておどる。
② ヨットで太平洋を横断（おうだん）する。
③ 小判（こばん）は江戸時代の通貨だ。
④ 車両の長さを計測（けいそく）する。
⑤ 法律の条文（じょうぶん）を読む。
⑥ 仮説（かせつ）を立てて考える。
⑦ ようやく原因が判明（はんめい）した。
⑧ 土地の測量（そくりょう）をする。

2 □に漢字を書きましょう。

① 仮住（かりず）まいの家でくらす。
② 会議を中断（ちゅうだん）する。
③ 判断（はんだん）にまようことがある。
④ 望遠鏡で天体を観測（かんそく）する。
⑤ 両国は条約（じょうやく）に調印した。
⑥ 計画を断念（だんねん）する。
⑦ 専門家が判定（はんてい）する。
⑧ 仮（かり）の姿で現れる。
⑨ 大会への参加を断（ことわ）る。
⑩ 大判（おおばん）のノートを使う。
⑪ 兄弟の背の高さを測（はか）る。
⑫ 市の条例（じょうれい）を守る。
⑬ 本当のことだと断言（だんげん）する。
⑭ 油断（ゆだん）は禁物だ。

教科書 90〜91ページ　答え 6ページ

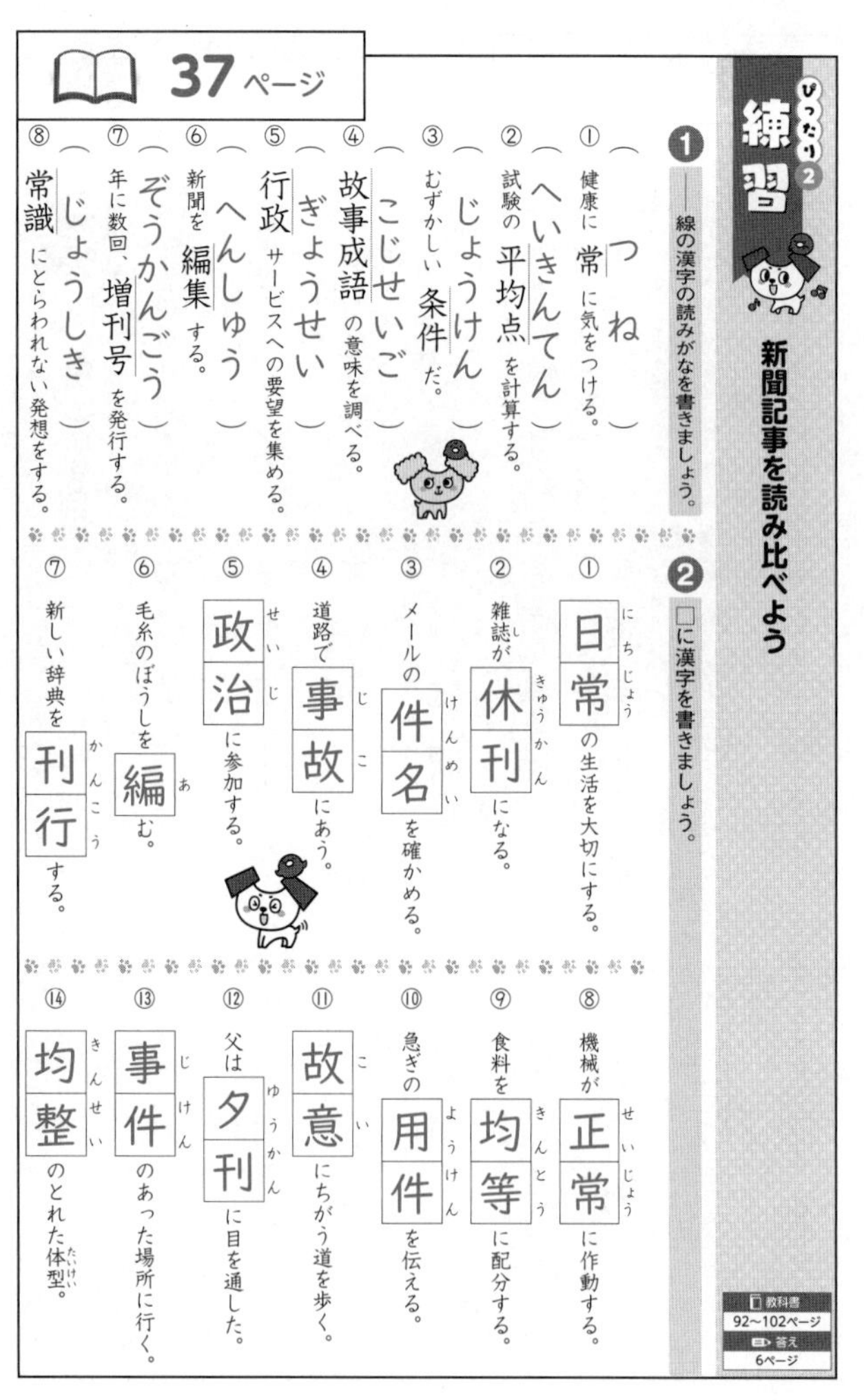

37ページ

ぴったり2 練習

新聞記事を読み比べよう

1 ——線の漢字の読みがなを書きましょう。

① 健康に常（つね）に気をつける。
② 試験の平均点（へいきんてん）を計算する。
③ むずかしい条件（じょうけん）だ。
④ 故事成語（こじせいご）の意味を調べる。
⑤ 行政（ぎょうせい）サービスへの要望を集める。
⑥ 新聞を編集（へんしゅう）する。
⑦ 年に数回、増刊号（ぞうかんごう）を発行する。
⑧ 常識（じょうしき）にとらわれない発想をする。

2 □に漢字を書きましょう。

① 日常（にちじょう）の生活を大切にする。
② 雑誌が休刊（きゅうかん）になる。
③ メールの件名（けんめい）を確かめる。
④ 道路で事故（じこ）にあう。
⑤ 政治（せいじ）に参加する。
⑥ 毛糸のぼうしを編（あ）む。
⑦ 新しい辞典を刊行（かんこう）する。
⑧ 機械が正常（せいじょう）に作動する。
⑨ 食料を均等（きんとう）に配分する。
⑩ 急ぎの用件（ようけん）を伝える。
⑪ 故意（こい）にちがう道を歩く。
⑫ 父は夕刊（ゆうかん）に目を通した。
⑬ 事件（じけん）のあった場所に行く。
⑭ 均整（きんせい）のとれた体型。

教科書 92〜102ページ　答え 6ページ

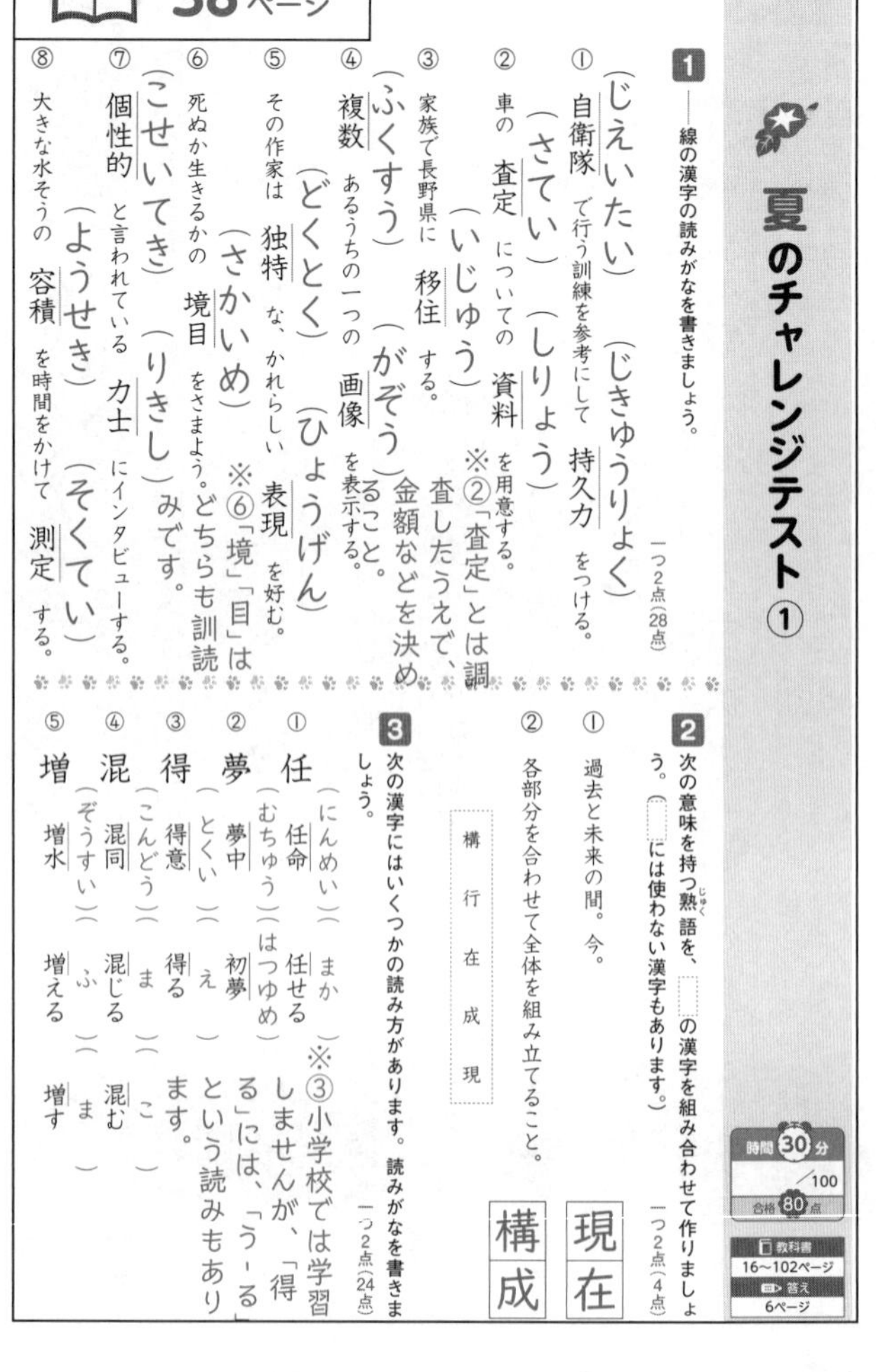

38ページ

夏のチャレンジテスト①

時間30分　/100　合格80点　教科書 16〜102ページ　答え 6ページ

1 ——線の漢字の読みがなを書きましょう。　一つ2点（28点）

① 自衛隊（じえいたい）で行う訓練を参考にして持久力（じきゅうりょく）をつける。
② 車の査定（さてい）についての資料（しりょう）を用意する。
③ 家族で長野県に移住（いじゅう）する。
④ 複数（ふくすう）あるうちの一つの画像（がぞう）を表示すること。
⑤ その作家は独特（どくとく）な、かれらしい表現（ひょうげん）を好む。
⑥ 死ぬか生きるかの境目（さかいめ）をさまよう。
⑦ 個性的（こせいてき）と言われている力士（りきし）にインタビューする。
⑧ 大きな水そうの容積（ようせき）を時間をかけて測定（そくてい）する。

※②「査定」とは調査したうえで、金額などを決めること。
※⑥「境」「目」はどちらも訓読みです。

2 次の意味を持つ熟語を、[構　行　在　成　現]の漢字を組み合わせて作りましょう。（[　]には使わない漢字もあります。）　一つ2点（4点）

① 過去と未来の間。今。　現在
② 各部分を合わせて全体を組み立てること。　構成

3 次の漢字にはいくつかの読み方があります。読みがなを書きましょう。　一つ2点（24点）

① 任　任命（にんめい）　任せる（まか）
② 夢　夢中（むちゅう）　初夢（はつゆめ）
③ 得　得意（とくい）　得る（え）
④ 混　混同（こんどう）　混じる（ま）　混む（こ）
⑤ 増　増水（ぞうすい）　増える（ふ）　増す（ま）

※③小学校では学習しませんが、「得る」には、「う-る」という読みもあります。

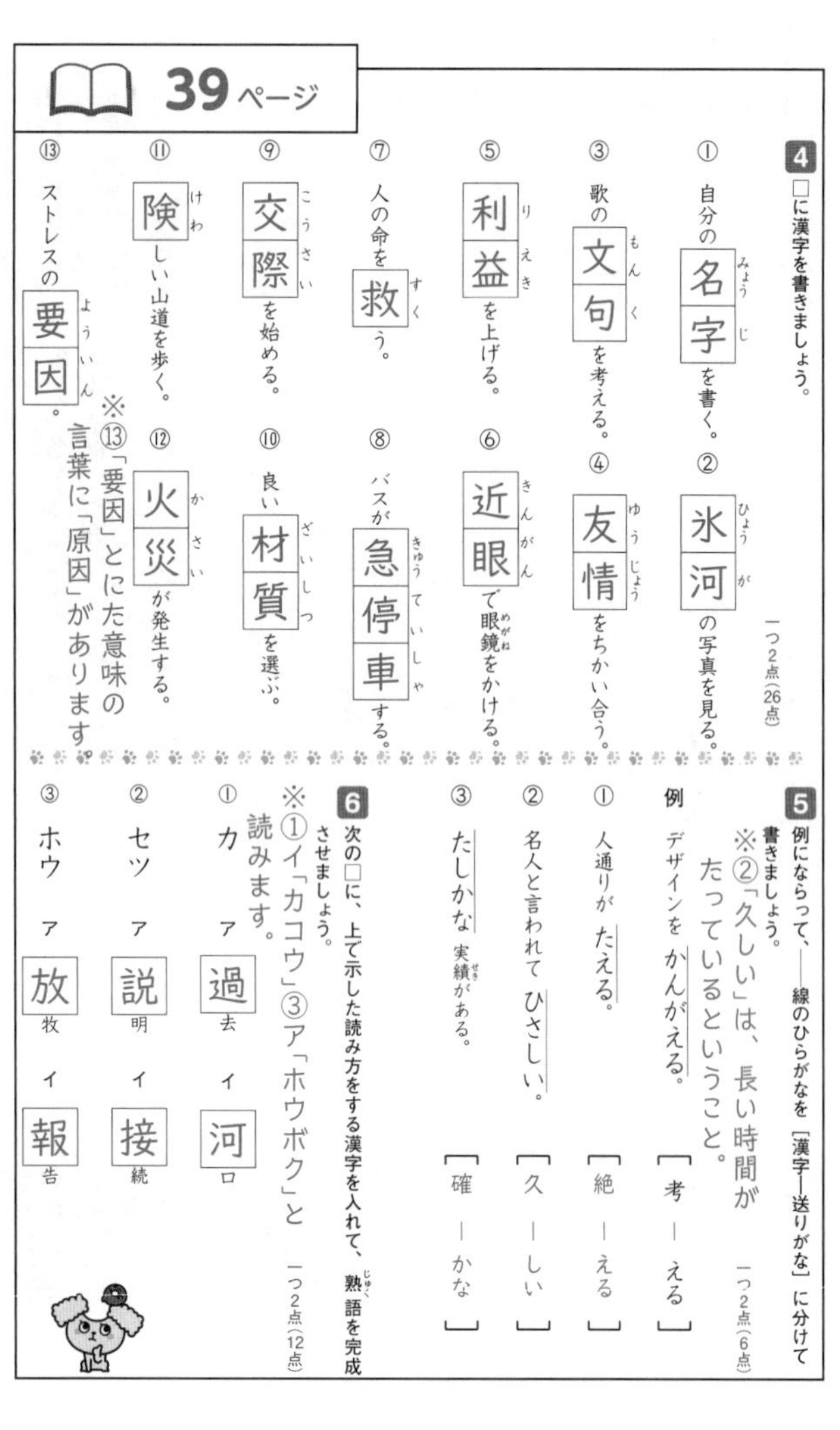

39ページ

4 □に漢字を書きましょう。　一つ2点（26点）

① 自分の名字（みょうじ）を書く。
② 氷河（ひょうが）の写真を見る。
③ 歌の文句（もんく）を考える。
④ 友情（ゆうじょう）をちかい合う。
⑤ 利益（りえき）を上げる。
⑥ 近眼（きんがん）で眼鏡をかける。
⑦ 人の命を救（すく）う。
⑧ バスが急停車（きゅうていしゃ）する。
⑨ 交際（こうさい）を始める。
⑩ 良い材質（ざいしつ）を選ぶ。
⑪ 険（けわ）しい山道を歩く。
⑫ 火災（かさい）が発生する。
⑬ ストレスの要因（よういん）。

※⑬「要因」とにた意味の言葉に「原因」があります。

5 例にならって、——線のひらがなを[漢字—送りがな]に分けて書きましょう。　一つ2点（6点）

例 デザインをかんがえる。　[考—える]
① 人通りがたえる。　[絶—える]
② 名人と言われてひさしい。　[久—しい]
③ たしかな実績がある。　[確—かな]

※②「久しい」は、長い時間がたっているということ。

6 次の□に、上で示した読み方をする漢字を入れて、熟語を完成させましょう。　一つ2点（12点）

① カ　ア 過去　イ 河口
② セツ　ア 説明　イ 接続
③ ホウ　ア 放牧　イ 報告

※①イ「カコウ」③ア「ホウボク」と読みます。

40ページ

夏のチャレンジテスト②

1 ―線の漢字の読みがなを書きましょう。 一つ2点(26点)

① 未来を暗示（あんじ）する出来事が起こる。
② 父は体の状態（じょうたい）が良くないので禁酒（きんしゅ）している。
③ 周りの雑音（ざつおん）のせいで、勉強に集中できない。
④ 長編（ちょうへん）小説の続きの構想（こうそう）を語る。
⑤ 両国はしだいに停戦（ていせん）することを意識（いしき）し始めた。
⑥ 故人（こじん）が十年前に書いた紀行文（きこうぶん）。
⑦ 思いの外（ほか）、チームの形勢（けいせい）が悪化した。
⑧ この物語では富士山を賛美（さんび）している。

※⑦「思いの外」とは、考えていたこととはちがっていたさまのこと。

2 次の意味を持つ熟語を、□の漢字を組み合わせて作りましょう。（□には使わない漢字もあります。） 一つ2点(4点)

常　学　場　通　独　正

① いつもと変わりがないこと。 通常
② ひとりで勉強をすること。 独学

※②「独」には、「ひとり」「ひとつ」の意味があります。

3 次の熟語の、反対の意味を持つ熟語を□に書きましょう。 一つ3点(12点)

例 北極 ↔ 南極
① 形式 ↔ 内容
② 現在 ↔ 過去
③ 清潔 ↔ 不潔
④ 許可（きょか） ↔ 禁止

時間30分 /100 合格80点
教科書16～102ページ 答え7ページ

41ページ

4 □に漢字を書きましょう。 一つ2点(28点)

① 画家を志願（しがん）する。
② 歴史（れきし）上の人物。
③ 姉が大喜（おおよろこ）びする。
④ お寺で仏（ほとけ）をおがむ。
⑤ 病院の職員（しょくいん）。
⑥ 永遠（えいえん）に続く波の音。
⑦ 快挙（かいきょ）を成しとげる。
⑧ 虫も殺（ころ）さないような顔。
⑨ 友人を家に招（まね）く。
⑩ どちらかに仮定（かてい）する。
⑪ 正しく判断（はんだん）する。
⑫ 条件（じょうけん）をあたえる。
⑬ 平均（へいきん）気温を求める。
⑭ 政府（せいふ）の発表を聞く。

5 次の文から、まちがって使われている漢字をぬき出して、正しい漢字を書きましょう。 一つ5点、両方できて正解(10点)

① 複数の出張の経費を清算（せいさん）する。 ↓× 清 ○ 精
② 川の長さを計側（けいそく）する。 ↓× 側 ○ 測

※①「清算」だと、関係を終わりにする、という意味になります。

6 次の漢字の部首名と、その部首の画数を書きましょう。 一つ2点(20点)

	漢字	部首名	部首の画数
例	花	くさかんむり	三
①	河	さんずい	三
②	独	けものへん	三
③	任	にんべん	二
④	勢	ちから	二
⑤	救	のぶん（ぼくづくり）	三

※それぞれの部首は次のとおり。①「氵」②「犭」③「亻」④「力」⑤「攵」

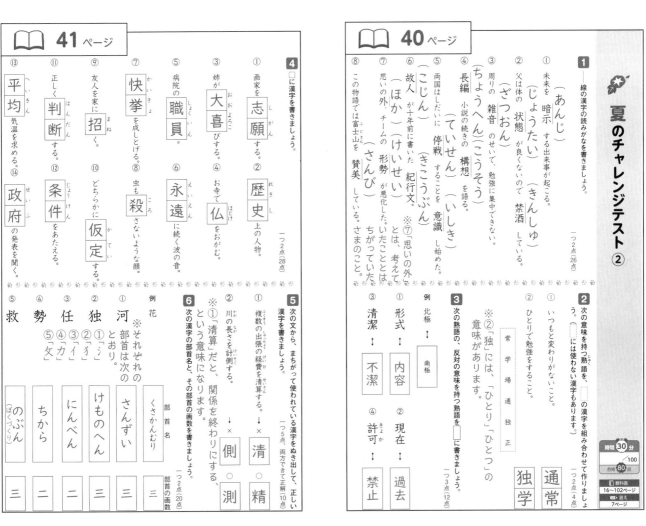

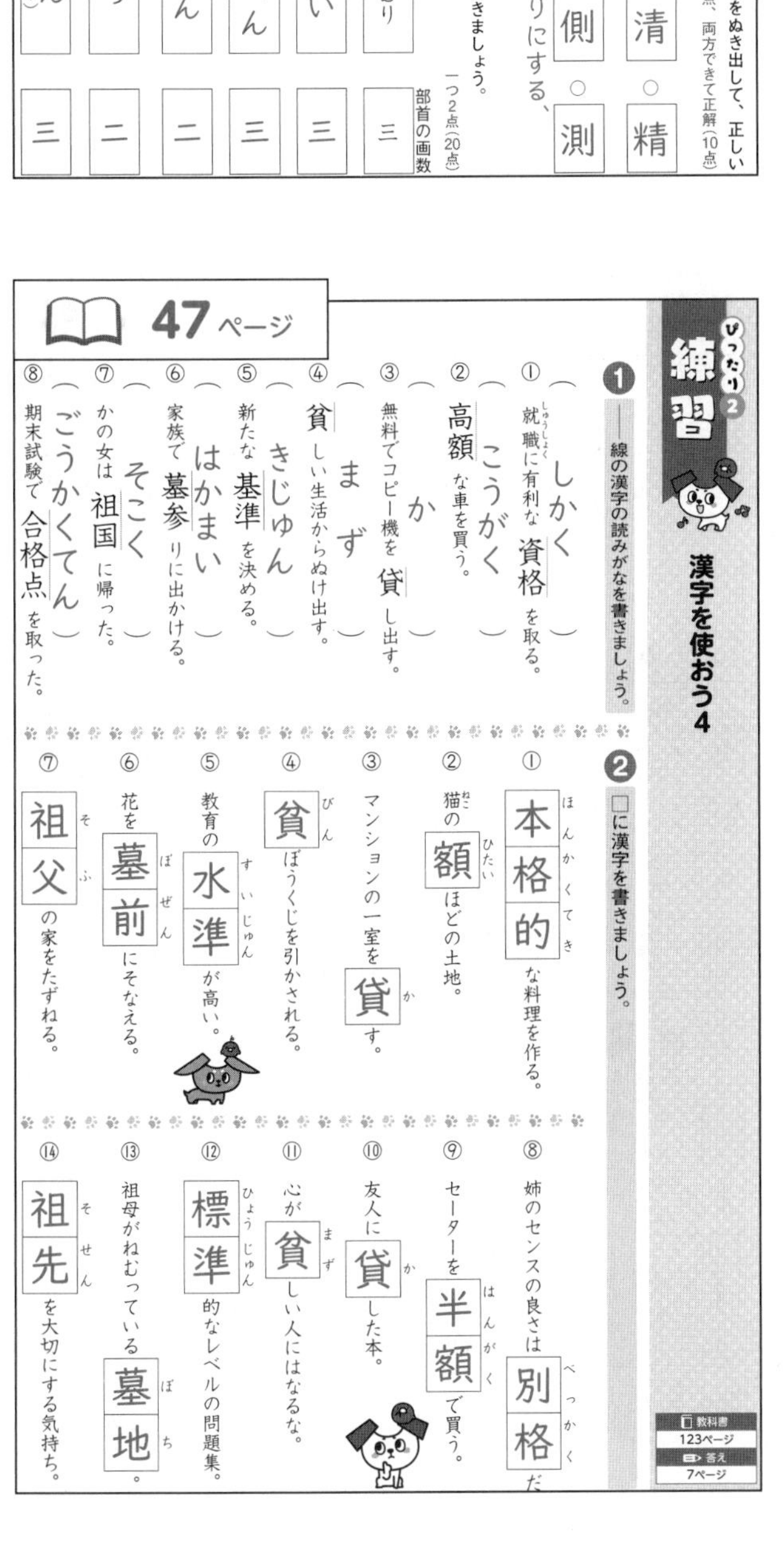

47ページ

ぴったり2 練習　漢字を使おう4

1 ―線の漢字の読みがなを書きましょう。

① 就職（しゅうしょく）に有利な資格（しかく）を取る。
② 高額（こうがく）な車を買う。
③ 無料でコピー機を貸（か）し出す。
④ 貧（まず）しい生活からぬけ出す。
⑤ 新たな基準（きじゅん）を決める。
⑥ 家族で墓参（はかまい）りに出かける。
⑦ かの女は祖国（そこく）に帰った。
⑧ 期末試験で合格点（ごうかくてん）を取った。

2 □に漢字を書きましょう。

① 本格的（ほんかくてき）な料理を作る。
② 猫の額（ひたい）ほどの土地。
③ マンションの一室を貸（か）す。
④ 貧（びん）ぼうくじを引かされる。
⑤ 教育の水準（すいじゅん）が高い。
⑥ 花を墓前（ぼぜん）にそなえる。
⑦ 祖父（そふ）の家をたずねる。
⑧ 姉のセンスの良さは別格（べっかく）だ。
⑨ セーターを半額（はんがく）で買う。
⑩ 友人に貸（か）した本。
⑪ 心が貧（まず）しい人にはなるな。
⑫ 標準（ひょうじゅん）的なレベルの問題集。
⑬ 祖母がねむっている墓地（ぼち）。
⑭ 祖先（そせん）を大切にする気持ち。

教科書123ページ 答え7ページ

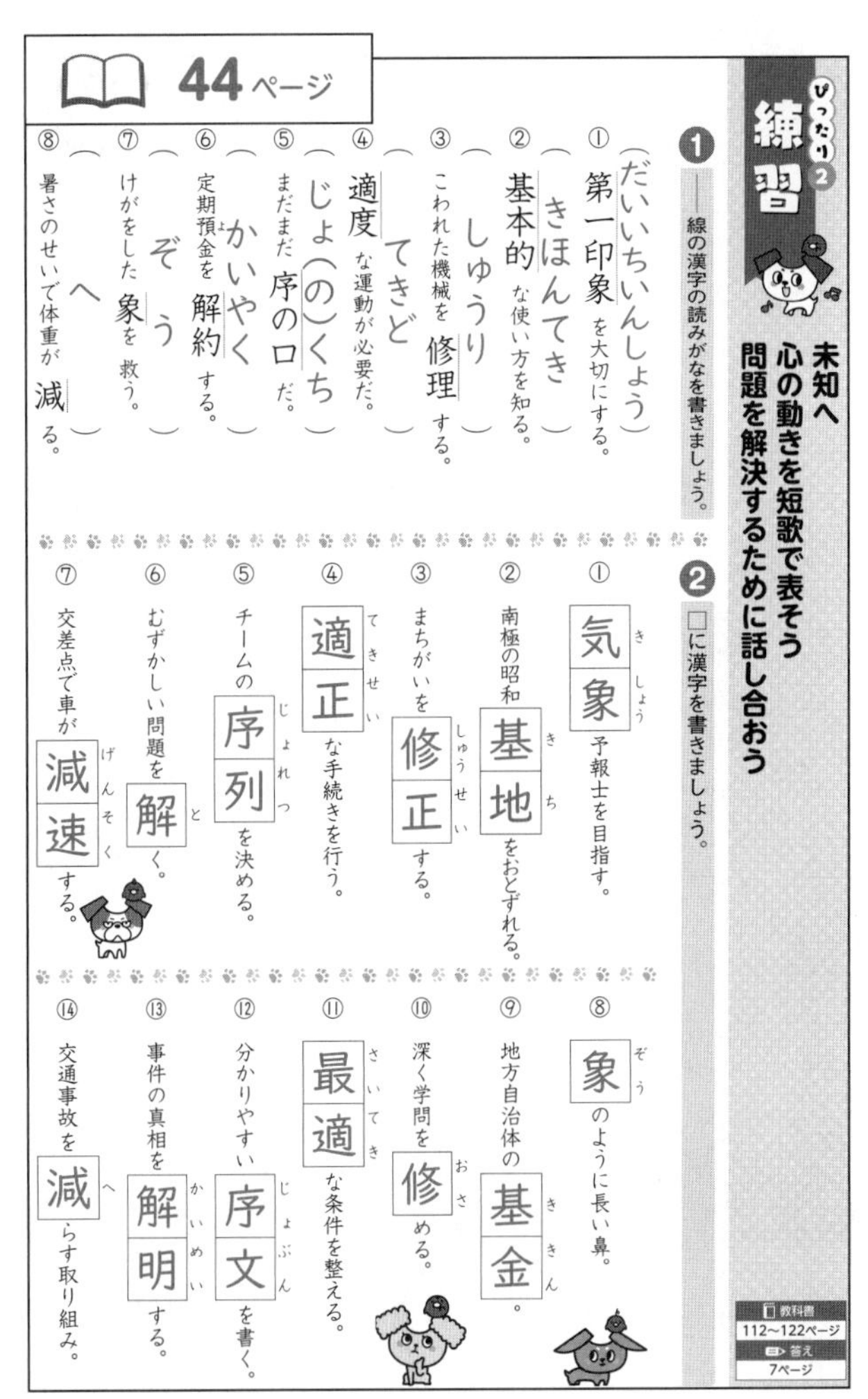

44ページ

ぴったり2 練習　未知へ　心の動きを短歌で表そう　問題を解決するために話し合おう

1 ―線の漢字の読みがなを書きましょう。

① 第一印象（だいいちいんしょう）を大切にする。
② 基本的（きほんてき）な使い方を知る。
③ こわれた機械を修理（しゅうり）する。
④ 適度（てきど）な運動が必要だ。
⑤ まだまだ序の口（じょ（の）くち）だ。
⑥ 定期預金を解約（かいやく）する。
⑦ けがをした象（ぞう）を救う。
⑧ 暑さのせいで体重が減（へ）る。

2 □に漢字を書きましょう。

① 気象（きしょう）予報士を目指す。
② 南極の昭和基地（きち）をおとずれる。
③ まちがいを修正（しゅうせい）する。
④ 適正（てきせい）な手続きを行う。
⑤ チームの序列（じょれつ）を決める。
⑥ むずかしい問題を解（と）く。
⑦ 交差点で車が減速（げんそく）する。
⑧ 象（ぞう）のように長い鼻。
⑨ 地方自治体の基金（ききん）。
⑩ 深く学問を修（おさ）める。
⑪ 最適（さいてき）な条件を整える。
⑫ 分かりやすい序文（じょぶん）を書く。
⑬ 事件の真相を解明（かいめい）する。
⑭ 交通事故を減（へ）らす取り組み。

教科書112～122ページ 答え7ページ

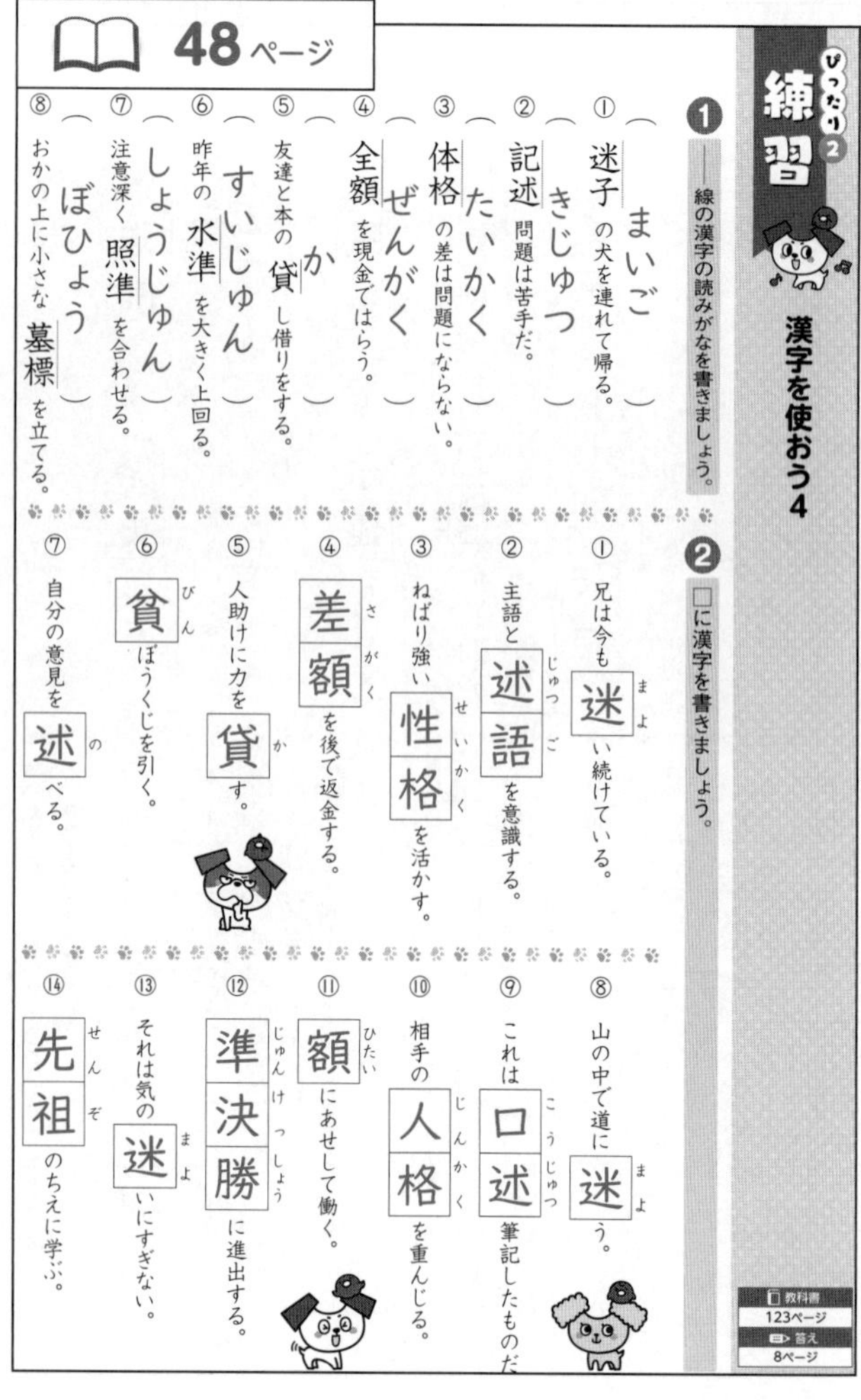

48ページ

練習 ぴったり2

漢字を使おう4

1 ――線の漢字の読みがなを書きましょう。

① 迷子（まいご）の犬を連れて帰る。
② 記述（きじゅつ）問題は苦手だ。
③ 体格（たいかく）の差は問題にならない。
④ 全額（ぜんがく）を現金ではらう。
⑤ 友達と本の貸（か）し借りをする。
⑥ 昨年の水準（すいじゅん）を大きく上回る。
⑦ 注意深く照準（しょうじゅん）を合わせる。
⑧ おかの上に小さな墓標（ぼひょう）を立てる。

2 □に漢字を書きましょう。

① 兄は今も**迷**い続けている。
② 主語と**述語**を意識する。
③ ねばり強い**性格**を活かす。
④ **差額**を後で返金する。
⑤ 人助けに力を**貸**す。
⑥ **貧**ぼうくじを引く。
⑦ 自分の意見を**述**べる。
⑧ 山の中で道に**迷**う。
⑨ これは**口述**筆記したものだ。
⑩ 相手の**人格**を重んじる。
⑪ **額**にあせして働く。
⑫ **準決勝**に進出する。
⑬ それは気の**迷**いにすぎない。
⑭ **先祖**のちえに学ぶ。

教科書 123ページ　答え 8ページ

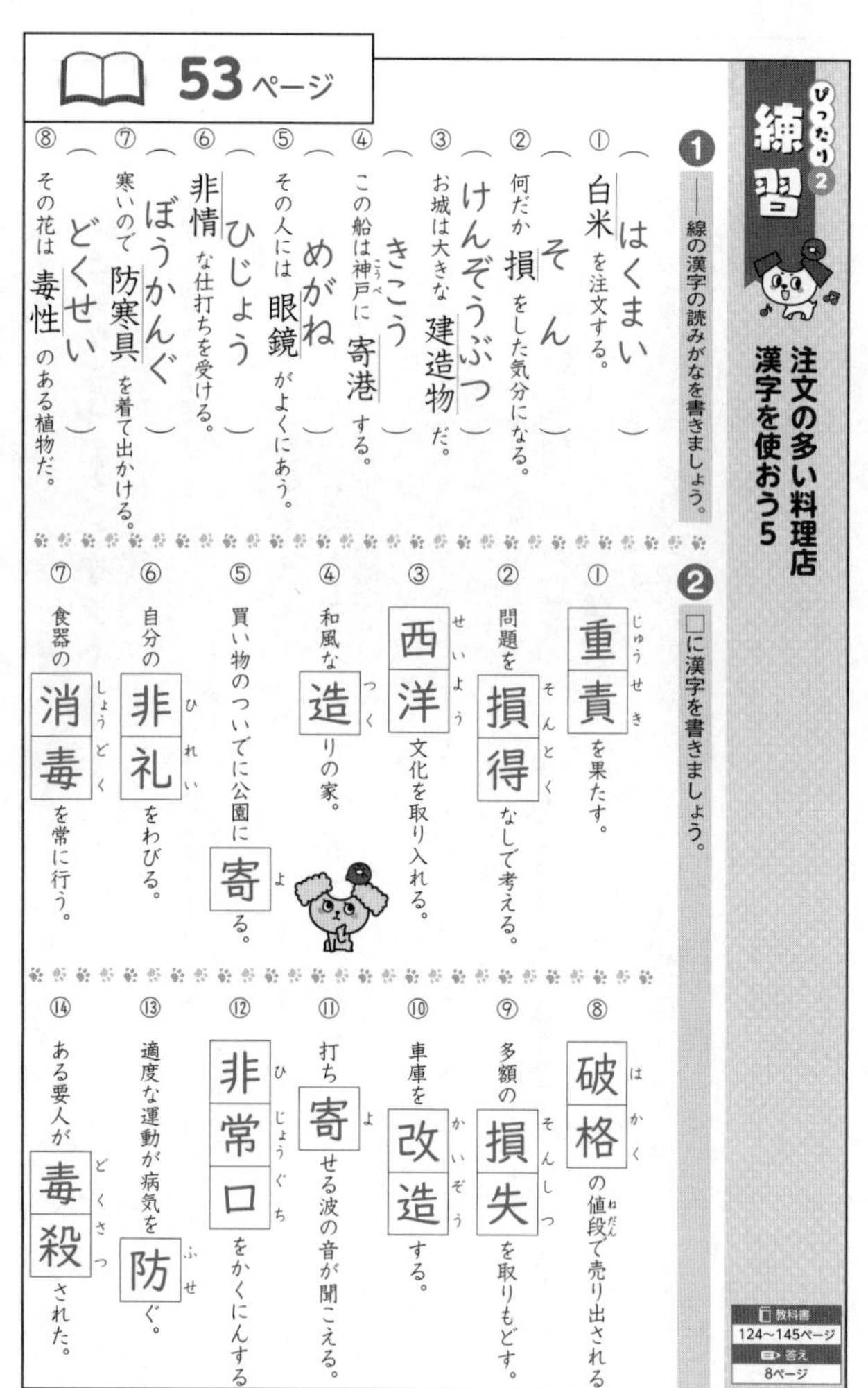

53ページ

練習 ぴったり2

注文の多い料理店　漢字を使おう5

1 ――線の漢字の読みがなを書きましょう。

① 白米（はくまい）を注文する。
② 何だか損（そん）をした気分になる。
③ お城は大きな建造物（けんぞうぶつ）だ。
④ この船は神戸に寄港（きこう）する。
⑤ その人には眼鏡（めがね）がよくにあう。
⑥ 非情（ひじょう）な仕打ちを受ける。
⑦ 寒いので防寒具（ぼうかんぐ）を着て出かける。
⑧ その花は毒性（どくせい）のある植物だ。

2 □に漢字を書きましょう。

① **重責**を果たす。
② 問題を**損得**なしで考える。
③ **西洋**文化を取り入れる。
④ 和風な**造**りの家。
⑤ 買い物のついでに公園に**寄**る。
⑥ 自分の**非礼**をわびる。
⑦ 食器の**消毒**を常に行う。
⑧ **破格**の値段で売り出される。
⑨ 多額の**損失**を取りもどす。
⑩ 車庫を**改造**する。
⑪ 打ち**寄**せる波の音が聞こえる。
⑫ **非常口**をかくにんする。
⑬ 適度な運動が病気を**防**ぐ。
⑭ ある要人が**毒殺**された。

教科書 124〜145ページ　答え 8ページ

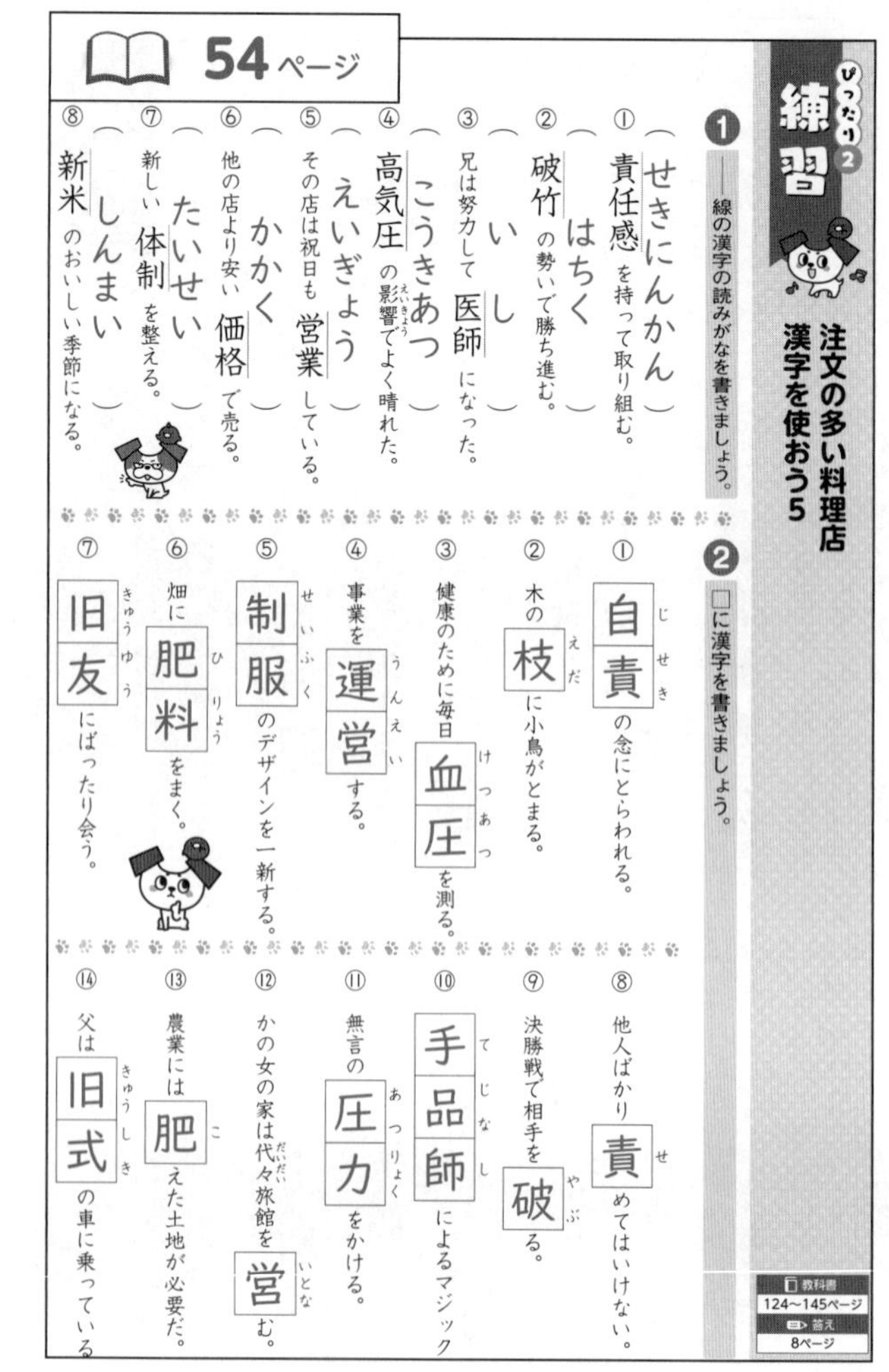

54ページ

練習 ぴったり2

注文の多い料理店　漢字を使おう5

1 ――線の漢字の読みがなを書きましょう。

① 責任感（せきにんかん）を持って取り組む。
② 破竹（はちく）の勢いで勝ち進む。
③ 兄は努力して医師（いし）になった。
④ 高気圧（こうきあつ）の影響でよく晴れた。
⑤ その店は祝日も営業（えいぎょう）している。
⑥ 他の店より安い価格（かかく）で売る。
⑦ 新しい体制（たいせい）を整える。
⑧ 新米（しんまい）のおいしい季節になる。

2 □に漢字を書きましょう。

① **自責**の念にとらわれる。
② 木の**枝**に小鳥がとまる。
③ 健康のために毎日**血圧**を測る。
④ 事業を**運営**する。
⑤ **制服**のデザインを一新する。
⑥ 畑に**肥料**をまく。
⑦ **旧友**にばったり会う。
⑧ 他人ばかり**責**めてはいけない。
⑨ 決勝戦で相手を**破**る。
⑩ **手品師**によるマジック
⑪ 無言の**圧力**をかける。
⑫ かの女の家は代々旅館を**営**む。
⑬ 農業には**肥**えた土地が必要だ。
⑭ 父は**旧式**の車に乗っている

教科書 124〜145ページ　答え 8ページ

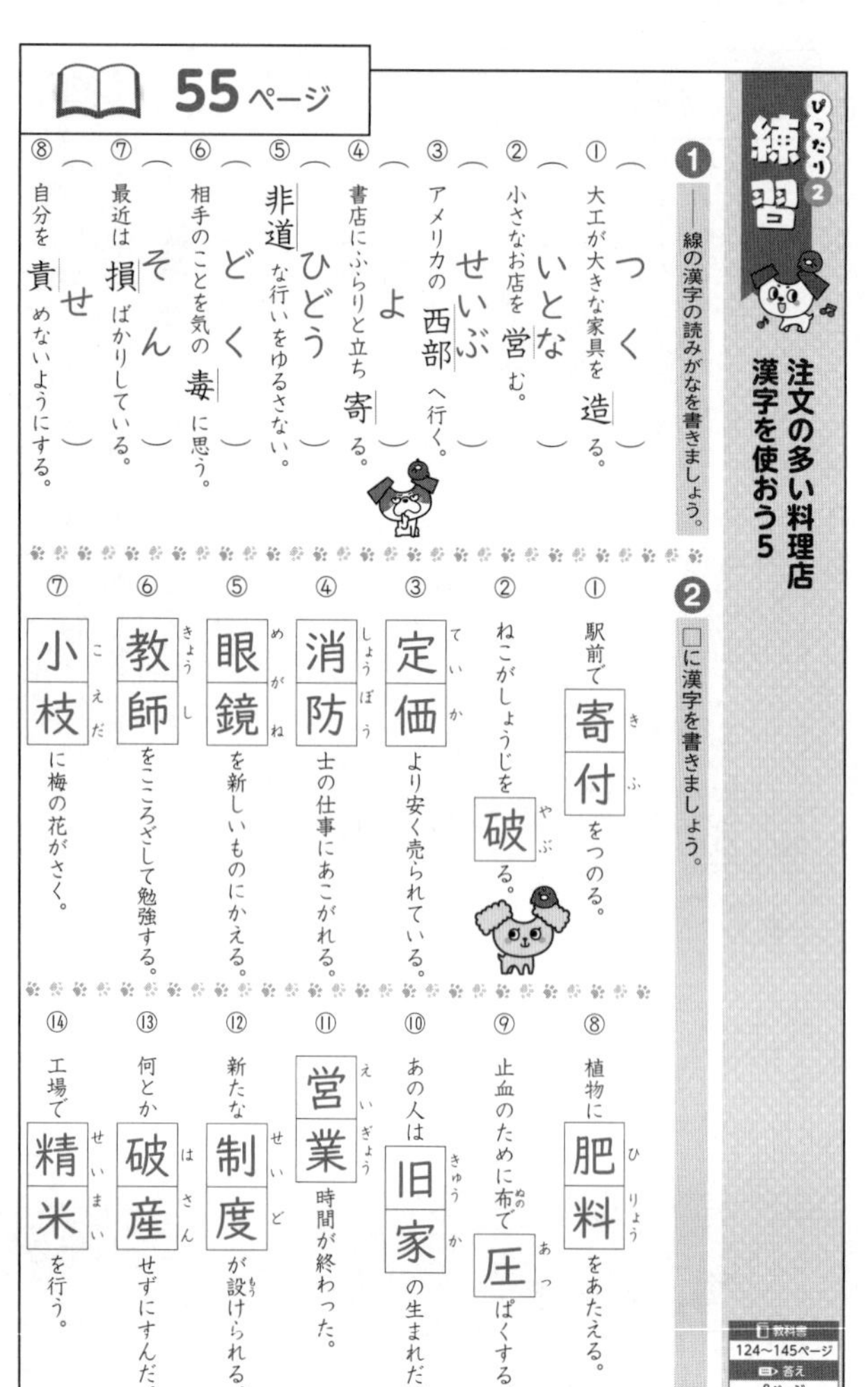

55ページ

練習 ぴったり2

注文の多い料理店　漢字を使おう5

1 ――線の漢字の読みがなを書きましょう。

① 大工が大きな家具を造（つく）る。
② 小さなお店を営（いとな）む。
③ アメリカの西部（せいぶ）へ行く。
④ 書店にふらりと立ち寄（よ）る。
⑤ 非道（ひどう）な行いをゆるさない。
⑥ 相手のことを気の毒（どく）に思う。
⑦ 最近は損（そん）ばかりしている。
⑧ 自分を責（せ）めないようにする。

2 □に漢字を書きましょう。

① 駅前で**寄付**をつのる。
② ねこがしょうじを**破**る。
③ **定価**より安く売られている。
④ **消防**士の仕事にあこがれる。
⑤ **眼鏡**を新しいものにかえる。
⑥ **教師**をこころざして勉強する。
⑦ **小枝**に梅の花がさく。
⑧ 植物に**肥料**をあたえる。
⑨ 止血のために布で**圧**ぱくする。
⑩ あの人は**旧家**の生まれだ。
⑪ **営業**時間が終わった。
⑫ 新たな**制度**が設けられる。
⑬ 何とか**破産**せずにすんだ。
⑭ 工場で**精米**を行う。

教科書 124〜145ページ　答え 8ページ

58ページ

ぴったり2 練習

どうやって文をつなげればいいの？／和の文化を受けつぐ―和菓子をさぐる／和の文化を発信しよう

教科書 146～168ページ　答え 9ページ

1 ――線の漢字の読みがなを書きましょう。

① 道しるべと逆の方向に進む。（ぎゃく）
② 米をすりつぶして粉にする。（こな）
③ ぼくの特技はスノーボードだ。（とくぎ）
④ ドアがしまらないように支える。（ささ）
⑤ 中断していた試合を再開する。（さいかい）
⑥ 音楽には心をいやす効果がある。（こうか）
⑦ 多くのデータを一つに統合する。（とうごう）
⑧ 日本は多くの機械を輸出している。（ゆしゅつ）

2 □に漢字を書きましょう。

① 日本の［伝統］（でんとう）文化を学ぶ。
② 外国から石油を［輸入］（ゆにゅう）する。
③ ［芸術］（げいじゅつ）と読書の秋がやってきた。
④ ［新型］（しんがた）の自動車が発売された。
⑤ がまんの［限界］（げんかい）をこえる。
⑥ 人の言うことに［逆］（さか）らう。
⑦ ［粉末］（ふんまつ）のチーズをふりかける。
⑧ テニスは［球技］（きゅうぎ）の一つだ。
⑨ ［手術］（しゅじゅつ）を受ける。
⑩ 銀行の［支店］（してん）に行く。
⑪ ［典型的］（てんけいてき）な例を挙げる。
⑫ 雨が［再］（ふたた）びふり始める。
⑬ ［限］（かぎ）りある時間を大切にする。
⑭ 熱によく［効］（き）く薬を飲む。

59ページ

ぴったり2 練習

どうやって文をつなげればいいの？／和の文化を受けつぐ―和菓子をさぐる／和の文化を発信しよう

教科書 146～168ページ　答え 9ページ

1 ――線の漢字の読みがなを書きましょう。

① チューブを逆さまにしておく。（さか）
② 小麦粉でパンやパスタを作る。（こむぎこ）
③ 高い技術を持っている。（ぎじゅつ）
④ 多くの人から支持を集める。（しじ）
⑤ 止まった時計が再び動き出す。（ふたた）
⑥ エアコンの効いた部屋で過ごす。（き）
⑦ 問題の答えは一つとは限らない。（かぎ）
⑧ 春はたくさんの花粉がまう。（かふん）

2 □に漢字を書きましょう。

① ［血統書］（けっとうしょ）付きの犬を飼う。
② 飛行機で荷物を［空輸］（くうゆ）する。
③ たくみな［話術］（わじゅつ）でだます。
④ 成長して［体型］（たいけい）が変化する。
⑤ 持てる重さには［限度］（げんど）がある。
⑥ ［逆転］（ぎゃくてん）して勝利をおさめる。
⑦ スーパーで［粉］（こ）を買う。
⑧ 水泳の［競技会］（きょうぎかい）に出る。
⑨ 家族で［美術館］（びじゅつかん）に行く。
⑩ 毎月の［支出］（ししゅつ）を見直す。
⑪ チョコレートを［型］（かた）に入れる。
⑫ 戸じまりを［再度］（さいど）確かめる。
⑬ 残ったお金を［有効］（ゆうこう）に使う。
⑭ 人口に関する［統計］（とうけい）を取る。

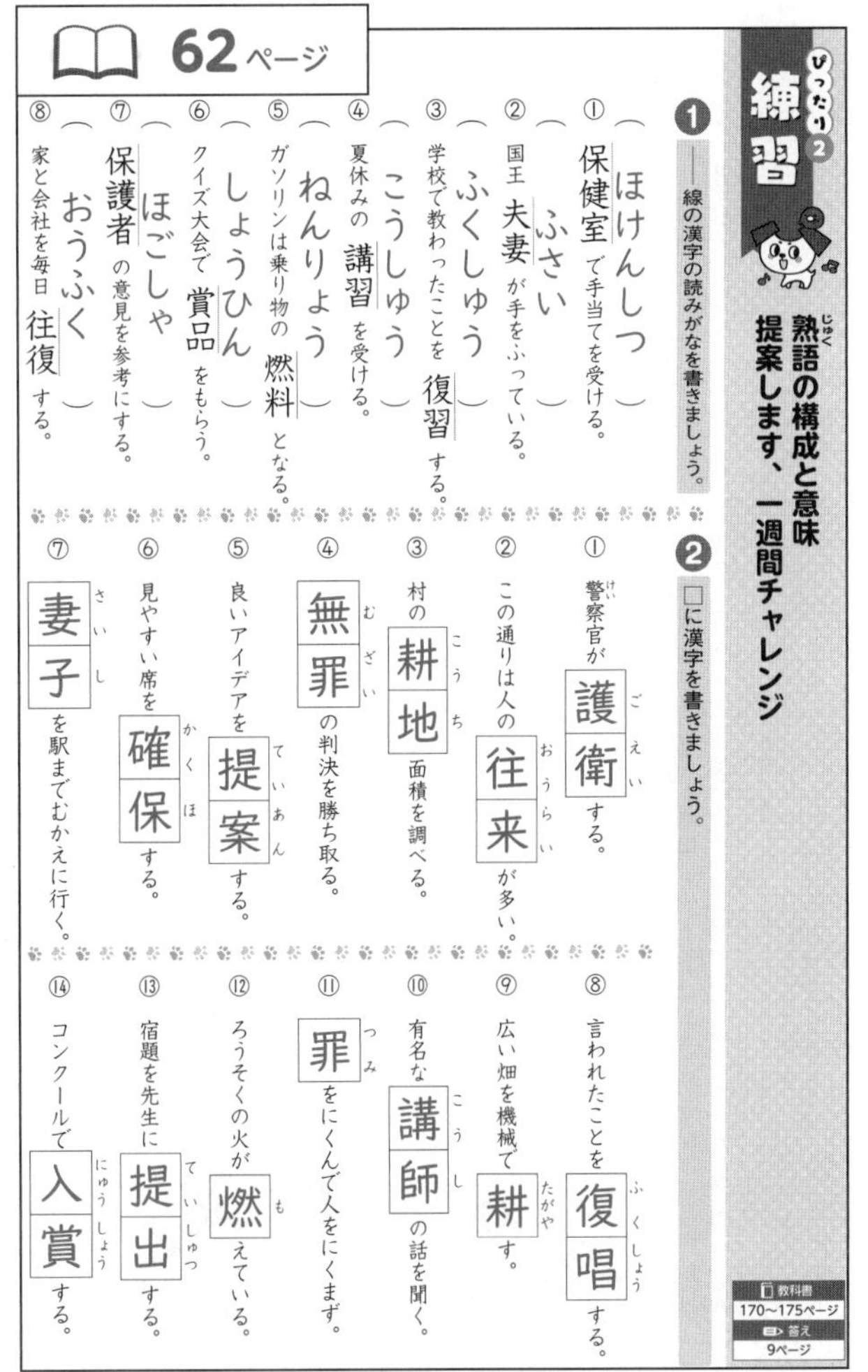

62ページ

ぴったり2 練習

熟語の構成と意味／提案します、一週間チャレンジ

教科書 170～175ページ　答え 9ページ

1 ――線の漢字の読みがなを書きましょう。

① 保健室で手当てを受ける。（ほけんしつ）
② 国王夫妻が手をふっている。（ふさい）
③ 学校で教わったことを復習する。（ふくしゅう）
④ 夏休みの講習を受ける。（こうしゅう）
⑤ ガソリンは乗り物の燃料となる。（ねんりょう）
⑥ クイズ大会で賞品をもらう。（しょうひん）
⑦ 保護者の意見を参考にする。（ほごしゃ）
⑧ 家と会社を毎日往復する。（おうふく）

2 □に漢字を書きましょう。

① 警察官が［護衛］（ごえい）する。
② この通りは人の［往来］（おうらい）が多い。
③ 村の［耕地］（こうち）面積を調べる。
④ ［無罪］（むざい）の判決を勝ち取る。
⑤ 良いアイデアを［提案］（ていあん）する。
⑥ 見やすい席を［確保］（かくほ）する。
⑦ ［妻子］（さいし）を駅までむかえに行く。
⑧ 言われたことを［復唱］（ふくしょう）する。
⑨ 広い畑を機械で［耕］（たがや）す。
⑩ 有名な［講師］（こうし）の話を聞く。
⑪ ［罪］（つみ）をにくんで人をにくまず。
⑫ ろうそくの火が［燃］（も）えている。
⑬ 宿題を先生に［提出］（ていしゅつ）する。
⑭ コンクールで［入賞］（にゅうしょう）する。

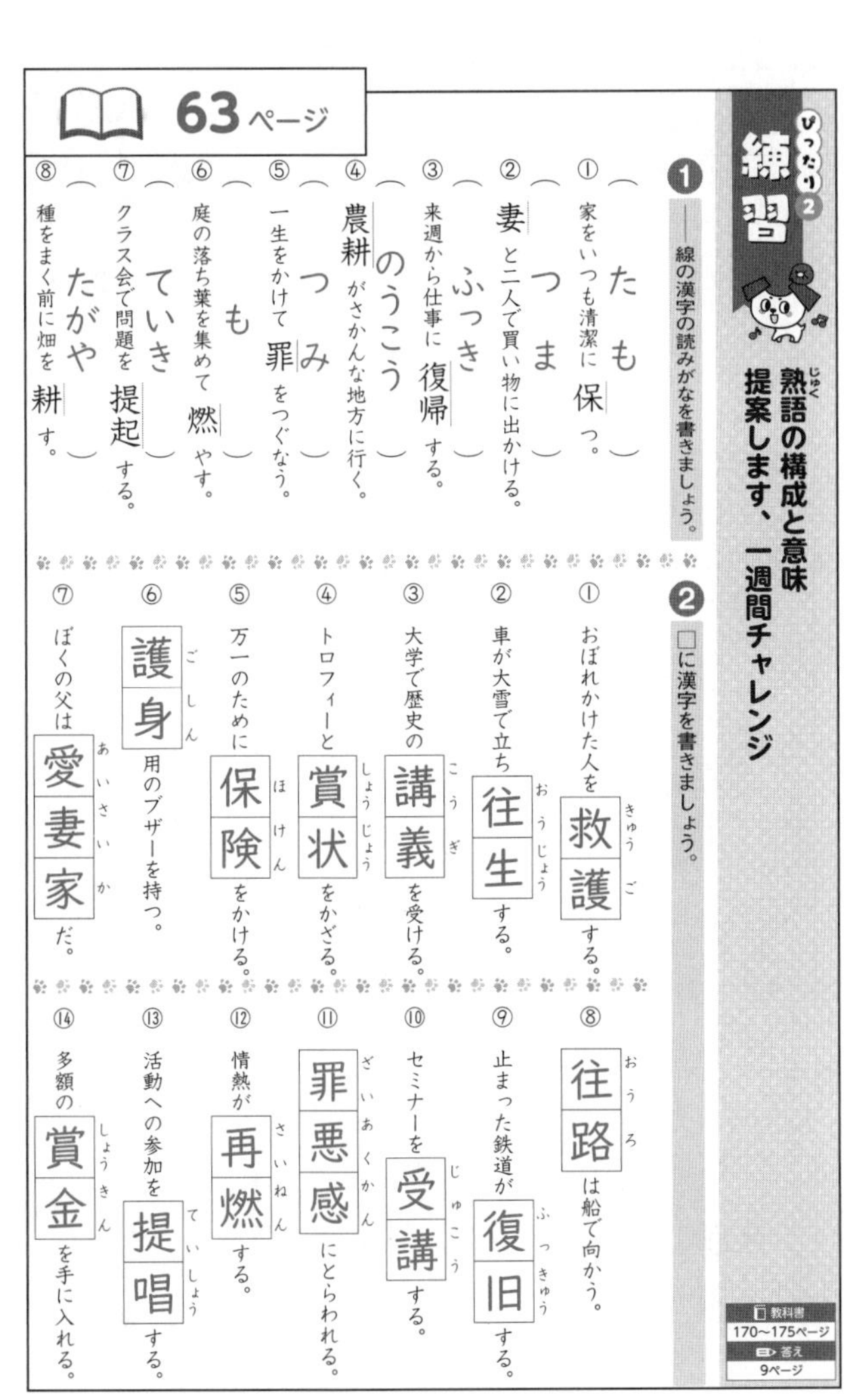

63ページ

ぴったり2 練習

熟語の構成と意味／提案します、一週間チャレンジ

教科書 170～175ページ　答え 9ページ

1 ――線の漢字の読みがなを書きましょう。

① 家をいつも清潔に保つ。（たも）
② 妻と二人で買い物に出かける。（つま）
③ 来週から仕事に復帰する。（ふっき）
④ 農耕がさかんな地方に行く。（のうこう）
⑤ 一生をかけて罪をつぐなう。（つみ）
⑥ 庭の落ち葉を集めて燃やす。（も）
⑦ クラス会で問題を提起する。（ていき）
⑧ 種をまく前に畑を耕す。（たがや）

2 □に漢字を書きましょう。

① おぼれかけた人を［救護］（きゅうご）する。
② 車が大雪で立ち［往生］（おうじょう）する。
③ 大学で歴史の［講義］（こうぎ）を受ける。
④ トロフィーと［賞状］（しょうじょう）をかざる。
⑤ 万一のために［保険］（ほけん）をかける。
⑥ ［護身］（ごしん）用のブザーを持つ。
⑦ ぼくの父は［愛妻家］（あいさいか）だ。
⑧ ［往路］（おうろ）は船で向かう。
⑨ 止まった鉄道が［復旧］（ふっきゅう）する。
⑩ セミナーを［受講］（じゅこう）する。
⑪ ［罪悪感］（ざいあくかん）にとらわれる。
⑫ 情熱が［再燃］（さいねん）する。
⑬ 活動への参加を［提唱］（ていしょう）する。
⑭ 多額の［賞金］（しょうきん）を手に入れる。

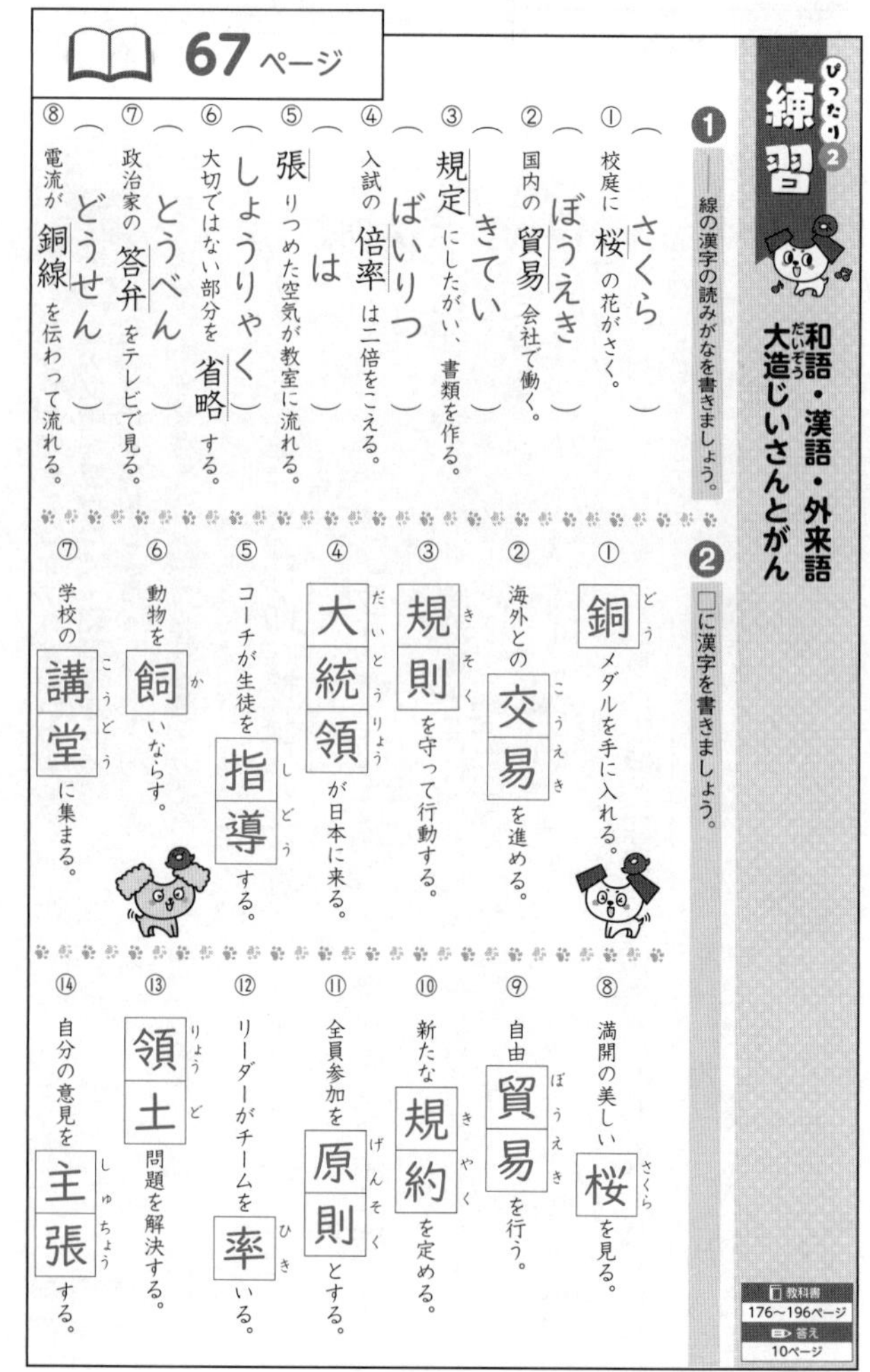

67ページ

ぴったり2 練習

和語・漢語・外来語　大造じいさんとがん

1 ——線の漢字の読みがなを書きましょう。

① 校庭に桜の花がさく。（さくら）
② 国内の貿易会社で働く。（ぼうえき）
③ 規定にしたがい、書類を作る。（きてい）
④ 入試の倍率は二倍をこえる。（ばいりつ）
⑤ 張りつめた空気が教室に流れる。（は）
⑥ 大切ではない部分を省略する。（しょうりゃく）
⑦ 政治家の答弁をテレビで見る。（とうべん）
⑧ 電流が銅線を伝わって流れる。（どうせん）

2 □に漢字を書きましょう。

① 銅メダルを手に入れる。
② 海外との交易を進める。
③ 規則を守って行動する。
④ 大統領が日本に来る。
⑤ コーチが生徒を指導する。
⑥ 動物を飼いならす。
⑦ 学校の講堂に集まる。
⑧ 満開の美しい桜を見る。
⑨ 自由貿易を行う。
⑩ 新たな規約を定める。
⑪ 全員参加を原則とする。
⑫ リーダーがチームを率いる。
⑬ 領土問題を解決する。
⑭ 自分の意見を主張する。

教科書 176〜196ページ　答え 10ページ

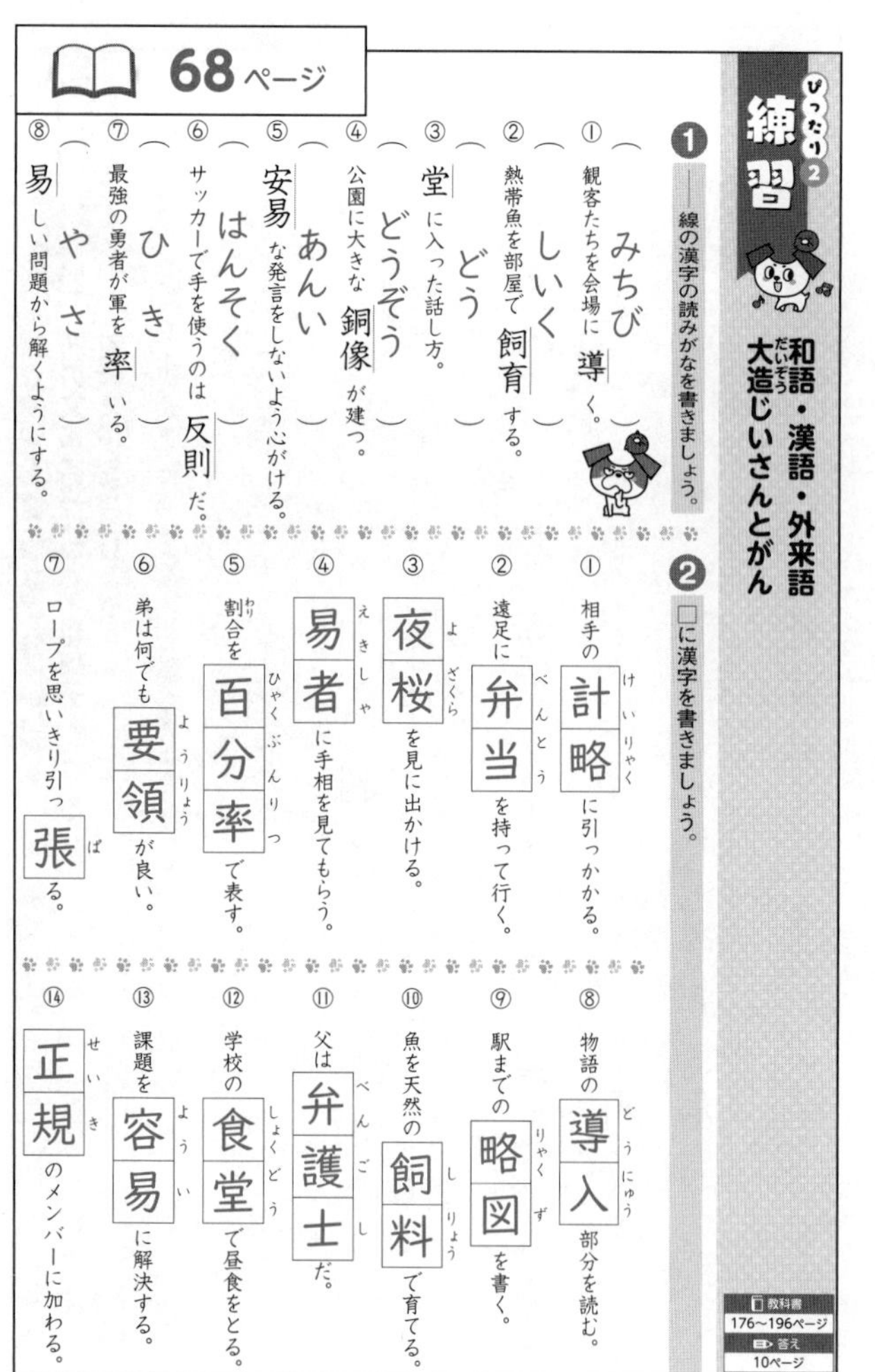

68ページ

ぴったり2 練習

和語・漢語・外来語　大造じいさんとがん

1 ——線の漢字の読みがなを書きましょう。

① 観客たちを会場に導く。（みちび）
② 熱帯魚を部屋で飼育する。（しいく）
③ 堂に入った話し方。（どう）
④ 公園に大きな銅像が建つ。（どうぞう）
⑤ 安易な発言をしないよう心がける。（あんい）
⑥ サッカーで手を使うのは反則だ。（はんそく）
⑦ 最強の勇者が軍を率いる。（ひき）
⑧ 易しい問題から解くようにする。（やさ）

2 □に漢字を書きましょう。

① 相手の計略に引っかかる。
② 遠足に弁当を持って行く。
③ 夜桜を見に出かける。
④ 易者に手相を見てもらう。
⑤ 割合を百分率で表す。
⑥ 弟は何でも要領が良い。
⑦ ロープを思いきり引っ張る。
⑧ 物語の導入部分を読む。
⑨ 駅までの略図を書く。
⑩ 魚を天然の飼料で育てる。
⑪ 父は弁護士だ。
⑫ 学校の食堂で昼食をとる。
⑬ 課題を容易に解決する。
⑭ 正規のメンバーに加わる。

教科書 176〜196ページ　答え 10ページ

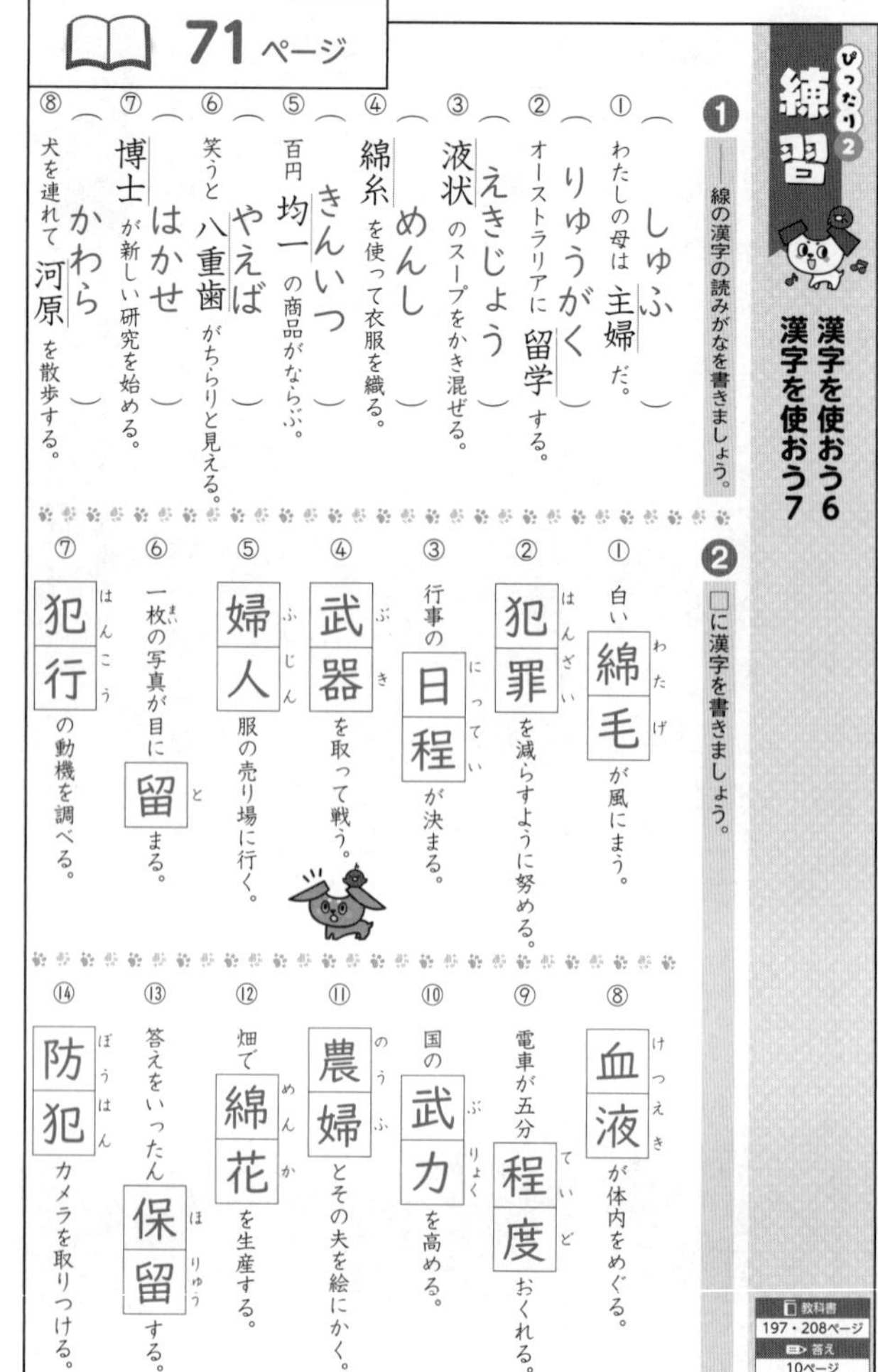

71ページ

ぴったり2 練習

漢字を使おう6　漢字を使おう7

1 ——線の漢字の読みがなを書きましょう。

① わたしの母は主婦だ。（しゅふ）
② オーストラリアに留学する。（りゅうがく）
③ 液状のスープをかき混ぜる。（えきじょう）
④ 綿糸を使って衣服を織る。（めんし）
⑤ 百円均一の商品がならぶ。（きんいつ）
⑥ 笑うと八重歯がちらりと見える。（やえば）
⑦ 博士が新しい研究を始める。（はかせ）
⑧ 犬を連れて河原を散歩する。（かわら）

2 □に漢字を書きましょう。

① 白い綿毛が風にまう。
② 犯罪を減らすように努める。
③ 行事の日程が決まる。
④ 武器を取って戦う。
⑤ 婦人服の売り場に行く。
⑥ 一枚の写真が目に留まる。
⑦ 犯行の動機を調べる。
⑧ 血液が体内をめぐる。
⑨ 電車が五分程度おくれる。
⑩ 国の武力を高める。
⑪ 農婦とその夫を絵にかく。
⑫ 畑で綿花を生産する。
⑬ 答えをいったん保留する。
⑭ 防犯カメラを取りつける。

教科書 197・208ページ　答え 10ページ

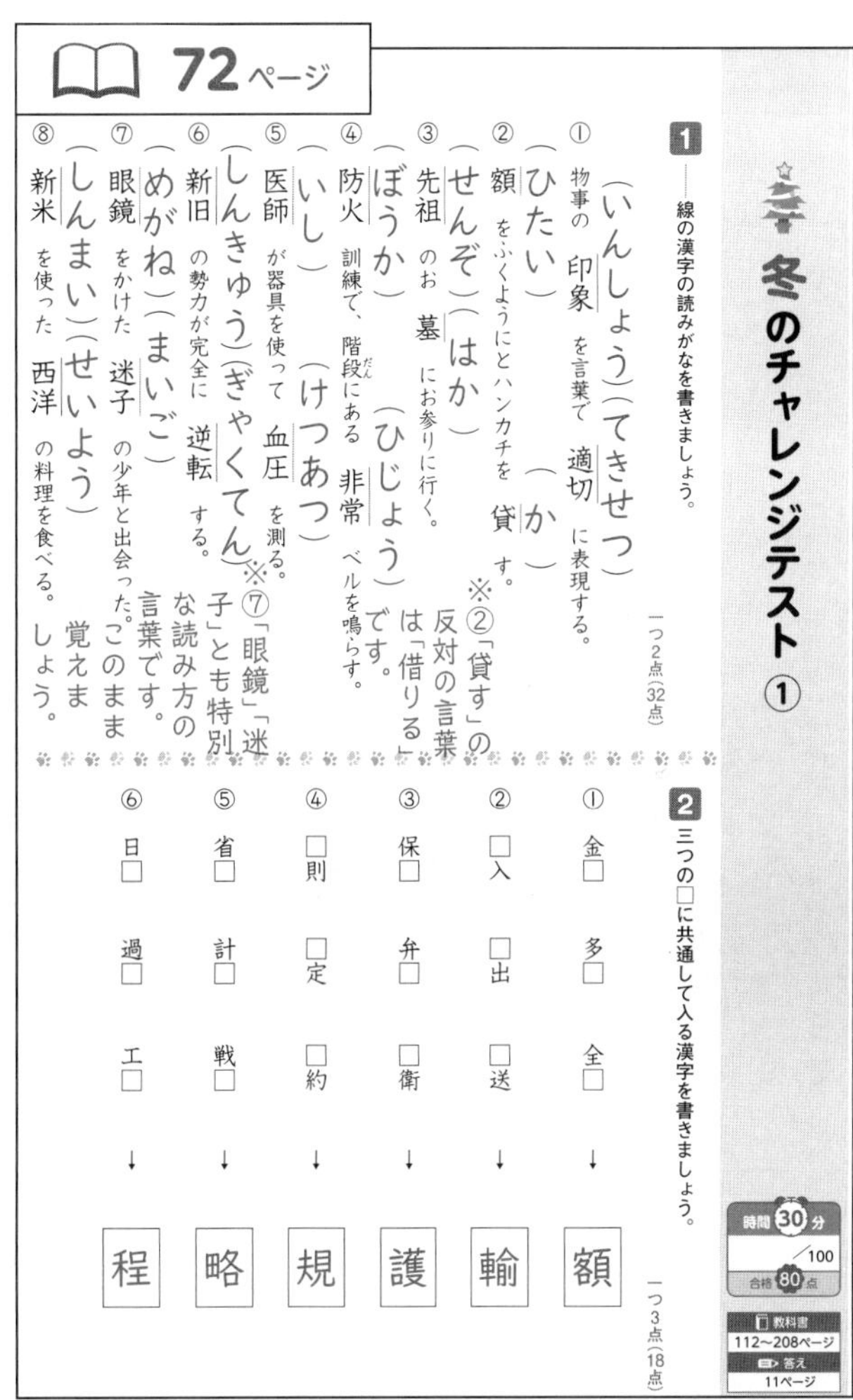

72ページ

冬のチャレンジテスト①

時間30分　/100　合格80点　教科書112〜208ページ　答え11ページ

1 ——線の漢字の読みがなを書きましょう。　一つ2点(32点)

① 物事の印象(いんしょう)を言葉で適切(てきせつ)に表現する。
② 額(ひたい)をふくようにとハンカチを貸(か)す。
③ 先祖(せんぞ)のお墓(はか)にお参りに行く。
④ 防火(ぼうか)訓練で、階段にある非常(ひじょう)ベルを鳴らす。
⑤ 医師(いし)が器具を使って血圧(けつあつ)を測る。
⑥ 新旧(しんきゅう)の勢力が完全に逆転(ぎゃくてん)する。
⑦ 眼鏡(めがね)をかけた迷子(まいご)の少年と出会った。
⑧ 新米(しんまい)を使った西洋(せいよう)の料理を食べる。

※②「貸す」の反対の言葉は「借りる」です。
※⑦「眼鏡」「迷子」とも特別な読み方の言葉です。このまま覚えましょう。

2 三つの□に共通して入る漢字を書きましょう。　一つ3点(18点)

① 金□　多□　全□　→ 額
② □入　□出　□送　→ 輸
③ 保□　弁□　□衛　→ 護
④ □則　□定　□約　→ 規
⑤ 省□　計□　戦□　→ 略
⑥ 日□　過□　工□　→ 程

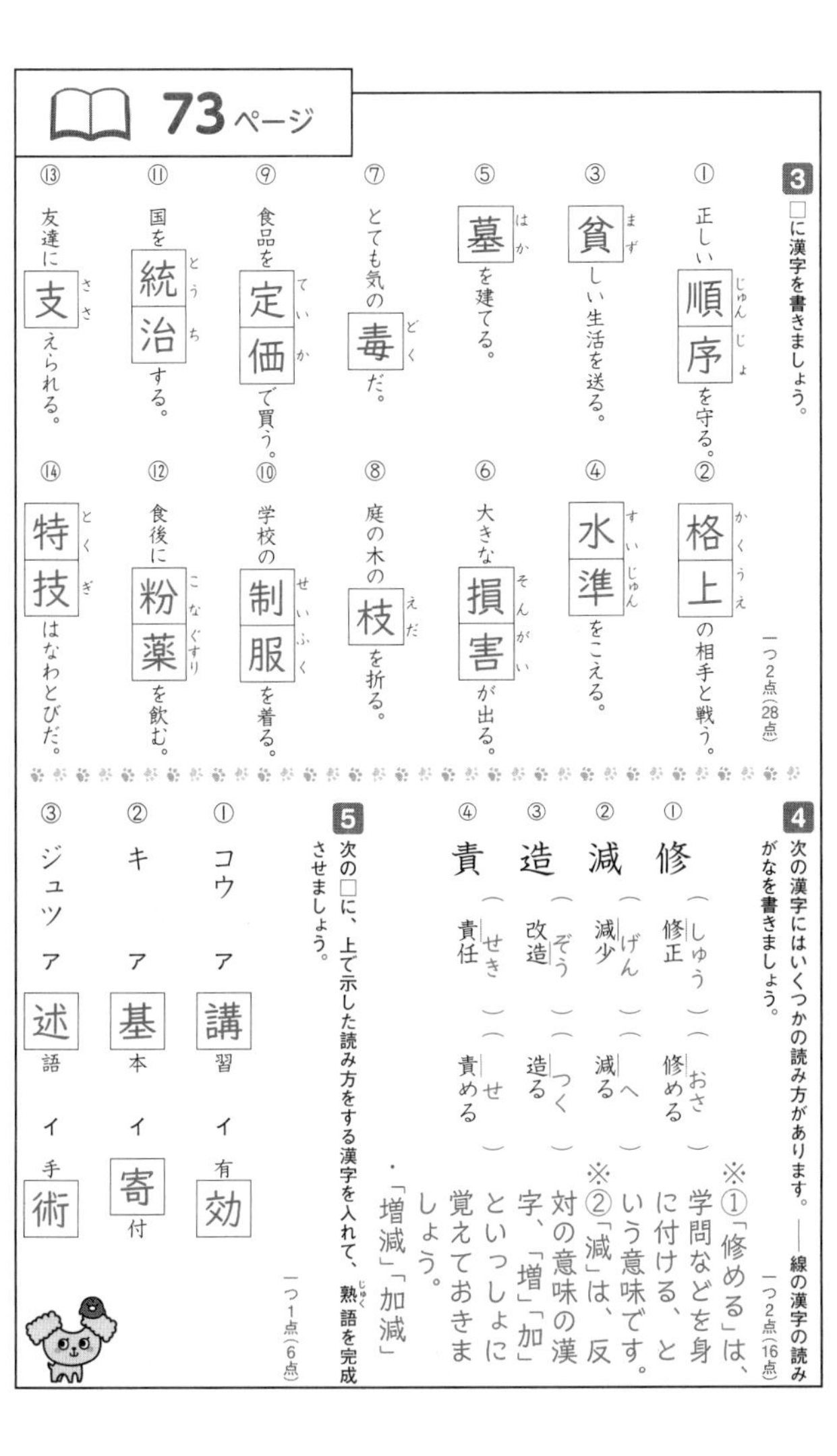

73ページ

3 □に漢字を書きましょう。　一つ2点(28点)

① 正しい順序(じゅんじょ)を守る。
② 格上(かくうえ)の相手と戦う。
③ 貧(まず)しい生活を送る。
④ 水準(すいじゅん)をこえる。
⑤ 墓(はか)を建てる。
⑥ 大きな損害(そんがい)が出る。
⑦ とても気の毒(どく)だ。
⑧ 庭の木の枝(えだ)を折る。
⑨ 食品を定価(ていか)で買う。
⑩ 学校の制服(せいふく)を着る。
⑪ 国を統治(とうち)する。
⑫ 食後に粉薬(こなぐすり)を飲む。
⑬ 友達に支(ささ)えられる。
⑭ 特技(とくぎ)はなわとびだ。

4 次の漢字にはいくつかの読み方があります。——線の漢字の読みがなを書きましょう。　一つ2点(16点)

① 修　修正(しゅう)　修める(おさ)
② 減　減少(げん)　減る(へ)
③ 造　改造(ぞう)　造る(つく)
④ 責　責任(せき)　責める(せ)

※①「修める」は、学問などを身に付ける、という意味です。
※②「減」は、反対の意味の漢字、「増」「加」といっしょに覚えておきましょう。
・「増減」「加減」

5 次の□に、上で示した読み方をする漢字を入れて、熟語を完成させましょう。　一つ1点(6点)

① コウ　ア 講習　イ 有効
② キ　ア 基本　イ 寄付
③ ジュツ　ア 述語　イ 手術

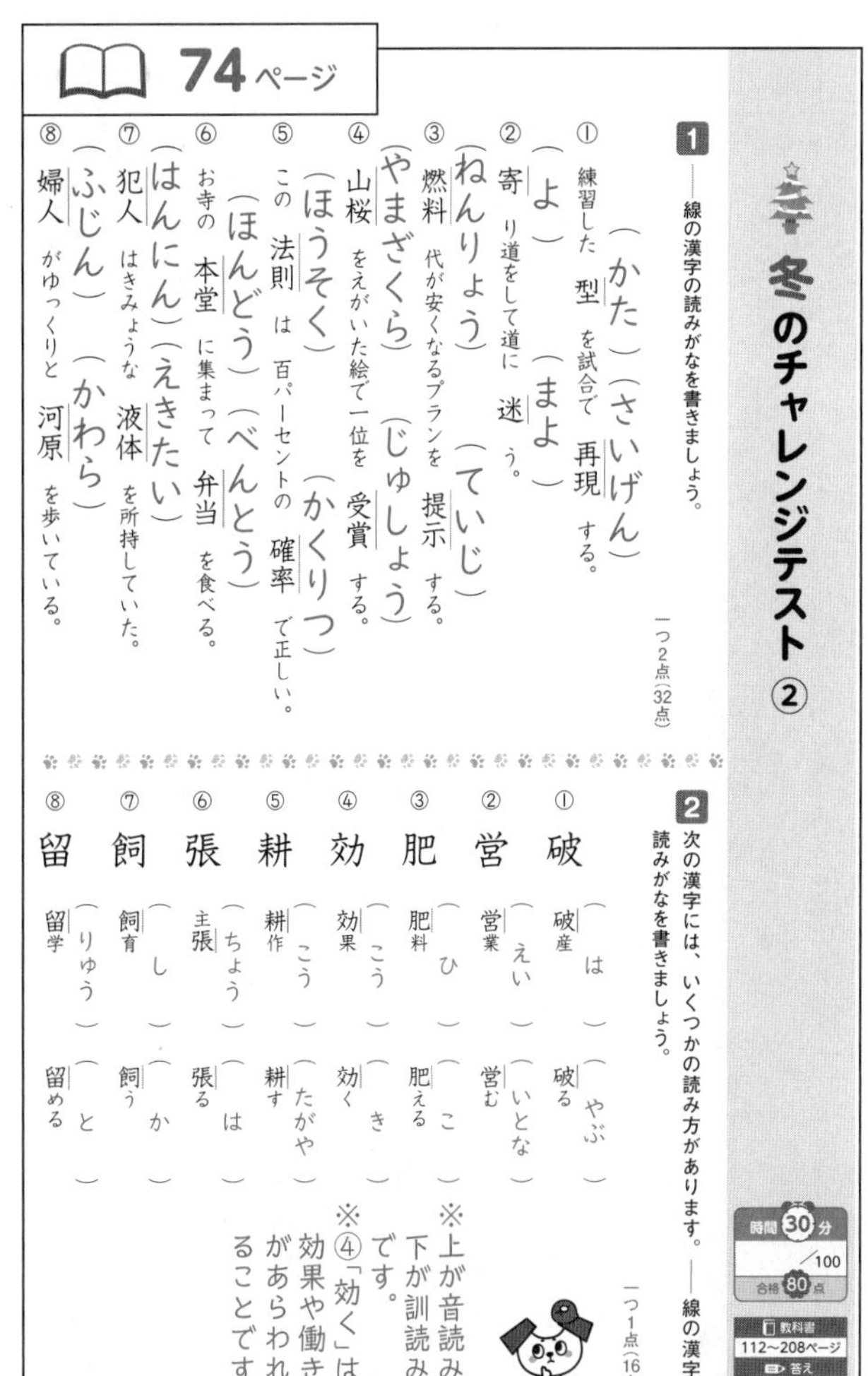

74ページ

冬のチャレンジテスト②

時間30分　/100　合格80点　教科書112〜208ページ　答え11ページ

1 ——線の漢字の読みがなを書きましょう。　一つ2点(32点)

① 練習した型(かた)を試合で再現(さいげん)する。
② 寄(よ)り道をして道に迷(まよ)う。
③ 燃料(ねんりょう)代が安くなるプランを提示(ていじ)する。
④ 山桜(やまざくら)をえがいた絵で一位を受賞(じゅしょう)する。
⑤ この法則(ほうそく)は百パーセントの確率(かくりつ)で正しい。
⑥ お寺の本堂(ほんどう)に集まって弁当(べんとう)を食べる。
⑦ 犯人(はんにん)はきみょうな液体(えきたい)を所持していた。
⑧ 婦人(ふじん)がゆっくりと河原(かわら)を歩いている。

2 次の漢字には、いくつかの読み方があります。——線の漢字の読みがなを書きましょう。　一つ1点(16点)

① 破　破産(は)　破る(やぶ)
② 営　営業(えい)　営む(いとな)
③ 肥　肥料(ひ)　肥える(こ)
④ 効　効果(こう)　効く(き)
⑤ 耕　耕作(こう)　耕す(たがや)
⑥ 張　主張(ちょう)　張る(は)
⑦ 飼　飼育(し)　飼う(か)
⑧ 留　留学(りゅう)　留める(と)

※上が音読み、下が訓読みです。
※④「効く」は、効果や働きがあらわれることです。

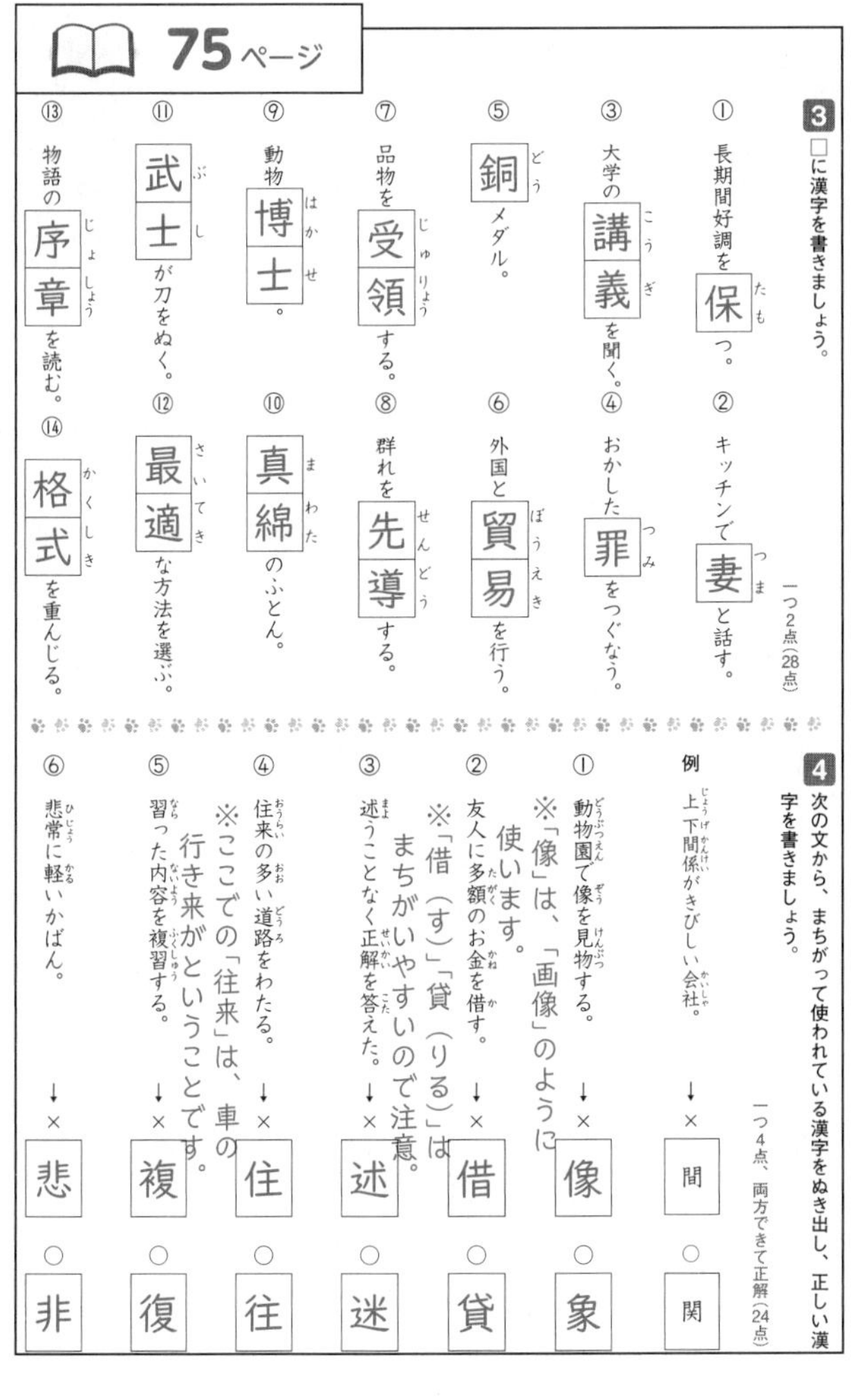

75ページ

3 □に漢字を書きましょう。　一つ2点(28点)

① 長期間好調を保(たも)つ。
② キッチンで妻(つま)と話す。
③ 大学の講義(こうぎ)を聞く。
④ おかした罪(つみ)をつぐなう。
⑤ 銅(どう)メダル。
⑥ 外国と貿易(ぼうえき)を行う。
⑦ 品物を受領(じゅりょう)する。
⑧ 群れを先導(せんどう)する。
⑨ 動物博士(はかせ)。
⑩ 真綿(まわた)のふとん。
⑪ 武士(ぶし)が刀をぬく。
⑫ 最適(さいてき)な方法を選ぶ。
⑬ 物語の序章(じょしょう)を読む。
⑭ 格式(かくしき)を重んじる。

4 次の文から、まちがって使われている漢字をぬき出し、正しい漢字を書きましょう。　一つ4点、両方できて正解(24点)

例 上下間係がきびしい会社。　→ ×間　○関
① 動物園で像を見物する。　→ ×像　○象
※「像」は、「画像」のように使います。
② 友人に多額のお金を借す。　→ ×借　○貸
※「借(す)」「貸(りる)」はまちがいやすいので注意。
③ 述うことなく正解を答えた。　→ ×述　○迷
④ 住来の多い道路をわたる。　→ ×住　○往
※ここでの「往来」は、車の行き来がということです。
⑤ 習った内容を複習する。　→ ×複　○復
⑥ 悲常に軽いかばん。　→ ×悲　○非

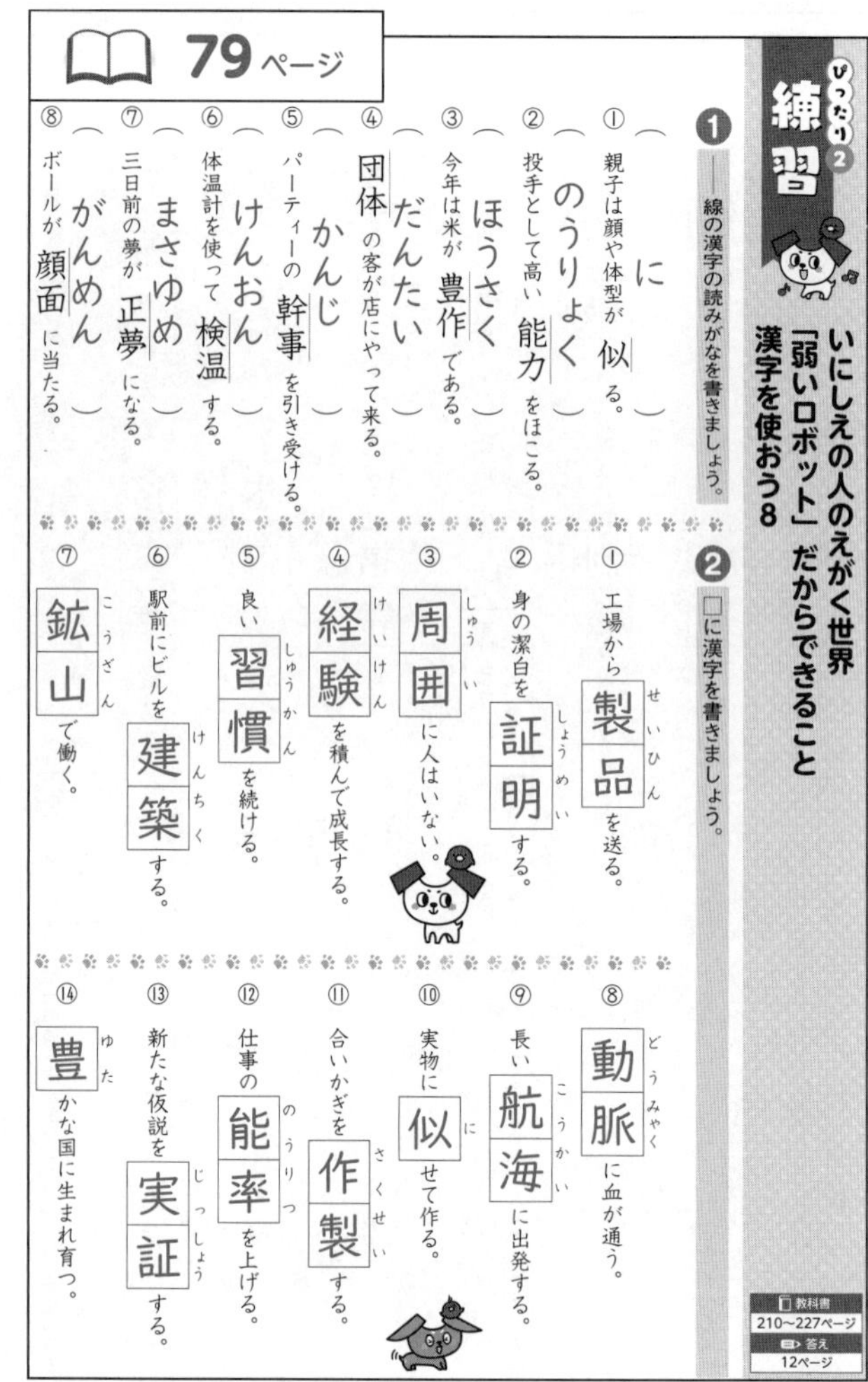

79ページ

練習 ぴったり2

いにしえの人のえがく世界 「弱いロボット」だからできること 漢字を使おう8

1 ――線の漢字の読みがなを書きましょう。

① 親子は顔や体型が似る。（に）
② 投手として高い能力をほこる。（のうりょく）
③ 今年は米が豊作である。（ほうさく）
④ 団体の客が店にやって来る。（だんたい）
⑤ パーティーの幹事を引き受ける。（かんじ）
⑥ 体温計を使って検温する。（けんおん）
⑦ 三日前の夢が正夢になる。（まさゆめ）
⑧ ボールが顔面に当たる。（がんめん）

2 □に漢字を書きましょう。

① 工場から製品(せいひん)を送る。
② 身の潔白を証明(しょうめい)する。
③ 周囲(しゅうい)に人はいない。
④ 経験(けいけん)を積んで成長する。
⑤ 良い習慣(しゅうかん)を続ける。
⑥ 駅前にビルを建築(けんちく)する。
⑦ 鉱山(こうざん)で働く。
⑧ 動脈(どうみゃく)に血が通う。
⑨ 長い航海(こうかい)に出発する。
⑩ 実物に似(に)せて作る。
⑪ 合いかぎを作製(さくせい)する。
⑫ 仕事の能率(のうりつ)を上げる。
⑬ 新たな仮説を実証(じっしょう)する。
⑭ 豊(ゆた)かな国に生まれ育つ。

教科書 210〜227ページ 答え 12ページ

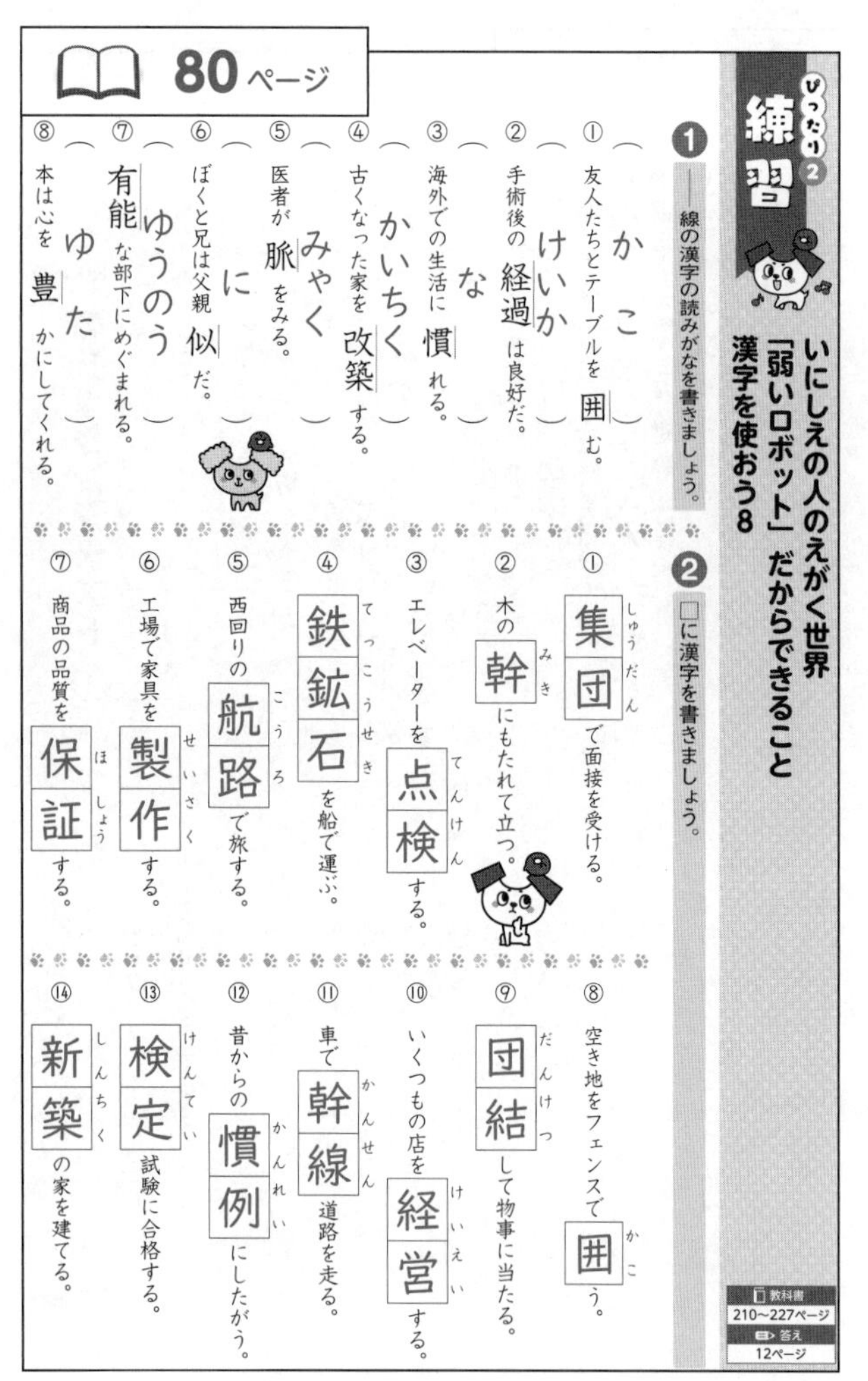

80ページ

練習 ぴったり2

いにしえの人のえがく世界 「弱いロボット」だからできること 漢字を使おう8

1 ――線の漢字の読みがなを書きましょう。

① 友人たちとテーブルを囲む。（かこ）
② 手術後の経過は良好だ。（けいか）
③ 海外での生活に慣れる。（な）
④ 古くなった家を改築する。（かいちく）
⑤ 医者が脈をみる。（みゃく）
⑥ ぼくと兄は父親似だ。（に）
⑦ 有能な部下にめぐまれる。（ゆうのう）
⑧ 本は心を豊かにしてくれる。（ゆた）

2 □に漢字を書きましょう。

① 集団(しゅうだん)で面接を受ける。
② 木の幹(みき)にもたれて立つ。
③ エレベーターを点検(てんけん)する。
④ 鉄鉱石(てっこうせき)を船で運ぶ。
⑤ 西回りの航路(こうろ)で旅する。
⑥ 工場で家具を製作(せいさく)する。
⑦ 商品の品質を保証(ほしょう)する。
⑧ 空き地をフェンスで囲(かこ)う。
⑨ 団結(だんけつ)して物事に当たる。
⑩ いくつもの店を経営(けいえい)する。
⑪ 車で幹線(かんせん)道路を走る。
⑫ 昔からの慣例(かんれい)にしたがう。
⑬ 検定(けんてい)試験に合格する。
⑭ 新築(しんちく)の家を建てる。

教科書 210〜227ページ 答え 12ページ

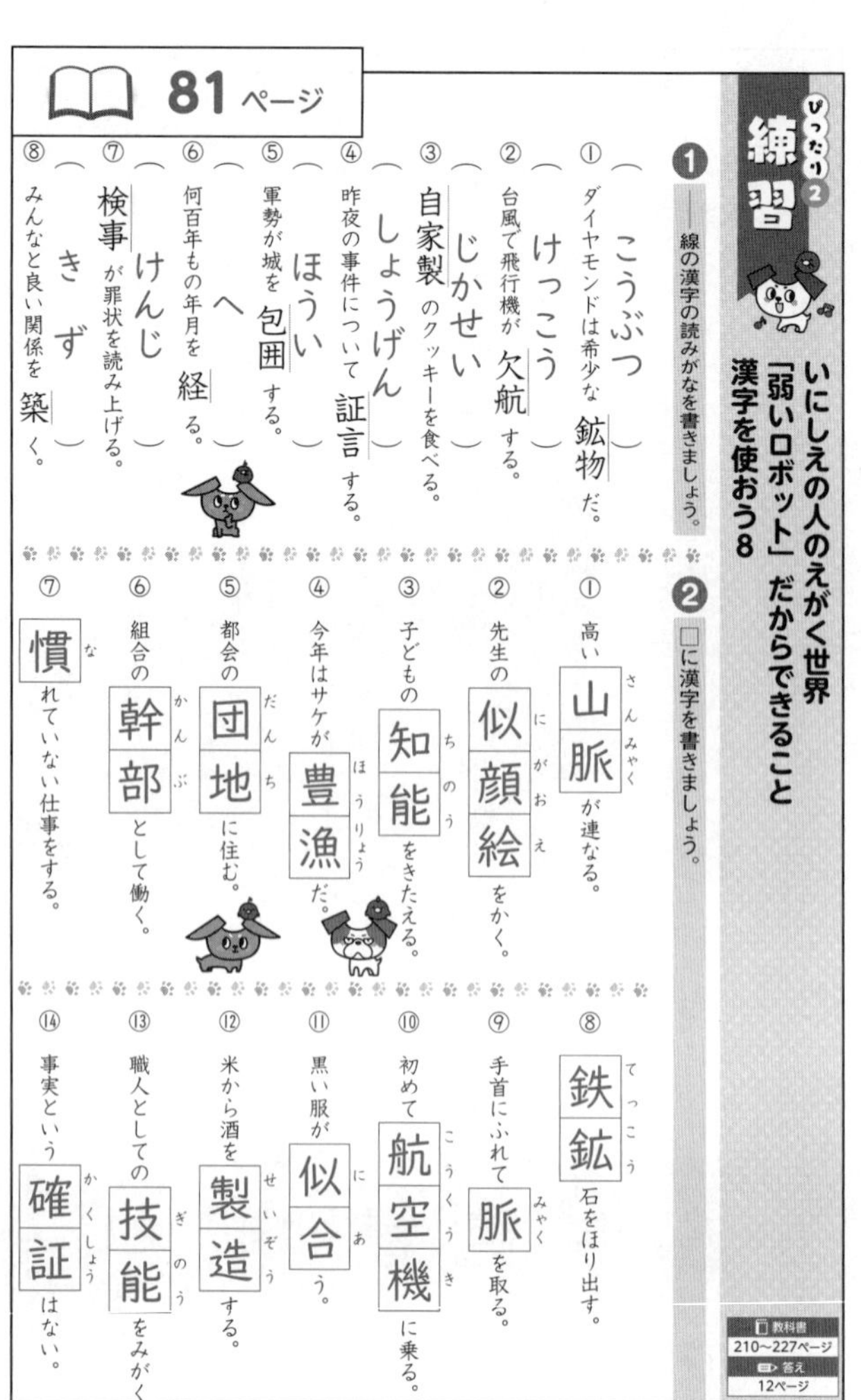

81ページ

練習 ぴったり2

いにしえの人のえがく世界 「弱いロボット」だからできること 漢字を使おう8

1 ――線の漢字の読みがなを書きましょう。

① ダイヤモンドは希少な鉱物だ。（こうぶつ）
② 台風で飛行機が欠航する。（けっこう）
③ 自家製のクッキーを食べる。（じかせい）
④ 昨夜の事件について証言する。（しょうげん）
⑤ 軍勢が城を包囲する。（ほうい）
⑥ 何百年もの年月を経る。（へ）
⑦ 検事が罪状を読み上げる。（けんじ）
⑧ みんなと良い関係を築く。（きず）

2 □に漢字を書きましょう。

① 高い山脈(さんみゃく)が連なる。
② 先生の似顔絵(にがおえ)をかく。
③ 子どもの知能(ちのう)をきたえる。
④ 今年はサケが豊漁(ほうりょう)だ。
⑤ 都会の団地(だんち)に住む。
⑥ 組合の幹部(かんぶ)として働く。
⑦ 慣(な)れていない仕事をする。
⑧ 鉄鉱(てっこう)石をほり出す。
⑨ 手首にふれて脈(みゃく)を取る。
⑩ 初めて航空機(こうくうき)に乗る。
⑪ 黒い服が似合(にあ)う。
⑫ 米から酒を製造(せいぞう)する。
⑬ 職人としての技能(ぎのう)をみがく。
⑭ 事実という確証(かくしょう)はない。

教科書 210〜227ページ 答え 12ページ

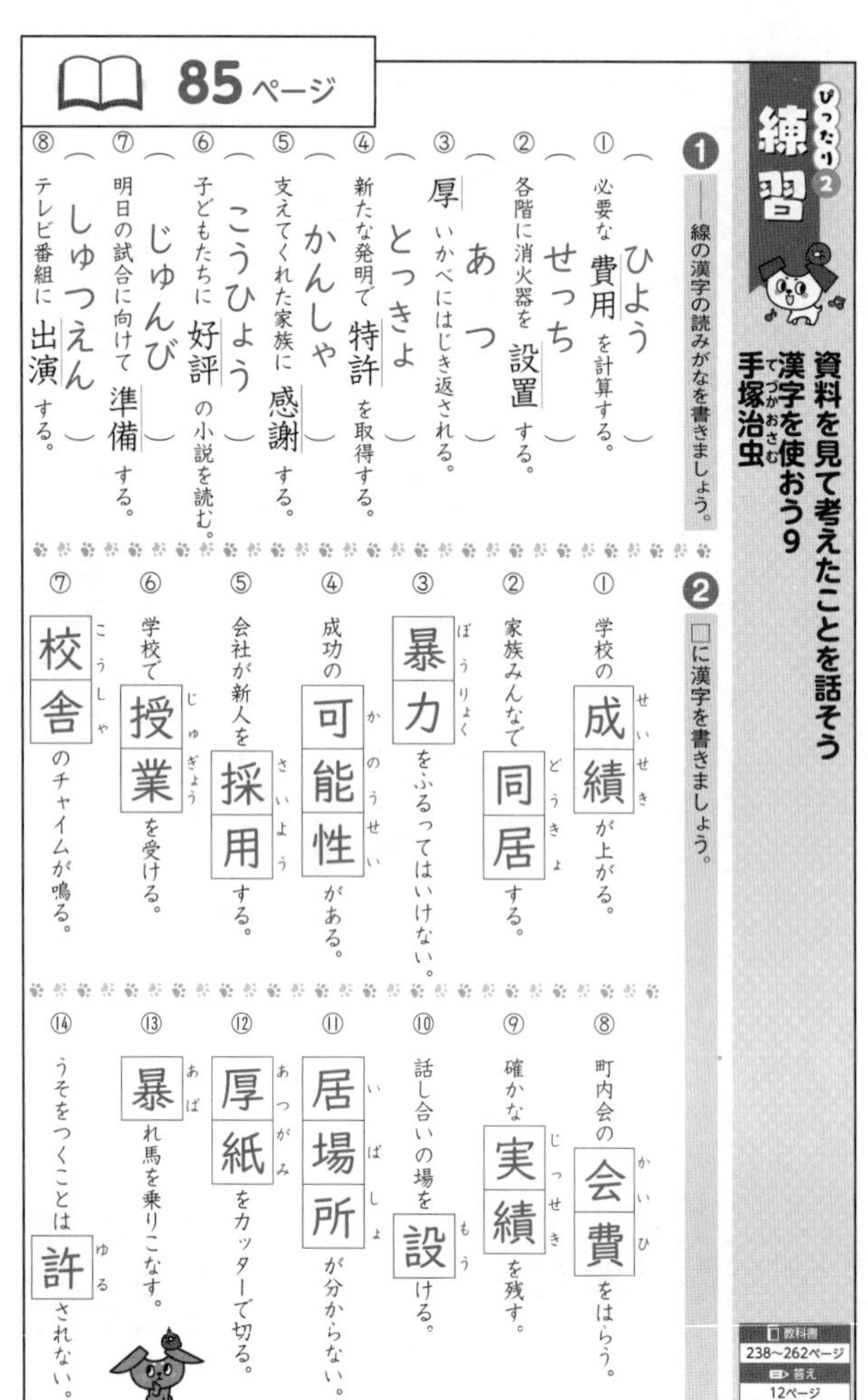

85ページ

練習 ぴったり2

資料を見て考えたことを話そう 漢字を使おう9 手塚治虫(てづかおさむ)

1 ――線の漢字の読みがなを書きましょう。

① 必要な費用を計算する。（ひよう）
② 各階に消火器を設置する。（せっち）
③ 厚いかべにはじき返される。（あつ）
④ 新たな発明で特許を取得する。（とっきょ）
⑤ 支えてくれた家族に感謝する。（かんしゃ）
⑥ 子どもたちに好評の小説を読む。（こうひょう）
⑦ 明日の試合に向けて準備する。（じゅんび）
⑧ テレビ番組に出演する。（しゅつえん）

2 □に漢字を書きましょう。

① 学校の成績(せいせき)が上がる。
② 家族みんなで同居(どうきょ)する。
③ 暴力(ぼうりょく)をふるってはいけない。
④ 成功の可能性(かのうせい)がある。
⑤ 会社が新人を採用(さいよう)する。
⑥ 学校で授業(じゅぎょう)を受ける。
⑦ 校舎(こうしゃ)のチャイムが鳴る。
⑧ 町内会の会費(かいひ)をはらう。
⑨ 確かな実績(じっせき)を残す。
⑩ 話し合いの場を設(もう)ける。
⑪ 居場所(いばしょ)が分からない。
⑫ 厚紙(あつがみ)をカッターで切る。
⑬ 暴(あば)れ馬を乗りこなす。
⑭ うそをつくことは許(ゆる)されない。

教科書 238〜262ページ 答え 12ページ

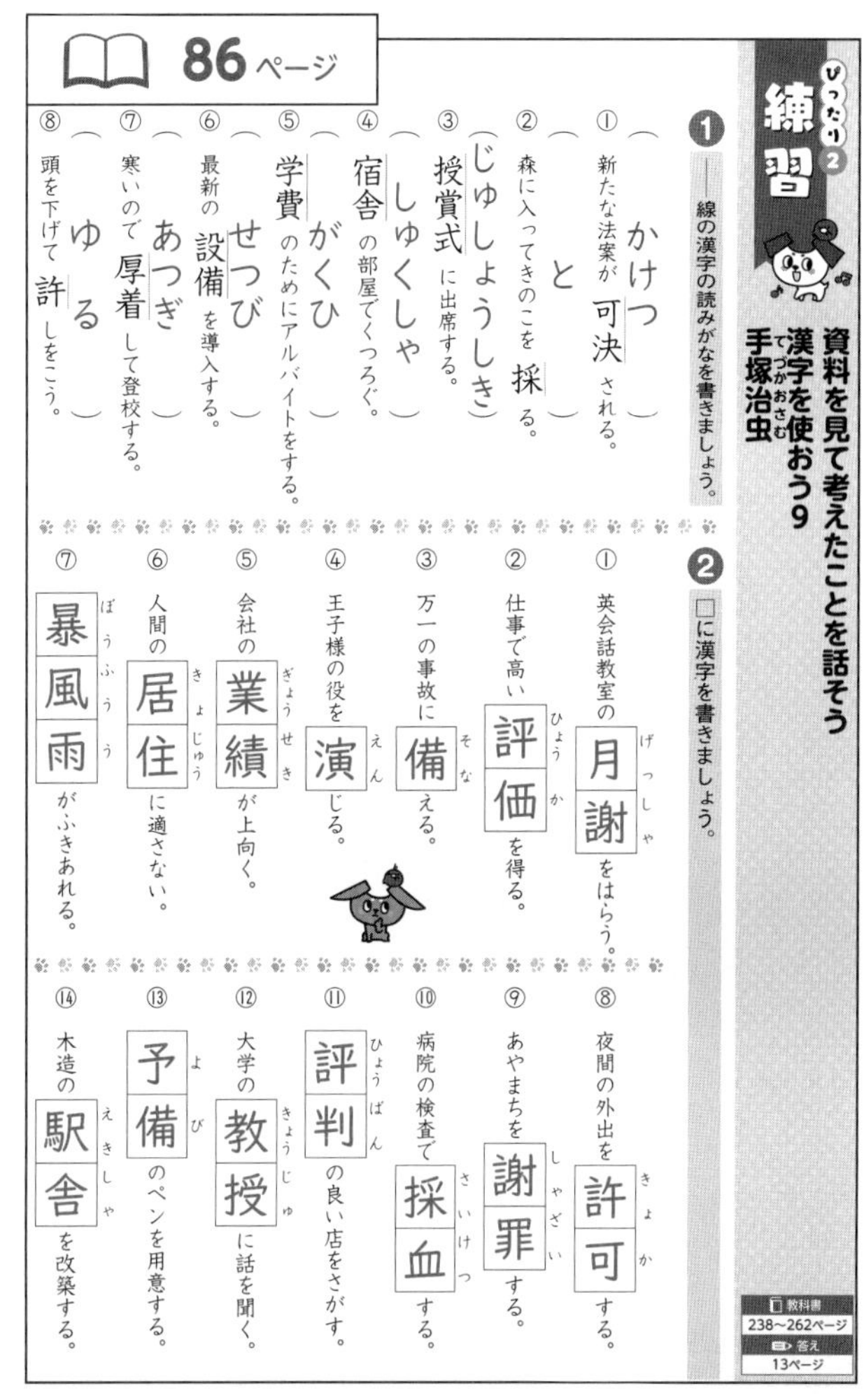

86ページ

ぴったり2 練習

資料を見て考えたことを話そう 漢字を使おう9 手塚治虫(てづかおさむ)

1 ——線の漢字の読みがなを書きましょう。

① 新たな法案が可決(かけつ)される。
② 森に入ってきのこを採(と)る。
③ 授賞式(じゅしょうしき)に出席する。
④ 宿舎(しゅくしゃ)の部屋でくつろぐ。
⑤ 学費(がくひ)のためにアルバイトをする。
⑥ 最新の設備(せつび)を導入する。
⑦ 寒いので厚着(あつぎ)して登校する。
⑧ 頭を下げて許(ゆる)しをこう。

2 □に漢字を書きましょう。

① 英会話教室の月謝(げっしゃ)をはらう。
② 仕事で高い評価(ひょうか)を得る。
③ 万一の事故に備(そな)える。
④ 王子様の役を演(えん)じる。
⑤ 会社の業績(ぎょうせき)が上向く。
⑥ 人間の居住(きょじゅう)に適さない。
⑦ 暴風雨(ぼうふうう)がふきあれる。
⑧ 夜間の外出を許可(きょか)する。
⑨ あやまちを謝罪(しゃざい)する。
⑩ 病院の検査で採血(さいけつ)する。
⑪ 評判(ひょうばん)の良い店をさがす。
⑫ 大学の教授(きょうじゅ)に話を聞く。
⑬ 予備(よび)のペンを用意する。
⑭ 木造の駅舎(えきしゃ)を改築する。

教科書 238~262ページ 答え 13ページ

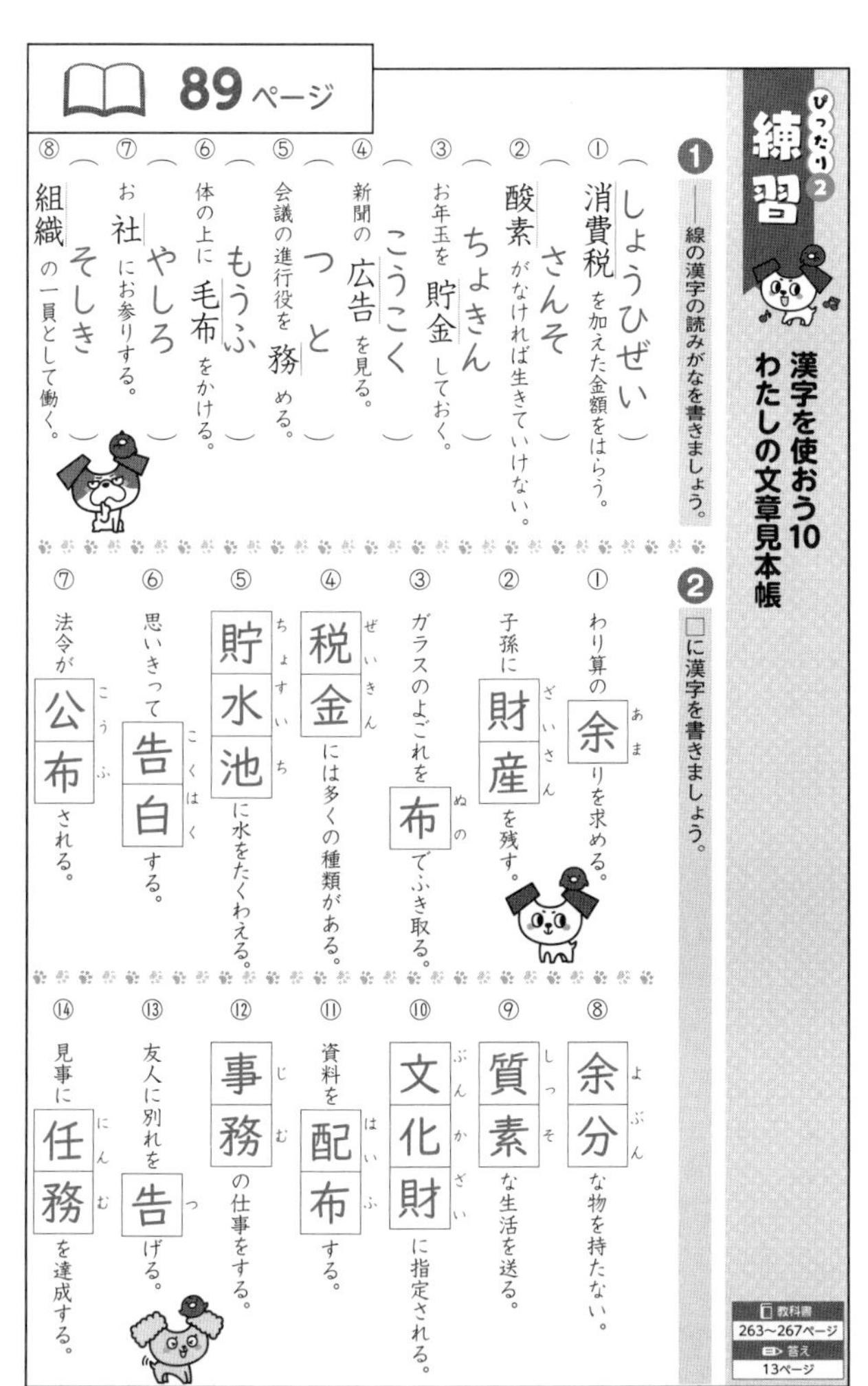

89ページ

ぴったり2 練習

漢字を使おう10 わたしの文章見本帳

1 ——線の漢字の読みがなを書きましょう。

① 消費税(しょうひぜい)を加えた金額をはらう。
② 酸素(さんそ)がなければ生きていけない。
③ お年玉を貯金(ちょきん)しておく。
④ 新聞の広告(こうこく)を見る。
⑤ 会議の進行役を務(つと)める。
⑥ 体の上に毛布(もうふ)をかける。
⑦ お社(やしろ)にお参りする。
⑧ 組織(そしき)の一員として働く。

2 □に漢字を書きましょう。

① わり算の余(あま)りを求める。
② 子孫に財産(ざいさん)を残す。
③ ガラスのよごれを布(ぬの)でふき取る。
④ 税金(ぜいきん)には多くの種類がある。
⑤ 貯水池(ちょすいち)に水をたくわえる。
⑥ 思いきって告白(こくはく)する。
⑦ 法令が公布(こうふ)される。
⑧ 余分(よぶん)な物を持たない。
⑨ 質素(しっそ)な生活を送る。
⑩ 文化財(ぶんかざい)に指定される。
⑪ 資料を配布(はいふ)する。
⑫ 事務(じむ)の仕事をする。
⑬ 友人に別れを告(つ)げる。
⑭ 見事に任務(にんむ)を達成する。

教科書 263~267ページ 答え 13ページ

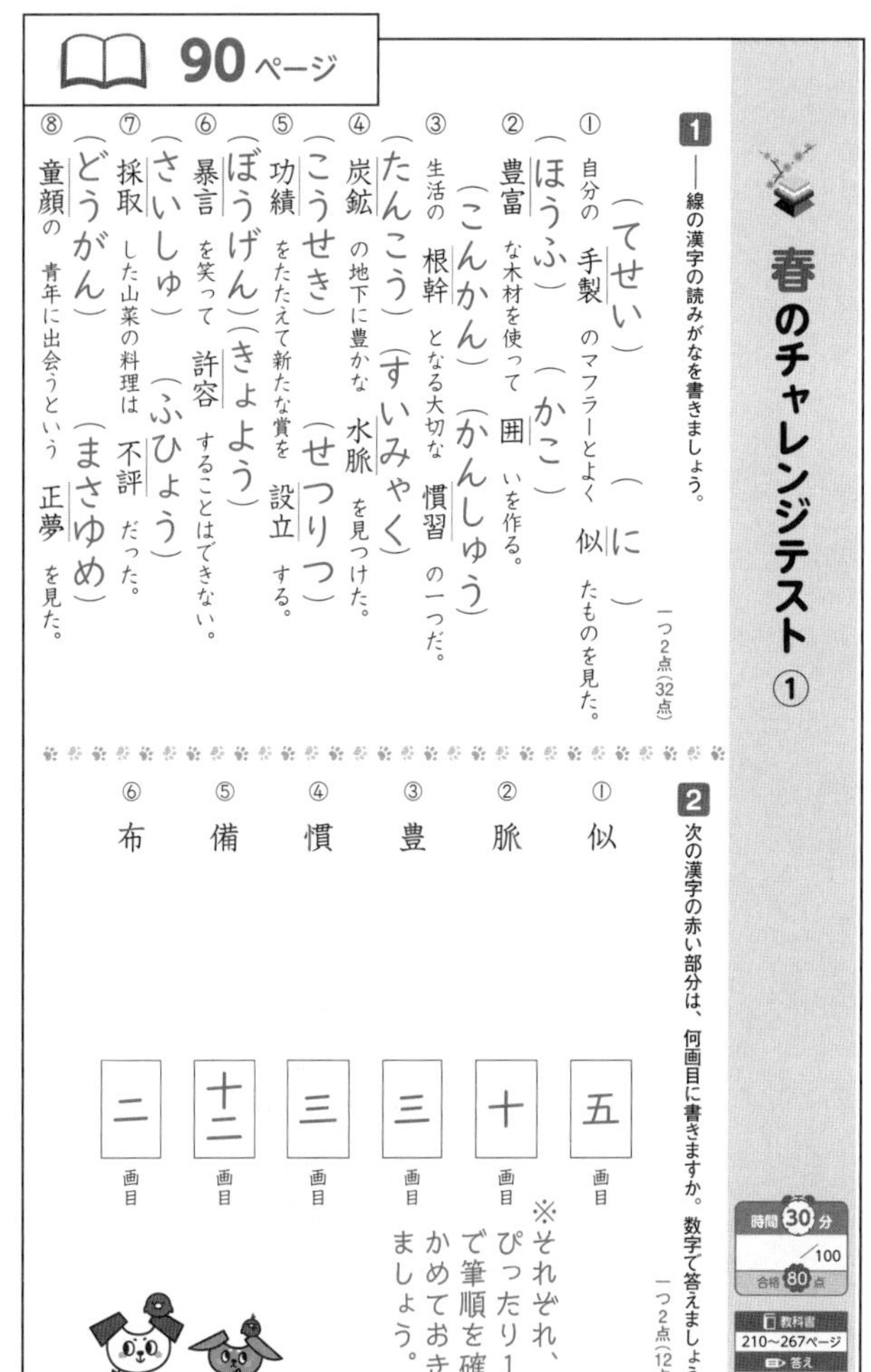

90ページ

春のチャレンジテスト①

1 ——線の漢字の読みがなを書きましょう。 一つ2点(32点)

① 自分の手製(てせい)のマフラーとよく似(に)たものを見た。
② 豊富(ほうふ)な木材を使って囲(かこ)いを作る。
③ 生活の根幹(こんかん)となる大切な慣習(かんしゅう)の一つだ。
④ 炭鉱(たんこう)の地下に豊かな水脈(すいみゃく)を見つけた。
⑤ 功績(こうせき)をたたえて新たな賞を設立(せつりつ)する。
⑥ 暴言(ぼうげん)を笑って許容(きょよう)することはできない。
⑦ 採取(さいしゅ)した山菜の料理は不評(ふひょう)だった。
⑧ 童顔(どうがん)の青年に出会うという正夢(まさゆめ)を見た。

2 次の漢字の赤い部分は、何画目に書きますか。数字で答えましょう。 一つ2点(12点)

① 似 五画目
② 脈 十画目
③ 豊 三画目
④ 慣 三画目
⑤ 備 十二画目
⑥ 布 二画目

※それぞれ、ぴったり1で筆順を確かめておきましょう。

時間30分 /100 合格80点
教科書 210~267ページ 答え 13ページ

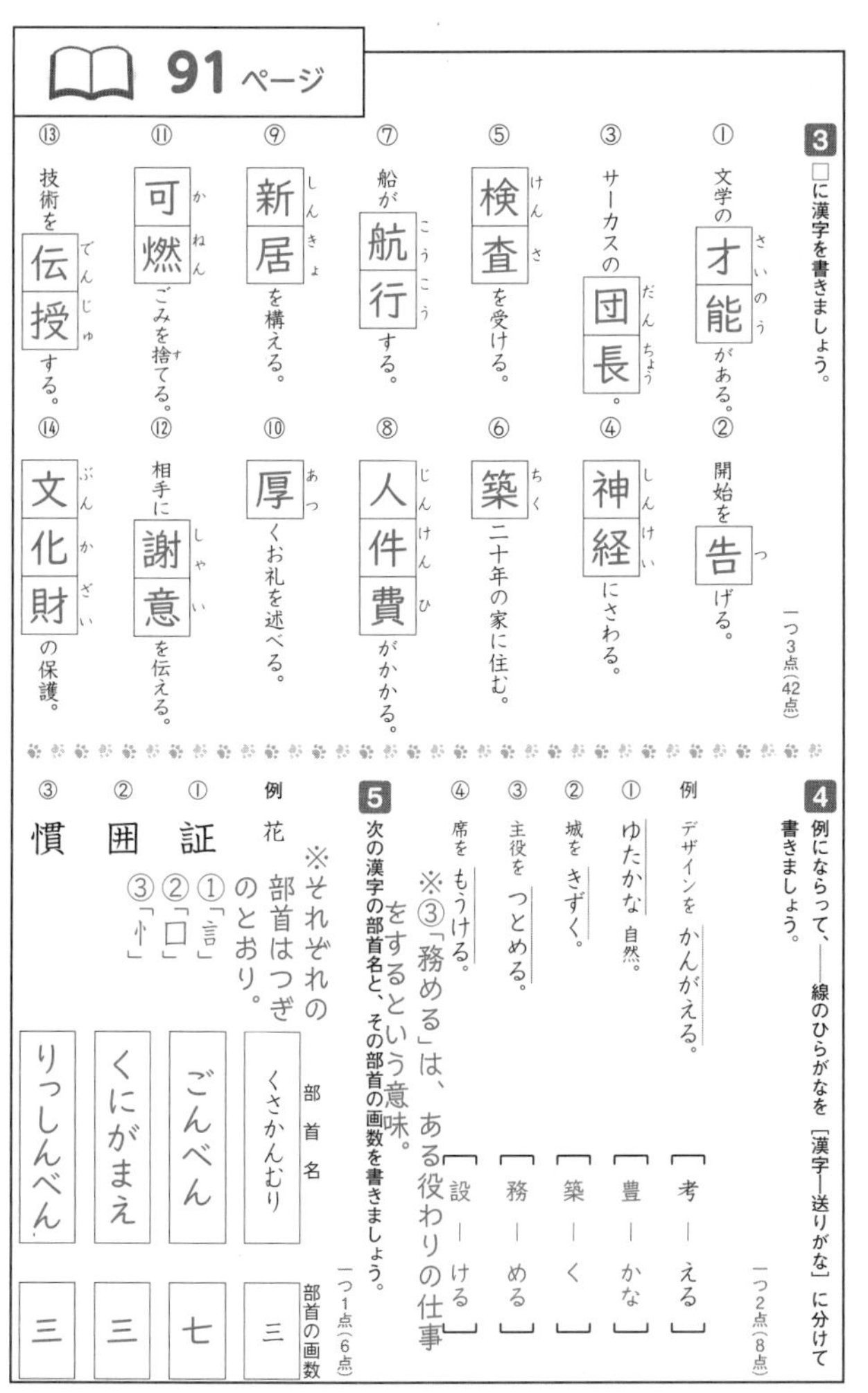

91ページ

3 □に漢字を書きましょう。 一つ3点(42点)

① 文学の才能(さいのう)がある。
② 開始を告(つ)げる。
③ サーカスの団長(だんちょう)。
④ 神経(しんけい)にさわる。
⑤ 検査(けんさ)を受ける。
⑥ 築(ちく)二十年の家に住む。
⑦ 船が航行(こうこう)する。
⑧ 人件費(じんけんひ)がかかる。
⑨ 新居(しんきょ)を構える。
⑩ 厚(あつ)くお礼を述べる。
⑪ 可燃(かねん)ごみを捨てる。
⑫ 相手に謝意(しゃい)を伝える。
⑬ 技術を伝授(でんじゅ)する。
⑭ 文化財(ぶんかざい)の保護。

4 例にならって、——線のひらがなを〔漢字―送りがな〕に分けて書きましょう。 一つ2点(8点)

例 デザインをかんがえる。〔考―える〕
① ゆたかな自然。〔豊―かな〕
② 城をきずく。〔築―く〕
③ 主役をつとめる。〔務―める〕
④ 席をもうける。〔設―ける〕

※③「務める」は、ある役わりの仕事をするという意味。

5 次の漢字の部首名と、その部首の画数を書きましょう。 一つ1点(6点)

	漢字	部首名	部首の画数
例	花	くさかんむり	三
①	証	ごんべん	七
②	囲	くにがまえ	三
③	慣	りっしんべん	三

※それぞれの部首はつぎのとおり。
①「言」②「囗」③「忄」

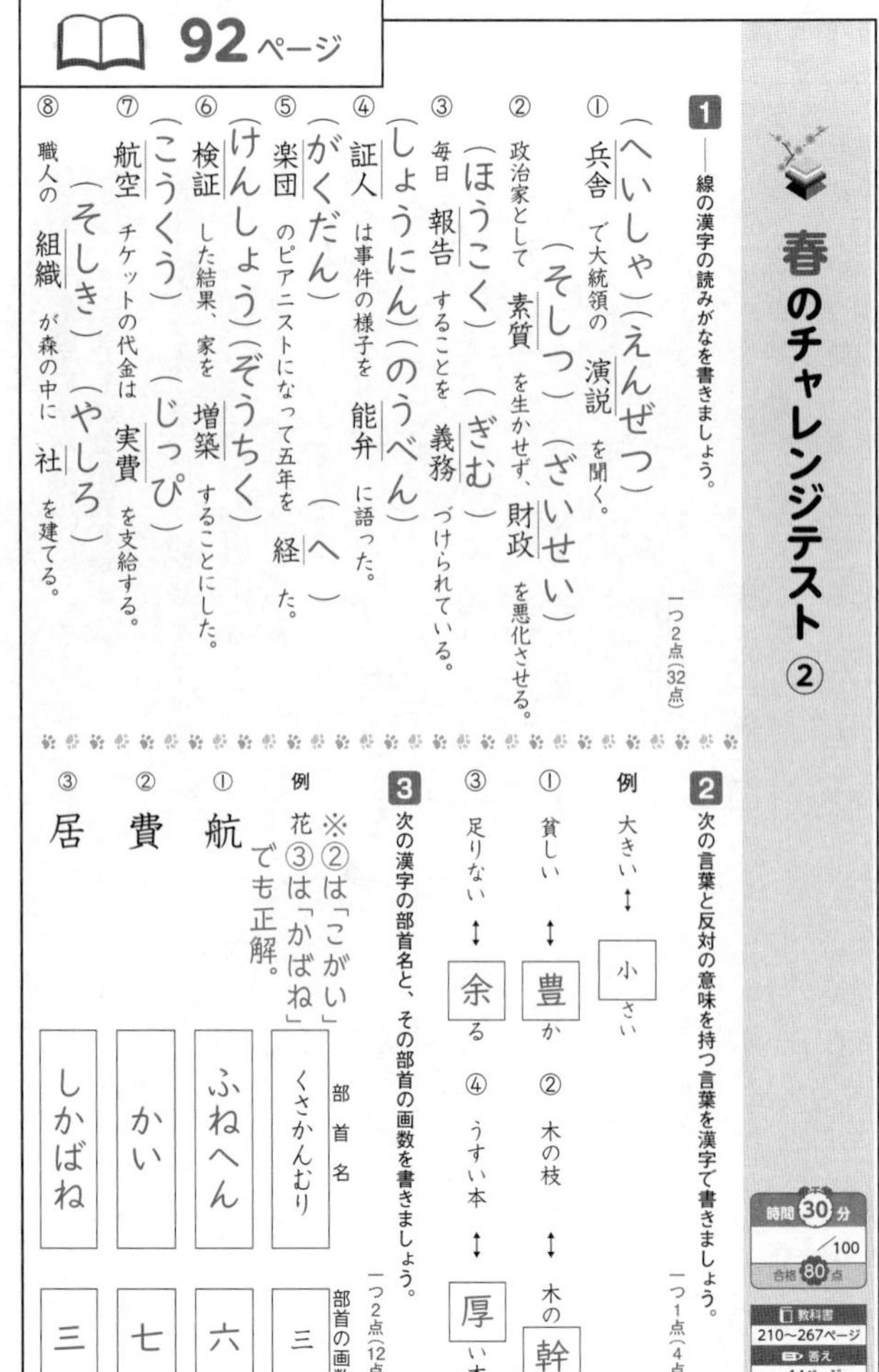

92ページ

春のチャレンジテスト②

時間30分 /100 合格80点
教科書 210〜267ページ
答え 14ページ

1 ——線の漢字の読みがなを書きましょう。 一つ2点(32点)

① 兵舎で大統領の演説を聞く。 (へいしゃ)(えんぜつ)
② 政治家として素質を生かせず、財政を悪化させる。 (そしつ)(ざいせい)
③ 毎日報告することを義務づけられている。 (ほうこく)(ぎむ)
④ 証人は事件の様子を能弁に語った。 (しょうにん)(のうべん)
⑤ 楽団のピアニストになって五年を経た。 (がくだん)(へ)
⑥ 検証した結果、家を増築することにした。 (けんしょう)(ぞうちく)
⑦ 航空チケットの代金は実費を支給する。 (こうくう)(じっぴ)
⑧ 職人の組織が森の中に社を建てる。 (そしき)(やしろ)

2 次の言葉と反対の意味を持つ言葉を漢字で書きましょう。 一つ1点(4点)

例 大きい↔小さい
① 貧しい↔豊か
② 木の枝↔木の幹
③ 足りない↔余る
④ うすい本↔厚い本

3 次の漢字の部首名と、その部首の画数を書きましょう。 一つ2点(12点)

	漢字	部首名	部首の画数
例	花	くさかんむり	三
①	航	ふねへん	六
②	費	かい	七
③	居	しかばね	三

※②は「こがい」、③は「かばね」でも正解。

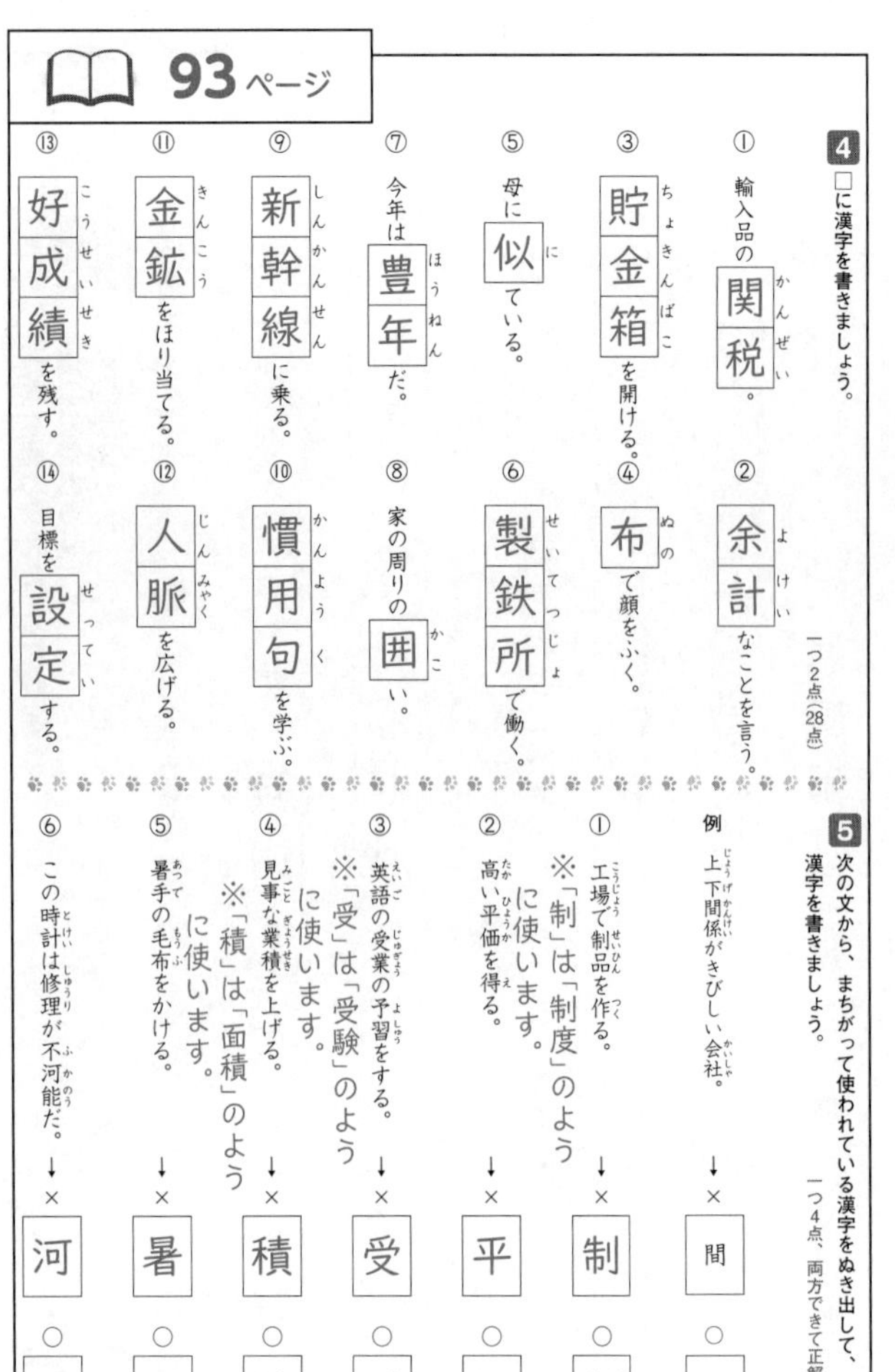

93ページ

4 □に漢字を書きましょう。 一つ2点(28点)

① 輸入品の関税。
② 余計なことを言う。
③ 貯金箱を開ける。
④ 布で顔をふく。
⑤ 母に似ている。
⑥ 製鉄所で働く。
⑦ 今年は豊年だ。
⑧ 家の周りの囲い。
⑨ 新幹線に乗る。
⑩ 慣用句を学ぶ。
⑪ 金鉱をほり当てる。
⑫ 人脈を広げる。
⑬ 好成績を残す。
⑭ 目標を設定する。

5 次の文から、まちがって使われている漢字をぬき出して、正しい漢字を書きましょう。 一つ4点、両方できて正解(24点)

例 上下間係がきびしい会社。 ×間 ○関
① 工場で制品を作る。 ×制 ○製
※「制」は「制度」のように使います。
② 高い平価を得る。 ×平 ○評
③ 英語の受業の予習をする。 ×受 ○授
※「受」は「受験」のように使います。
④ 見事な業積を上げる。 ×積 ○績
※「積」は「面積」のように使います。
⑤ 暑手の毛布をかける。 ×暑 ○厚
⑥ この時計は修理が不河能だ。 ×河 ○可

学力診断(しんだん)テスト①

5年 漢字のまとめ

名前　　月　日

時間 30分　合格80点　／100

答え 15ページ

1 ――線の漢字の読みがなを書きましょう。（一つ1点(25点)）

① 輸入（ゆにゅう）したこの薬の効能（こうのう）はすぐに現（あらわ）れる。
② 総理（そうり）大臣が自ら国際（こくさい）会議に出席する。
③ 価（か）値のある、古い銅像（どうぞう）を発見する。
④ 事前に指導者（しどうしゃ）にきちんと許可（きょか）を得る。
⑤ 新発売の製品（せいひん）で売り場が混（こ）み合う。
⑥ 講堂（こうどう）からいっせいに大勢（おおぜい）の人が出てくる。
⑦ 市の実情（じつじょう）について、報道（ほうどう）で知る。
⑧ いつもわたしを支（ささ）えてくれる母に感謝（かんしゃ）する。
⑨ たった独（ひと）りで太平洋を航海（こうかい）する。
⑩ やさしい性格（せいかく）の男を演（えん）じる。
⑪ 停車（ていしゃ）したバスは旧式（きゅうしき）だ。
⑫ 暴動（ぼうどう）が起こった後の周囲（しゅうい）の様子が新聞にのる。

2 □に漢字を書きましょう。（一つ1点(25点)）

① [利益]（りえき）が出るかどうかの[境界]（きょうかい）線上だ。
② その行動は[規則]（きそく）で[禁止]（きんし）されている。
③ [組織]（そしき）の[責任]（せきにん）者を指名する。
④ [眼帯]（がんたい）をつけて、目を[保護]（ほご）する。
⑤ 広い庭で[飼]（か）い犬が[夢中]（むちゅう）で遊ぶ。
⑥ [金属]（きんぞく）を、倉庫に[移動]（いどう）する。
⑦ [検査]（けんさ）についていろいろと[質問]（しつもん）する。
⑧ [祖先]（そせん）から伝わる[領土]（りょうど）を守る。
⑨ [酸素]（さんそ）は、[血液]（けつえき）によって運ばれる。
⑩ 今日の[気象]（きしょう）は、[正]（まさ）に[快晴]（かいせい）だ。
⑪ 俳（はい）[句]（く）は五、七、五の十七音で[構成]（こうせい）される。
⑫ 先生の[版画]（はんが）は、[評判]（ひょうばん）がよい。

うらにも問題があります。

3 次の――線のひらがなを［漢字―送りがな］に分けて書きましょう。（一つ2点(12点)）

例 デザインを かんがえる。［考―える］
① 生徒を ひきいる。［率―いる］
② いなかぐらしに なれる。［慣―れる］
③ 人通りが たえる。［絶―える］
④ 正答を たしかめる。［確―かめる］
⑤ 畑の土が こえる。［肥―える］
⑥ 今後の課題を しめす。［示―す］

※⑤「土が肥える」は土地に養分があり豊かになる、という意味です。

4 次にしめすのは、ある漢字の一部です。共通する部首名を書きましょう。（一つ1点(5点)）

例 早 化 釆 →（くさかんむり）
① 良 方 祭 →（こざとへん）
② 并 咼 商 米 →（しんにょう（しんにゅう））
③ 員 妥 召 →（てへん）
④ 可 夜 則 →（さんずい）
⑤ 殳 午 正 蒦 →（ごんべん）

※部首は、①「阝」、②「辶」、③「扌」、④「氵」、⑤「言」

5 次の漢字の赤い部分は、何画目に書きますか。数字で答えましょう。（一つ1点(4点)）

① 状　[一]画目
② 非　[五]画目
③ 布　[二]画目
④ 武　[一]画目

※①丨→丬→丬→丬　②→丬→爿→状→状　③ノ→ナ→ナ→右→布

6 次の漢字には、いくつかの読み方があります。――線の漢字の読みがなを書きましょう。（一つ1点(15点)）

① 易　易者（えき）　易しい（やさ）　平易（い）
② 留　留まる（と）　留守（る）　留意（りゅう）
③ 志　高い志（こころざし）　志す（こころざ）　意志（し）
④ 増　増加（ぞう）　増える（ふ）　増す（ま）
⑤ 再　再来年（さ）　再開（さい）　再び会う（ふたた）

※①「易」を「昜」としないように気をつけましょう。
②「留守」は、「るす」と読みます。

7 次の①～⑦の中に漢字を入れ、漢字のしりとりを完成させます。当てはまる漢字を［　］の中から選び、書きましょう。（一つ2点(14点)）

○長→①→①集→集→②→②結
○球→③→③能→花→④→④当
○金→⑤→⑤面→面→⑥→⑥着→
着水→水→⑦→⑦力

［額　技　団　弁　圧　接　編　識］

① [編]　② [団]　③ [技]　④ [弁]　⑤ [額]　⑥ [接]　⑦ [圧]

学力診断(しんだん)テスト②

5年 漢字のまとめ

学力診断(しんだん)テスト②

名前　　月　日

時間 30分　合格80点　／100

答え 16ページ

1 ―線の漢字の読みがなを書きましょう。 一つ1点(25点)

① 期限(きげん)をしばらく過(す)ぎてから本を返した。
② 今日の授業(じゅぎょう)は、とても興味(きょうみ)深かった。
③ 海外に永住(えいじゅう)したおじは、農耕(のうこう)で成功した。
④ かれが走破(そうは)したことを証明(しょうめい)します。
⑤ 受賞(じゅしょう)できたことの喜(よろこ)びを十分間で述(の)べる。
⑥ 鉱山(こうざん)から、多くの資(し)源(げん)がもたらされる。
⑦ 被(ひ)害の程度(ていど)が大きいので保険金(ほけんきん)が下りる。
⑧ 費用(ひよう)をおさえるため、三つの方法を比(くら)べる。
⑨ 精力的(せいりょくてき)に絵の制作(せいさく)活動を行う。
⑩ 父は、ドイツで建築(けんちく)の最新の技術(ぎじゅつ)を学んだ。
⑪ 二つの容器(ようき)におかずを均等(きんとう)に入れる。
⑫ 祖父(そふ)は、おかげさまで健在(けんざい)です。

2 □に漢字を書きましょう。 一つ1点(25点)

① 非常識(ひじょうしき)な態度(たいど)だ。
② 桜(さくら)の花のもようがある皿を二個(にこ)もらう。
③ 余(あま)った西洋(せいよう)の布(ぬの)で手さげを作る。
④ 仮面(かめん)をかぶった客を招(まね)き入れる。
⑤ 医師(いし)には、いくつかの義務(ぎむ)がある。
⑥ ドラマで武士(ぶし)の歴史(れきし)を学ぶ。
⑦ きびしい建築基準(きじゅん)を設定(せってい)する。
⑧ 妹に、弁当箱(べんとうばこ)を貸(か)す。
⑨ 事故(じこ)についての書類を提示(ていじ)する。
⑩ 母は婦人服(ふじんふく)の店を経営(けいえい)する。
⑪ 枝(えだ)にとまっているこん虫を採集(さいしゅう)する。
⑫ 気圧(きあつ)の急な変化にも適応(てきおう)できる。

➡うらにも問題があります。

3 次の漢字の部首名を書きましょう。 一つ1点(6点)

例 寒（うかんむり）
① 衛（ぎょうがまえ）
② 居（かばね）
③ 雑（ふるとり）
④ 独（けものへん）
⑤ 酸（とりへん）
⑥ 禁（しめす）

※①は「ゆきがまえ」、②は「しかばね」でも正解。
※部首は、①「行」②「尸」③「隹」④「犭」⑤「酉」⑥「示」

4 次の、特別な読み方をする漢字の読みがなを書きましょう。 一つ1点(4点)

① 博士（はかせ）
② 眼鏡（めがね）
③ 河原（かわら）
④ 迷子（まいご）

5 次の意味をもつ熟語(じゅくご)を、[　]の漢字を組み合わせて作りましょう。 一つ2点(12点)

① 二つ以上のものを一つにまとめること。 統合
② あることが成立するのに必要なことがら。 条件
③ 外国との間で商品を売買すること。 貿易
※「𠂎」の部分は五画で書きます。
④ 外敵(てき)などをふせぐ、そなえをすること。 防備
※「備」を「備」と書かないようにしましょう。
⑤ 不注意から起こるあやまち。 過失
※「かしつ」と読みます。
⑥ 続いてきたものがとだえること。 断絶

[件　過　合　断　易　条　失　防　絶　備　貿　統]

6 次の漢字の、総画数を答えましょう。 一つ1点(8点)

① 比 四画
② 潔 十五画
③ 興 十六画
④ 似 七画
⑤ 述 八画
⑥ 貿 十二画
⑦ 護 二十画
⑧ 脈 十画

7 次の上と下の言葉が反対の意味になるように、□に漢字を書きましょう。 一つ2点(20点)

① 薄(うす)着 ↔ 厚着（あつぎ）
② 損 ↔ 得（とく）
③ 集合 ↔ 解散（かいさん）
④ 増加 ↔ 減少（げんしょう）
⑤ 単数 ↔ 複数（ふくすう）
⑥ 往路 ↔ 復路（ふくろ）
⑦ 反対 ↔ 賛成（さんせい）
⑧ 新作 ↔ 旧作（きゅうさく）
⑨ 結果 ↔ 原因（げんいん）
⑩ 理想 ↔ 現実（げんじつ）

漢字クイズ

1 ①増 ②現 ③眼 ④義

2 ①停 ②複 ③在 ④構 ⑤禁

3 ①歴 ②増

4 ①イ ②ア ③ア ④イ

5 ①版 ②益 ③断 ④資 ⑤河 ⑥均

6 ①糸 ②扌

7 ①防 ②像 ③破

8 ①張 ②導 ③略

9 ①評 ②演 ③備 ④績 ⑤採

10 ①税 ②財 ③務